ste Finanzierung / Stand 31. Dezember 2017))

Europa
3% (2015: 3%))

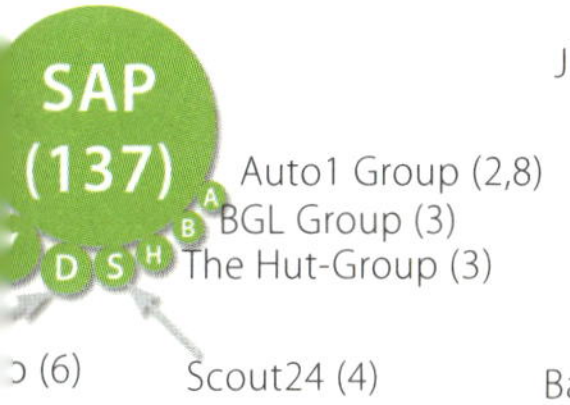

**SAP
(137)**

Auto1 Group (2,8)
BGL Group (3)
The Hut-Group (3)

o (6)   Scout24 (4)

Asien
(Anteil: 31% (2015: 28%))

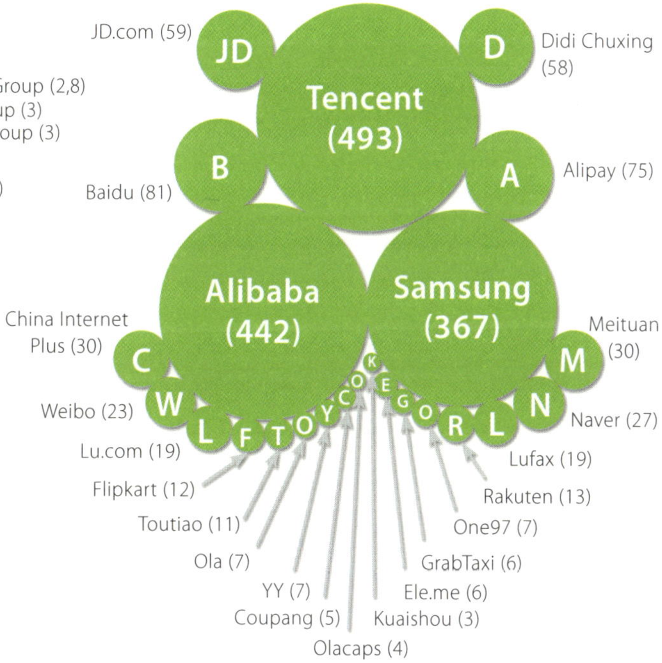

JD.com (59) **JD**   **D** Didi Chuxing (58)

**Tencent
(493)**

B

Baidu (81)   **A** Alipay (75)

**Alibaba
(442)**

**Samsung
(367)**

China Internet
Plus (30) **C** **W** **M** Meituan (30)

Weibo (23) **L F T O Y C E G O R L N** Naver (27)

Lu.com (19)

Flipkart (12)   Lufax (19)

Toutiao (11)   Rakuten (13)

Ola (7)   One97 (7)

YY (7)   GrabTaxi (6)

Coupang (5) Kuaishou (3) Ele.me (6)

Olacaps (4)

Afrika
2% (2015: 2%))

N

spers (120)

  Quelle: Netzoekonom.de/ Idee: Peter Evans

CORINNA MILBORN | MARKUS BREITENECKER

CHANGE THE GAME

CORINNA MILBORN | MARKUS BREITENECKER

CHANGE THE GAME

WIE WIR UNS DAS NETZ VON FACEBOOK UND GOOGLE ZURÜCKEROBERN

„Disrupt the Disrupters"

Für Coco, Lila, Luca und Lilo

INHALT

1. EINLEITUNG. WAS AUF DEM SPIEL STEHT
Die neue Medienrevolution und ihre Folgen

„Technischer Fortschritt ohne einen entsprechenden Fortschritt in menschlichen Institutionen kann uns ins Verderben führen. Die wissenschaftliche Revolution, die zum Spalten eines Atoms führt, erfordert auch eine moralische Revolution." (BARACK OBAMA, Rede beim Hiroshima Peace Memorial 2016)

Das Schuldbekenntnis

„Wir haben Werkzeuge geschaffen, die das Gefüge der Gesellschaft zerreißen. Das ist es, wo wir in Wahrheit stehen. Wenn ihr das Monster füttert, wird das Monster euch zerstören. Wenn ihr euch wehrt, dann haben wir eine Chance, es zu kontrollieren."

Diese Sätze handeln von Facebook, und sie fielen im Spätherbst 2017 an einem überraschenden Ort: im akademischen Herzen des Silicon Valley, der Universität Stanford. Der weitläufige Campus ist groß wie eine Stadt, umgeben von Wiesen, Wäldern und einem Stadion in imposanter Größe. Das neblige San Francisco spürt man hier nicht mehr – es herrscht ein mediterranes Klima, das Städtchen Palo Alto mit seinen 70 000 reichen Einwohnern ist ruhig und beschaulich. Biegt man von der Straße in die Einfahrt zur Universität ein, muss man erst über einen Kilometer durch einen lichten Wald fahren, bevor man eine Palmenallee erreicht, die zum Hauptgebäude führt. Hier könnte man kurz vergessen, wo man sich befindet: Die Stanfords, Gründerfamilie der Universität, ließen sich in Europa für ihre Bauten inspirieren, und so sieht das Eingangsgebäude mit seiner hellen Sandstein-Kirche aus, als stünde es in Ravenna und nicht im kalifornischen Valley, und die romanischen Bogengänge könnten auch zur Universität von Bologna gehören.

Doch der Schein trügt. Die Gebäude sind gerade einmal hundertzwanzig Jahre alt, und vom Geist europäischer Universitäten, die im Dienste der Allgemeinheit lehren und forschen, ist hier wenig zu spüren: Wir befinden uns in einer der teuersten privaten Eliteuniversitäten der Welt. Wer am Stanford Graduate ins MBA-Programm aufgenommen wird – was nur etwa 400 der über 8000 Bewerber gelingt –, muss für zwei Jahre Ausbildung mit Kosten von 230 000 Dollar rechnen. Dafür befindet man sich im Gravitationszentrum der mächtigsten Firmen der Welt: Das Hauptquartier von Facebook ist vier Meilen entfernt, der Googleplex sechs Meilen und der futuristische Loop, den Apple sich als Hauptquartier gebaut hat, liegt dreizehn Meilen entfernt. Das Top-Management der Technologiegiganten gibt sich bei der Gesprächsreihe des Rektors Jonathan Levin die Klinke in die Hand: Im Format „View from the Top" geben jene, die ganz oben sind, den Studenten Tipps für den Weg dorthin. Heute sitzt dort Chamath Palihapitiya. Er ist gerade 41 geworden, trägt eine helle Raulederjacke und Dreitagebart und kommt aus Sri Lanka. Die Moderatorin – eine Studentin – fragt ihn, warum er so großzügige Trinkgelder gibt. Weil er in einer Familie ohne Geld aufgewachsen sei, antwortet er. Er kenne die Spannungen, die Aggressionen, den Alkoholismus. Er weiß, dass ein gutes Trinkgeld einen Unterschied für eine Familie machen kann. Deshalb gibt er manchmal auch 500 Dollar und erfreut sich an der Reaktion. Er kann es sich leisten. Forbes schätzt sein Vermögen auf eine Milliarde Dollar.

Palihapitiyas Fonds investiert heute in Gesundheit und Bildung. Er will mit Technologie superreich werden und dabei Sinnvolles tun und erzählt den Studenten, wie das geht: Technologie, eine Vision, sehen, was getan werden muss. Doch bevor er seinen eigenen Fonds gründete, war er sieben Jahre bei Facebook, zuständig für das Wachstum der Userbase: also dafür, mehr Leute auf die Plattform zu bekommen und sie länger dort zu halten. „Sie sagen, es ist Zeit, sein Gewissen zu erforschen. Was ist bei Ihnen das Ergebnis?", fragt die Moderatorin. „Ich fühle mich schuldig", sagt Palihapitiya. „Enorm schuldig."

„Wir wussten alle in unserem Hinterkopf – auch wenn wir so taten, als wäre es nicht so –, dass etwas Böses damit passieren würde. Die kurzfristigen, Dopamin-gesteuerten Feedback-Schleifen, die wir geschaffen haben, zerstören die Gesellschaft: Kein zivilisierter Diskurs mehr. Keine Kooperation. Falschinformationen. Lügen. Und das ist kein amerikanisches Problem, es ist ein globales Problem. Denkt daran – in einer Dimension von zwei Milliarden Menschen. Es ist übel – es ist richtig, richtig übel."

Er ist nicht der erste Ehemalige, der mit Entsetzen vor den Auswirkungen der neuen sozialen Medien steht. „Ich habe keine gute Lösung", sagt Chamath Palihapitiya in Stanford. Er selbst habe sich einfach aus den sozialen Medien zurückgezogen – seit er Facebook im Jahr 2011 verlassen hat, habe er vielleicht zwei oder drei Mal selbst etwas gepostet. „Das hat zu enormen Spannungen mit meinen Freunden und meinem sozialen Umfeld geführt", sagt er. „Aber ich denke, ich wollte instinktiv nicht davon programmiert werden. Also habe ich es abgeschaltet. Aber ich habe nicht dagegen angekämpft. Und jetzt zu sehen, was passiert – das macht mich fertig. Richtig fertig."

Nicht nur Plattformen, sondern Medien

Die Bemerkungen von Palihapitiya erregten weltweit Aufsehen, denn sie trafen einen Nerv. Facebook, Google, Amazon waren gerade noch so cool. Gerade noch pilgerten ganze Flugzeuge voller europäischer Manager und Politiker ins Silicon Valley und trotteten in Hoodies und Turnschuhen durch die Hauptquartiere mit ihren Großraumbüros, Spielzimmern und Fitnesscentern. Diese Liebesgeschichte ist am Abklingen. Doch was bringt ausgerechnet einen ehemaligen Facebook-Manager zu einem so düsteren Befund über jene Neuen Medien, von denen man sich doch weltweite Vernetzung und Verständnis, jederzeit verfügbare Information, Demokratie – ja vielleicht nicht weniger als Weltfrieden – versprach? Wie kann so ein großes Versprechen in ein Produkt münden, von dem sein eigener Erfinder sagt, es „zerstöre die Grundlagen menschlichen Zusammenlebens"?

Die großen Silicon-Valley-Konzerne – allen voran Facebook, Google und Amazon – haben in den wenigen Jahren seit ihrer Gründung Unglaubliches geleistet. Sie haben Technik entwickelt, um das Internet zu durchsuchen, sich mit Freunden zu verbinden, so bequem einzukaufen wie nie zuvor. Sie haben die besseren Produkte als die mittlerweile marginalisierte Konkurrenz, und sie hören nie auf, diese Produkte auch noch zu verbessern. Und sie bieten sie gratis an – doch das hat einen hohen Preis.

Nach einem kurzen Utopia des Internets, in dem eine dezentral organisierte, aufgeklärte, jederzeit informierte und egalitäre Gesellschaft möglich schien, sind wir in rasender Geschwindigkeit mitten in einer Dystopie gelandet, deren Details sich die gewagtesten Science-Fiction-Filme vor zehn Jahren noch nicht ausmalen konnten. Drei private Unternehmen haben den Löwenanteil des Internets gekapert: Google, Amazon und Facebook sind dabei, das freie Internet fast vollständig mit ihrem privaten Netz zu überziehen. Sie bieten großartige, kostenlose Werkzeuge, die das tägliche Leben erleichtern: E-Mails, Suche, Navigation, alle Produkte der Welt vor die Haustür geliefert. Dafür sammeln sie jedes unserer Worte und jede kleinste unserer Bewegungen – und beanspruchen, die Besitzer unserer Daten zu sein. Sie wissen, mit wem wir sprechen – und worüber. Sie wissen, was wir kaufen, und sie wissen, was wir gerne hätten, uns aber nicht leisten können. Sie kennen unsere täglichen Wege so gut, dass sie uns beim Verlassen des Hauses schon sagen, wie weit es zum Büro ist (oder am Freitag ins Yoga-Studio). Sie kennen unsere allergeheimsten Fragen, sie messen jeden unserer Schritte und leiten davon ab, wie gesund wir leben, und sie ermuntern uns, auch jeden Bissen zu dokumentieren. In diesen Monaten dringen sie mit stimmgesteuerten künstlichen Intelligenzen in die Wohnzimmer ein, nehmen uns die Kontrolle über unsere intimste Umgebung ab und hören uns am Esstisch zu. Die Daten, die sie dabei sammeln, entscheiden teils jetzt schon darüber, ob wir eine Versicherung bekommen und wie viel wir dafür zahlen (wenn wir eine bekommen), ob wir kreditwürdig sind und ob wir zum Vorstellungsgespräch eingeladen werden. Dazu müssen nicht einmal die individuellen Daten herangezogen werden: Es genügen die Schlüsse, die dank Big Data aus unserem Wohnort, unseren Lebensgewohnheiten, unserem Umfeld gezogen werden können.

Es ist nicht verwunderlich, dass der Umgang mit Daten – der Kern des Geschäftsmodells – im Zentrum der Kritik an Google, Facebook und Amazon steht. Doch der Fokus dieses Buches liegt auf einem anderen Bereich, in dem diese drei Unternehmen vielleicht noch stärkere Auswirkungen auf unsere Gesellschaft haben: Denn Facebook, Google und in anderer Form auch Amazon sind Herausgeber von neuen Massenmedien – ohne sich als solche zu bezeichnen und ohne die Regeln einzuhalten, die für das Betreiben von Medien gelten.

Diese Feststellung mag überraschend klingen. Wir nehmen Amazon als Shopping-Plattform wahr, Facebook als Plattform für Freundschaften, Google als Suchmaschine und Googles Subfirma YouTube als Video-Plattform. Wir bezeichnen alle drei als Plattformen, deren Essenz es sei, nichts selbst herzustellen – sondern Produzenten und Konsumenten technisch miteinander zu vernetzen. Eine logische Folge dieser Sichtweise ist, dass die Plattformen selbst kaum zuständig sind für das, was auf ihnen passiert: Sie liefern nur die Technik – der Inhalt kommt von Usern, die jeweils selbst dafür verantwortlich sind.

Nun sind Facebook, Google und Amazon tatsächlich in weiten Teilen Plattformen, auf denen man sich austauschen kann. Die

Chance auf Öffentlichkeit, die sie Einzelpersonen, oppositionellen Bewegungen, engagierten Gruppen und Unternehmen bieten, sind faszinierend. Lange erwartete man sich von dieser Möglichkeit, an den traditionellen Massenmedien vorbei eigene Kanäle aufzubauen, eine Demokratisierung der Welt. Eingetroffen ist das nicht – und das liegt daran, dass wir auf einem Auge blind waren: Denn Facebook und YouTube sind nicht nur Plattformen – sie sind auch Herausgeber von ganz eigenen Medienprodukten, und diese stehen im Zentrum ihres Erfolgs. Facebook stellt als Herausgeber sein zentrales Produkt zusammen – den Newsfeed –, der funktioniert wie ein klassisches Medium. YouTube empfiehlt Videos oder reiht sie im Autoplay-Modus aneinander wie ein klassischer Fernsehsender. Erst diese Medienprodukte machen den Erfolg von Facebook und YouTube aus: Im Gegensatz zu Plattformen – auf denen die Dinge in Nischen bleiben – bieten diese Medienprodukte die Chance auf globale Öffentlichkeit und virale Verbreitung, und für YouTube und Facebook haben sie eine zentrale Funktion: Sie binden die Aufmerksamkeit ihrer Nutzer möglichst lange. Diese Aufmerksamkeit verschafft den dahinterstehenden Unternehmen einen großen Teil ihres Gewinns – bei Google und Facebook sogar bisher fast ihr einziges Einkommen – über einen alten, bewährten Markt: Werbung. Der Facebook-Newsfeed ist ein Medium. Google ist mit YouTube, Google News, Google Books zu einem Teil ein Medienunternehmen. Amazon verdient ebenfalls immer mehr Umsatz mit Anzeigen, agiert selbst als Verleger und baut mit Amazon Prime ein Medienunternehmen auf.

Das ist vielleicht die größte Revolution, die mit den Silicon-Valley-Medien eingezogen ist: Wir haben es in weiten Teilen mit Neuen Medien zu tun, die sich allerdings weder als solche bezeichnen noch sich an die Regeln für Medien halten. Und das führt zu extremen Verwerfungen.

Warum Herausgeber Verantwortung tragen

Um zu verstehen, was geschehen ist, müssen wir einen Blick in die Geschichte werfen, zu vergleichbaren Disruptionen und ihren Folgen. Wir vergleichen die digitale Revolution gerne mit der industriellen Revolution im 19. Jahrhundert. Doch wenn wir über Medien sprechen, ist dieser Vergleich nur unzureichend. Man muss sich an anderen Punkten in der Geschichte orientieren, um zu verstehen, welche grundsätzliche Veränderung der Welt gerade im Gange ist und wie man die Schattenseiten schneller als bei den letzten Medienrevolutionen der Geschichte in den Griff bekommen kann: Erstens an der Erfindung des Buchdruckes im 16. Jahrhundert – der Technologie, die die Vervielfältigung von Information unendlich skalierbar und billig machte. Zweitens an der Einführung von massenhaft verbreiteten Zeitungen ab Ende des 18. Jahrhunderts. Und drittens an der Erfindung des Fernsehens im 20. Jahrhundert: jenes Massenmediums, das direkt in die Herzen und Köpfe der Bevölkerung strahlte und zugleich so teuer war, dass es zu Monopolbildungen verführte.

Alle drei Erfindungen wirkten tief in das Gefüge der menschlichen Gesellschaft – mit großartigen, aber auch mit erschreckenden Auswirkungen. Um die Gefahren, die diese beiden Mediendisruptionen mit sich brachten, zu bannen – und die damaligen neuen Medien zum Wohl der Gesellschaft zu entwickeln –, wurden Regeln geschaffen, die wir uns nun angesichts der digitalen Medienrevolution noch einmal genau ansehen sollten.

Der Buchdruck eröffnete die Möglichkeit, billig und massenhaft Information zu verbreiten und brach das Monopol der Klosterbibliotheken, Wissen weiterzugeben. Die Auswirkungen waren enorm. Der Buchdruck ermöglichte eine grundlegende Änderung der damaligen gesellschaftlichen Basis, der Religion: die Reformation von Martin Luther basierte auf der Möglichkeit, seine auf

Deutsch übersetzte Bibel massenhaft zu verbreiten. In Folge war der Buchdruck Motor für das Ende des Feudalismus, für die Aufklärung und für die Französische Revolution. Diese tiefgreifenden gesellschaftlichen Entwicklungen, auf denen unsere heutige europäische Gesellschaft aufbaut – mit Demokratie, Menschenrechten und einem auf den Menschen zentrierten Weltbild –, hätten sich ohne diese technische Innovation nicht auf diese Art herausgebildet. Das sind auch die Hoffnungen, die man mit der Digitalisierung von Information verbindet.

Aber der Buchdruck hatte seine folgenreichen Schattenseiten: In Folge dieser Erfindung wuchs nicht nur das Wissen auf der Welt, sondern auch der Wahnsinn. Es entstand eine große Zahl von absurden Sekten und Religionsabspaltungen. Weltuntergangspropheten nützten die Technik ebenso wie Hetzer, die neue Technik fachte Kriege an. Es gibt Historiker, die die besondere Grausamkeit und Länge des Dreißigjährigen Krieges auf die Möglichkeit zurückführen, Propaganda und Lügen über den Gegner so massenhaft und glaubhaft zu verbreiten, wie es zuvor in Zeiten der Prediger schlicht nicht möglich war.[1] Und erst der Buchdruck ermöglichte ein massenhaft verbreitetes Verbrechen, das man gern im Mittelalter ansiedelt, das sich aber tatsächlich erst im 18. Jahrhundert ausbreitete: Die Hexenverbrennungen waren angetrieben durch die Möglichkeit, Verleumdungen auf Flugblättern zu verbreiten. Sie sind eine der dunklen Konsequenzen des technischen Fortschritts im Verbreiten von Information.

Die Machthaber reagierten auf die Sprengkraft von Massenmedien zunächst damit, die Verbreitung selbst zu kontrollieren und alles zu verbieten, was ihnen für die Gesellschaft, vor allem aber für die eigene Machterhaltung schädlich schien. Staatliche Zensur bestimmte die Verbreitung gedruckter Werke bis weit ins 20. Jahrhundert (und in vielen Teilen der Welt bis heute), Bücherverbrennungen begleiteten die Machtübernahme der Nationalsozialisten.

Es hat in Europa bis in die zweite Hälfte des 20. Jahrhunderts hinein gedauert, ein Regelwerk zu schaffen, das diese Schattenseiten des Buchdruckes eindämmt und zugleich die so enorm wichtige Freiheit von Informationsbeschaffung und -verbreitung sichert: Pressefreiheit und Medienrecht. Die Pressefreiheit erkennt die Rolle von Massenmedien für die Demokratie an und schafft Zensur ab. Sie sichert das Recht von Medienunternehmen, Information zu veröffentlichen, und umfasst eine Reihe von Privilegien: darunter etwa Schutz vor Verhaftungen, privilegierten Zugang zu Zentren der Macht und vor allem das Redaktionsgeheimnis, das Journalisten die Möglichkeit gibt, ihre Informanten zu schützen. Doch die Freiheit kommt mit Schranken. Die Medienunternehmen bekommen eine hohe Verantwortung übertragen, die – je nach Land mit leicht unterschiedlichen Schwerpunkten – im Medienrecht festgehalten ist: Sie müssen etwa Informationen auf ihren Wahrheitsgehalt überprüfen und im Zweifelsfall den Wahrheitsbeweis antreten können. Sie dürfen nicht die Privatsphäre von Personen verletzen, die nicht von öffentlichem Interesse sind. Sie müssen, wenn jemand beschuldigt wird, auch die andere Seite fragen – und ihr genug Zeit einräumen, ihre Sichtweise einzubringen. Sie müssen die Rechte von Minderjährigen schützen und dürfen keine Hetze gegen ethnische Gruppen oder Religionsgruppen verbreiten. Und sie dürfen keine Werke stehlen.

Diese Verantwortung liegt in den Händen der Medienunternehmen selbst. Versagen sie dabei, können die Geschädigten den Medienbetrieb klagen. Deshalb beschäftigen Medien professionelle Journalisten, die Information beschaffen, gegenchecken, die Gegenseite befragen und die Aussagen professionell prüfen und aufbereiten.

Da das alles noch nicht garantiert, dass ein Medium auch alle relevanten Aspekte abdeckt und sie von allen Seiten beleuchtet, sorgen europäische Staaten auch für Medienvielfalt: Kartellbehörden sind besonders aufmerksam, wenn Fusionen im

Medienbereich stattfinden. Denn nur eine Vielfalt von Medien garantiert, dass sie einander kontrollieren – und gemeinsam die notwendige Kontrolle der Macht ausüben können.

Genau diese Vielfalt herzustellen war bei der zweiten großen Revolution im Medienbereich schwieriger: Radio und Fernsehen. Die Herstellung von Radio und vor allem Fernsehen war teuer, die Distribution hing an Lizenzen der Post- und Telegraphenverwaltung. Damit war das neue Medium, das so direkt wie keines zuvor in die Herzen und Köpfe der Menschen wirkte, anfällig für Monopole.

Was Monopole elektronischer Medien anrichten können, zeigten die Zeiten von Faschismus, Nationalsozialismus und der Zweite Weltkrieg, in dem Radio und Fernsehen zu einem mächtigen Propagandainstrument wurden. Dieses Instrument wollte man in Europa weder einzelnen Firmen überlassen, die dadurch viel zu mächtig werden würden, noch dem Staat. Deshalb setzte sich in ganz Europa das System des öffentlich-rechtlichen Rundfunks durch: Rundfunkanstalten, die vom Staat einen Grundversorgungsauftrag für Information erhielten und ausgewogen berichten sollten – aber zugleich nicht dem Staat unterstellt waren. Die BBC, die bereits 1929 aus einem Verband von Rundfunkherstellern entstanden war, lieferte dafür nach dem Zweiten Weltkrieg das Vorbild, das die Alliierten auch in Deutschland und Österreich umsetzten. Die Unabhängigkeit des öffentlich-rechtlichen Rundfunks steht auf zwei Beinen: Zum einen fußt sie auf der Finanzierung durch Gebühren der Seher und Hörer, zum anderen auf einem vom Staat unabhängigen Leitungsgremium. Der Einfluss der jeweiligen Regierungen blieb in diesem System zwar hoch, doch die unabhängige Finanzierung und das Bewusstsein innerhalb der öffentlich-rechtlichen Anstalten für die eigene Aufgabe bannten die schlimmsten Gefahren der natürlichen Monopole, die hier entstanden waren und erst ab den 1980er-Jahren (in Österreich gar erst 2001) gebrochen wurden.

Die neue Medienrevolution: Neue Medien, alte Probleme

Nun stehen wir mit dem Aufstieg von Google, Facebook und Amazon mitten in einer dritten Medienrevolution, die sich noch wesentlich schneller anlässt. Die Phänomene ähneln sich in ihren Grundzügen. Die Probleme sind dieselben: moderne Hexen-jagden, Hetze, Verschwörungstheorien, die Bildung radikaler Gruppen (wie der Reichsbürger), Religionsumstürze (diesmal vor allem im Islam), politische Verwerfungen bis hin zur Abstim-mung für den Brexit und zur Wahl von Donald Trump hängen alle eng mit der neuen Medienrevolution zusammen – doch anstatt aus den bisherigen Erfahrungen zu schöpfen und die Regeln mitzunehmen, die wir für diese Schattenseiten der Massenkom-munikation geschaffen haben, entziehen sich die neuen Medien erfolgreich allen Regeln, die für Medien gelten. Ein Kartellrecht, das die Vielfalt sichert? Wird nicht angewendet und würde in der Datenökonomie schwer greifen. Medienrecht, das Privilegien und Verantwortungen festlegt? Wird nicht angewendet. Ein öffent-lich-rechtliches System, das die gewaltige Macht von Kommuni-kationsmonopolen – und deren Finanzbedarf – in die Hand der Allgemeinheit legt? Beschränkt sich nach wie vor auf Radio und Fernsehen, obwohl es schon lange keine Gefahr der Monopolbil-dung in diesem Bereich mehr gibt: Es ist technisch und finanziell einfacher denn je, Video und Ton herzustellen und zu verbreiten.

Die Tatsache, dass Facebook und YouTube mit großem Aufwand abstreiten, Medien herauszugeben – um sich nicht an die Regeln halten zu müssen, die für Medienunternehmen gelten –, verschafft ihnen einen enormen Vorteil gegenüber europäischen Medienunternehmen: Medienrecht nicht einzuhalten und die Informationen, die man verbreitet, nicht zu überprüfen, spart enorme Redaktionskosten – die großen Neuen Medien kommen ohne einen einzigen Journalisten aus. Datenschutz nicht einzu-halten ermöglicht den Aufbau der wichtigsten Ressource unserer

Zeit: vernetzte Daten. Urheberrechte zu ignorieren ermöglicht, Künstler und Kreative schlicht nicht zu bezahlen. Steuerrecht zu umgehen bringt einen enormen finanziellen Vorteil, und Kartellrecht zu ignorieren – teils unter falschen Angaben und Lügen – ermöglicht die Bildung der Monopole, vor denen wir heute stehen.

Bei all diesen Schritten wurden die neuen Giganten der Medienwelt intensiv von der US-Regierung unterstützt und haben Zugriff zu fast unendlichen Strömen von Kapital. Macht man einen Schritt zurück und betrachtet diese Entwicklung mit dem Blick der Historikerin, kann man nur einen Schluss ziehen: Es findet hier ein Wirtschaftskrieg statt, in dem schmutzig gespielt, aber freundlich gelächelt wird.

Europäische Medien werden davon derzeit schlicht weggefegt. Europäische Medienmanager pilgern in Gruppen durch das Silicon Valley, liefern sich aber – zurück zu Hause – auf den diversen Medientagen und Konferenzen Grabenkämpfe, die wie aus einer vergangenen Zeit scheinen: Da geht es Tageszeitungen gegen Wochenmagazine, Print gegen elektronische Medien, Online gegen Print, Öffentlich-Rechtliche gegen Private. Dabei sind diese Kategorien auf dem wichtigsten Distributionskanal der Gegenwart und Zukunft – dem Smartphone – schon lange obsolet. Dort steht die App der Tageszeitung direkt neben der des Streaming-Dienstes eines Fernsehsenders, neben dem Musikdienst und den Logos der sozialen Medien. Alle konkurrieren um den beschränkten Raum auf dem Homescreen und die beschränkte Ressource des Menschen, der das Smartphone hält. Die lokalen Medien-Apps – hinter denen die Arbeit von Redaktionen und steuerzahlenden Unternehmen stehen – unterscheiden sich von Land zu Land. Die amerikanischen Plattformen Google, Facebook, Amazon und Twitter sind global dieselben, und sie nutzen die Kombination aus den vielen Startvorteilen und der globalen Aufstellung extrem erfolgreich aus. Über 95 Prozent des Wachstums am Anzeigenmarkt ging 2017 an nur zwei Unternehmen: Google und Facebook.

Alle anderen Medien der Welt teilten sich den kleinen Rest – so sie denn nicht, wie der Großteil, schrumpften.

Trotzdem bekämpfen europäische Medienunternehmen die übermächtige Konkurrenz kaum – im Gegenteil: Sie füttern die Bestie, die sie bereits zur Hälfte geschluckt hat. Jedes einzelne europäische Medienunternehmen – allen voran die öffentlich finanzierten öffentlich-rechtlichen Medien – zweigt Geld von der eigenen Redaktion und dem eigenen Produkt ab und steckt es in die Produktion von Content für Social Media – um dann noch dafür zu zahlen, dass die US-Konkurrenten diesen Content überhaupt ausspielen. Facebook bekommt die Informationen, Fotos und Livestreams, für die europäische Medienunternehmen Redaktionen und Equipment zahlen, einfach gratis, und noch Geld obendrauf. Die Medienhäuser in Europa arbeiten also intensiv daran mit, sich selbst abzuschaffen.

Ein bedeutender Teil des Diskurses, der Demokratie ausmacht, wandert so auf unregulierte Plattformen, auf denen Hetze, Lügen, Einseitigkeiten und Propaganda nicht nur möglich sind, sondern sogar belohnt werden.

Das gefährdet – wie Chamath Palihapitiya in seinem Talk an der Stanford Business School sagte – nicht weniger als die Grundlage unserer Gesellschaft. Demokratie kann ohne lokale und nationale Vielfalt von Medien, die nach den dafür entwickelten Regeln arbeiten, schlicht nicht funktionieren. Denn: „Was ist das Substrat der Demokratie?", fragt Armin Thurnher in einem Leitartikel in der Wochenzeitung *Der Falter*: „Die gute alte Idee, wir könnten so fair und auf Augenhöhe einander informieren und miteinander verhandeln, dass ‚wir', der Demos, das Volk, das Wahlvolk, am Ende in Abstimmungen zu Entscheidungen kommen, die man als hinreichend vernünftig betrachten kann. So rechtfertigt sich die Demokratie. Für die Information sorgen Medien, weil die Marktplätze in der Massengesellschaft für all die Menschen zu eng geworden sind." Dabei ist entscheidend, dass diese Medien eben nicht ausschließlich nach den Vorlieben des/der einzelnen LeserIn gestrickt sind, wie Miriam Meckel auf den Münchner Medientagen 2015 sagte: „Tatsächlich sollte es in unserem Leben so etwas wie ein verbindendes Element geben, das über unsere individuellen Präferenzen, unsere Wohlfühlzonen der Selbstgewissheit und Selbstverstärkung hinausreicht. Das leisten soziale Netzwerke nur partiell, denn sie verbinden Ähnliches, nicht Unterschiedliches." Massenmedien sind – bei all ihren schrecklichen Fehlern – der Ort, an dem demokratischer Diskurs stattfindet, Informationen und Fakten dafür aufbereitet werden und die Handlungen und Aussagen der Machthaber überprüft werden.

Die neuen Giganten auf dem Medienmarkt leisten diesen Dienst an der Gesellschaft nicht. Auch wenn sie anfangs die Hoffnung weckten, dass die Vernetzung zu einer schönen, neuen, demokratischeren Welt führen würden – diese Hoffnung wurde in den letzten fünf Jahren empfindlich gestört. Denn sie geben Machthabern ein Sprachrohr zu einem Massenpublikum, über das sie unhinterfragt behaupten können, was immer sie wollen, ohne dass jemand nachfragt und die Fakten vor der Veröffentlichung überprüft. Sie geben immer der Emotion Vorrang vor der Analyse. Sie belohnen Aussagen, die wütend machen. Sie schaffen Filterblasen. Und sie öffnen Lügen und Propaganda Tür und Tor. Das hat Auswirkungen auf den Diskurs, der Demokratie bestimmt, und vermutlich bereits auf den Ausgang von Wahlen.

Der Schlüssel:
Regulierung, Kooperation und die öffentlich-rechtliche Idee

Nun ist es nachvollziehbar, dass es für neue technische Phänomene nicht sofort eine regulatorische Antwort gibt – auch beim Buchdruck, der industriellen Revolution und bei elektronischen Medien hat das eine Weile gedauert. Jede neue Mediengattung weckte Befürchtungen gesellschaftlichen Zusammenbruchs. Doch dass der regelmäßig nicht eingetreten ist und die Gesellschaft sich nicht trotz, sondern wegen Büchern, Zeitungen, Radio und Fernsehen positiv weiterentwickelt hat, sollte uns nicht zu sehr beruhigen: Es waren dazu Regeln notwendig. Viele „klassische" Medien verfolgen – genau wie Google und Facebook – ein klares Ziel: Die Aufmerksamkeit ihrer Leser und Seher zu erregen und maximal zu binden. Auch sie wissen, dass Sensationen, Lügen, Anwürfe, die Verletzung von Persönlichkeitsrechten dafür perfekt geeignet sind: Was aufregt, erregt und bindet Aufmerksamkeit. Man kann auch bei klassischen Medien in Europa – insbesondere bei den Boulevardmedien – diese Mechanismen täglich beobachten, allerdings eingegrenzt durch die Mediengesetze. Es geht uns also nicht um eine Gegenüberstellung der guten alten Medien gegen die bösen neuen, sondern um die Konsequenzen: Die klassischen Medien müssen sich an Regeln halten, weil man erkannt hat, dass diese notwendig sind – und sie sind zwar im Sinne von Meinungsfreiheit und Pressefreiheit weit gefasst, aber sie nehmen die Herausgeber in die Verantwortung. Diese Mindeststandards fehlen für die Neuen Medien, weil sie nicht als solche erkannt und eingeordnet werden – mit allen negativen Konsequenzen. Und diesmal sollten sich die Gesetzgeber mit der Adaptierung der grundlegenden Richtlinien für Medien nicht zu viel Zeit lassen. Die Verbreitung des Internets ist etwa um einen Faktor 10 schneller als die des Buchdrucks, die von Mobilfunk um einen Faktor 100 – und die Neuen Medien verbreiten sich noch schneller.

China hat auf die Phänomene aus den USA sehr schnell reagiert und die US-Unternehmen schlicht ausgesperrt. Während das vordergründige Motiv wohl die Eindämmung der politischen Kritik am chinesischen Regime war, stand hinter der Entscheidung auch ein geo- und wirtschaftspolitisches Ziel: Das eigene System – mit all seinen Eigenheiten von Einheitspartei bis zu Überwachung und Höflichkeitsregeln – auch mit eigenen Tech-Firmen auszustatten. Das gelang in einem Ausmaß, das wohl auch die chinesische Elite überrascht hat: Von Alibaba bis WeChat verfügt China mittlerweile über ebenbürtige und teils sogar bessere Äquivalente zu den US-Giganten. Europa hingegen verharrte bisher wie ein Kaninchen vor der Schlange in Schockstarre.

Aber was kann man in Europa tun, um das europäische System mit Demokratie, Pressefreiheit, sozialer Sicherheit und fairen Regeln zu erhalten oder sogar auszubauen – und die positiven Seiten von YouTube und Facebook, von Google und Amazon in Bahnen zu lenken, die diesen Zielen nützen, statt sie zu zerstören? Und wie kann man dazu beitragen, dass europäische Medien, die nach europäischen Grundsätzen funktionieren, nicht verschwinden?

Das zu zeigen, ist das Ziel dieses Buches. Wir beschreiben in den ersten Kapiteln die Funktionsweise der Silicon-Valley-Giganten und die Ideologie ihrer Gründer und zeigen die Folgen ihrer unregulierten algorithmischen Medien: Hass, Lügen und die Unterwanderung von Demokratie. Wir beschreiben, wie sehr Europa mit seinen derzeitigen stark nationalen Regeln – die eigentlich gut für die Kontrollen von Massenmedien geeignet wären – an den neuen US-Spielern scheitert. Und wir arbeiten Vorschläge aus, wie wir eine europäische Medienlandschaft, die den demokratischen Diskurs sichert, retten können: Durch Regulierung, Kooperationen europäischer Medien – und vor allem eine Modernisierung der öffentlich-rechtlichen Idee.

Der Schlüssel für den neuen Medienwandel liegt unserer Meinung nach darin, die bereits entwickelten Grundregeln zu adaptieren. Und ein Schlüssel liegt in dem System, das Europa für Fernsehen und Radio geschaffen hat: dem System von unabhängigen, staatsfernen und wirtschaftlich nicht von Unternehmen abhängigen öffentlich-rechtlichen Medien. Diese Idee muss man für die neue Medienrevolution adaptieren.

Unsere Perspektive auf das Thema ist die eines Medienmanagers und einer Journalistin, die im Privatfernsehen Public-Value-Programm machen, weil wir Information und Medienvielfalt im elektronischen Bereich für fundamental wichtig für den Diskurs in der Gesellschaft und damit für die Demokratie halten. Wir erleben den Medienwandel, der auf uns zukommt, aus der Nähe und beobachten, wie europäische Grundwerte in rasender Geschwindigkeit untergraben werden. Dieses Buch ist ein Plädoyer für eine europäische Medienlandschaft, gestützt auf die Grundsätze, für die es sich zu kämpfen lohnt, und organisiert in einem gestärkten öffentlich-rechtlichen System. Gerade weil wir nicht in öffentlich-rechtlichen Unternehmen arbeiten und somit nicht den betriebsinternen Zwängen und Logiken unterliegen, haben wir die Freiheit, uns darüber die Gedanken zu machen, die wir hier zur Diskussion stellen. Dieses Buch ist also, auch wenn unser Blick von unserer Arbeit geprägt ist, keine Lobbying-Schrift im Sinne des Privatfernsehens – die gibt es auch und sie sind nachzulesen. Das Thema dieses Buches jedoch geht jeden Einzelnen an. Es zeigt Ihnen, was der Preis dafür ist, dass Sie diese unglaublich ausgereiften Programme auf Ihrem Smartphone haben, die Ihnen so viel Freude und Kummer bereiten – und so viel Ihrer Aufmerksamkeit und Zeit für sich reklamieren. Es zeigt, welche Folgen es hat, dass die globalen Konzerne dahinter sich nicht an die Regeln halten. Und wir wollen zeigen, was man dagegen tun kann.

2. DIE NEUEN HERRSCHER DER WELT
Das Billionen-Business von Facebook, Google, Amazon

„You have to move fast and break things. If you're not breaking things, you're not moving fast enough." MARK ZUCKERBERG

Im Sommer 2016, als die großen US-Tech-Unternehmen – zumindest von Europa aus gesehen – noch die coolen, hippen, jungen Dinger waren, in die man seine Manager schickte, um Disruption zu lernen, standen wir zur Frühstückszeit in San Francisco in der Mission Street an einem Obststand. Mission ist traditionell ein ärmerer Bezirk der Stadt, erste Station für Einwanderer aus Mexiko und Mittelamerika. Die Umgangssprache hier ist Spanisch, die Häuser sind niedrig. Es gibt mexikanische Restaurants, Second-Hand-Geschäfte, Ein-Dollar-Shops und Dutzende Galerien und Ateliers, in denen seit den 1970ern die Latino-Kunst-Szene der Stadt pulsiert. Es ist ein angenehmer Ort für eine Auszeit vom Zentrum. Der Obstmann schneidet gerade eine Mango und bestreut sie mit Chili und Salz, als ein mittelgroßer Bus mit schwarzen Scheiben vorbeigleitet. Ein junger Mann greift in die Tomaten, hebt den Arm und wirft mit größter Selbstverständlichkeit und Präzision drei davon auf den vorbeifahrenden Bus. „Cabrones", zischt er. „Hijos de la gran puta", nickt der Obststandler und übergibt den Sack mit der geschnittenen Mango. „Google Bus", fügt er hinzu, als er unseren ratlosen Blick sieht. Es scheint ihm Erklärung genug.

„Google Bus" – so nennt man hier die Shuttle-Busse, die die Tech-Arbeiter, die neue Elite der Welt, von San Francisco 40 Meilen weiter südlich ins Silicon Valley bringen. Sie sind schwarz oder silberfarben, ihre Scheiben sind getönt und sie haben keine Logos. Seit es 2013 Blockaden gab, weil sie die öffentlichen Busstationen nützten und so den Arbeitsweg der anderen

Leute behinderten, sammeln sie die Silicon-Valley-Arbeiter an wechselnden Punkten auf. Es ist eine seltsame, fast unsichtbare Parallelstruktur, die das Silicon Valley durch die Lieblings-Wohnstadt seiner Arbeiter zieht.[2] Die Bevölkerung von Mission erkennt sie trotzdem, und sie hasst sie: „Die Silicon-Valley-Typen sind schuld daran, dass wir hier nicht mehr leben können", sagt der Obstmann. So beliebt Google, Facebook und die anderen im Rest der Welt sind – so wenig schätzt man sie hier: Ihre Angestellten verdienen ein Vielfaches eines Normalo-Gehalts, siedeln sich in den hippen (vormals ärmeren) Vierteln an, treiben die Mieten hoch und heizen eine Immobilienblase an, wegen der sich täglich Familien auf der Straße finden: delogiert, ersetzt durch einen neuen 20-jährigen Programmierer im Kapuzenpulli oder ein Airbnb-Apartment, bezahlt mit einem Jahresbonus. Die berühmten Graffiti und Wandmalereien in der Clarion Alley an der Mission Street zeigen das: Wo vor einigen Jahren noch Rassismus, Irak-Krieg und Überwachung die großen Themen waren, geht es jetzt fast ausschließlich um Wohnraum. „Wohnen ist ein Menschenrecht", steht da immer wieder auf den Murales. Und: „Delogiert Google."

Hebt man den Blick und geht aufmerksam durch San Francisco, erhärtet sich das Bild, dass die Umgebung der Silicon-Valley-Giganten nicht von deren Reichtum profitiert: Die Stadt ist seltsam leer, in manchen Vierteln wirkt sie wie eine leblose Hülle ihrer selbst. Von normalen Jobs kann man in der Stadt nicht mehr leben. Familien ziehen weg. Kreative wandern aus. Unser Uber-Fahrer schläft außerhalb der Stadt in seinem Auto, weil er keine Wohnung mehr hat. Ein Freund, der auf der Universität Musik unterrichtet, muss mit 35 wieder zu seinen Eltern ziehen. Die Infrastruktur – noch nie eine Stärke amerikanischer Städte – bröckelt. Abends sind nur mehr die Hunderten Obdachlosen auf den Straßen. Der unfassbare Reichtum, der wenige Kilometer weiter südlich bei den großen Tech-Medien produziert wird, schlägt sich

hier in ein paar Biosupermärkten und Third-Wave-Coffee-Shops
nieder – doch er kommt bei einem Gutteil der Bevölkerung nicht
an, im Gegenteil. Wer nicht bei den Großen arbeitet oder Geld von
ihnen für ein Projekt bekommt, hat hier mittlerweile schlechte
Karten. „Wir hassen das Silicon Valley", sagt der Obstmann. „Sie
machen Milliarden aus Luft, und uns rauben sie das nackte Leben.
Sie zerstören das Grundgefüge dieser Gesellschaft. Wenn das so
weitergeht und niemand sie in die Schranken weist, dann ist von
San Francisco bald nichts mehr übrig."

Wenn man sich auf den Weg nach Süden macht, eine halbe
Stunde Autobahn (plus Stauzeit), dann kann man schwer glauben,
dass hier, in diesen ausschweifenden Gewerbe- und Wohngebie-
ten, die mächtigsten Firmen der Welt sitzen. Der Google-Campus
ist eine unübersichtliche, weitläufige Ansammlung von unschein-
baren Bürowürfeln. Facebook: ein paar Hallen, umgeben von
viel zu großen, gut gefüllten Parkplätzen, auf denen sich Touris-
ten gegenseitig vor dem blauen „Like"-Daumen fotografieren.
Gerade mal Apple hat mit dem „Loop" schon das Hauptquartier,
das man von einer weltmarktbeherrschenden Firma erwartet.
Und doch liegt hier in Palo Alto die höchste Konzentration an
Unternehmenswerten der Geschichte. Statt den Reichtum auszustrahlen, wirkt es aber, als würden diese Firmen ihre Umgebung
aussaugen.

Man kann die Situation in San Francisco, der unmittelbaren
Umgebung der Tech-Giganten, als schöne Metapher für ihren
globalen Einfluss verwenden: Noch nie haben so wenige Unternehmen so viel Reichtum angehäuft und dabei so wenige daran
teilhaben lassen, und noch nie war so viel Macht über das tägliche
Leben und die Information von Milliarden Menschen in den
Händen so weniger.

Das war die Liste der größten Unternehmen der Welt
2007 (nach Marktkapitalisierung)

	Name	Land	Marktwert (Mrd. $)	Branche
1	Exxon Mobil	USA	429,566	Öl und Gas
2	General Electric	USA	363,611.3	Industrie
3	Microsoft	USA	272,911.7	Software & Computer Services
4	Citigroup	USA	252,857.3	Banken
5	AT&T	USA	246,206.3	Telecommunications (neu in den Top Ten)
6	Gazprom	Russland	245,911.4	Öl und Gas
7	Toyota Motor	Japan	230,831.6	Autos & Autoteile
8	Bank of America	USA	228,177.3	Banken
9	Bank of China	China	224,787.6	Banken
10	Royal Dutch Shell	UK	214,018.4	Öl und Gas

Und das ist die Liste der größten Unternehmen der Welt 2017 (nach Marktkapitalisierung).

	Name	Hauptsitz	Land	Marktwert (Mrd. $)	Branche
1	Apple	Cupertino	USA	754,456	Technologie
2	Alphabet	Mountain View	USA	579,456	Technologie
3	Microsoft	Redmond	USA	509,128	Software
4	Amazon.com	Seattle	USA	423,267	Internethandel
5	Berkshire Hathaway	Omaha	USA	411,756	Mischkonzern
6	Facebook Inc.	Menlo Park	USA	411,291	Technologie
7	ExxonMobil	Irving	USA	340,365	Öl und Gas
8	Johnson & Johnson	New Brunswick	USA	338,367	Pharmaindustrie
9	JPMorgan Chase	New York	USA	314,278	Banken
10	Wells Fargo	San Francisco	USA	279,329	Banken

Die beiden Listen zeigen auf einen Blick, wie sehr sich die Welt geändert hat: Das Öl-Zeitalter geht zu Ende, nur mehr ein Ölkonzern gehört zu den größten Unternehmen der Welt. Das Industriezeitalter ist auf dem Rückzug. Auch das Finanzzeitalter hat seinen Höhepunkt überschritten: Die Zahl der Banken in der Liste der größten Unternehmen sinkt. Investor Warren Buffet hält sich noch mit seinem Mischkonzern Berkshire Hathaway – in dem Versicherungen die größten Gewinne bringen –, sonst sind auch große Holdings nicht mehr vertreten. Kein einziges Unternehmen auf der Liste stammt von außerhalb der USA.

Drei Unternehmen sind neu in der Liste, und sie besetzen die vorderen Ränge: Facebook, Google (mit dem Namen des neuen Mutterkonzerns Alphabet) und Amazon sind die neuen Giganten. Ihr Rohstoff sind Daten. Ihre Lieferanten sind wir. Ihre Kunden sind die Werbemärkte – bei Google und Facebook zur Gänze, auch bei Amazon zu einem beträchtlichen Teil. Und sie sind gänzlich oder zu einem großen Teil Medienunternehmen.

„Zwar ziehen Milliarden Menschen erheblichen Nutzen aus diesen Firmen und ihren Produkten, doch nur verstörend wenige ernten den wirtschaftlichen Nutzen", schreibt Scott Galloway in seinem Bestseller *The Four* über Google, Facebook, Amazon und Apple. Rechnet man den Börsenwert traditioneller Unternehmen pro Mitarbeiter aus, so kommt man etwa bei Siemens auf 240 000 Euro, bei der VOEST auf 176 000 Euro, bei General Motors auf 231 000 Dollar pro Beschäftigtem. Das klingt enorm viel – bis man die Zahlen der neuen Monopolisten hört: Facebook hat innerhalb von vierzehn Jahren ein Unternehmen aufgebaut, das fast 14 Millionen Dollar pro Mitarbeiter wert ist – fast sechzigmal so viel wie bei manchen großen Industrieriesen.[3]

Die vier wichtigsten Tech-Giganten – Google, Amazon, Facebook und Apple – liefern sich derzeit nicht nur ein Rennen darum, wer im Wettlauf um die größte Firma der Welt vorne liegt und als Erster mit einer Billion Dollar bewertet wird. Es geht um mehr als schiere Größe: Alle vier versuchen, tief in das tägliche Leben von Milliarden Menschen einzudringen, und entwickeln künstliche Intelligenzen, die diese Daten in Echtzeit verwerten. Jede von ihnen will nicht weniger sein als das Betriebssystem, nach dem die Menschheit funktionieren wird. Da wir über Medien schreiben und Apple durch die Produktionssparte und die besondere Beziehung zur Musik- und Filmindustrie eine Sonderstellung einnimmt, beschränken wir uns auf die großen drei Mediengiganten: Google, Facebook und Amazon. Bevor wir auf ihre Medienaktivitäten und die Folgen eingehen, hier ein kurzer Überblick: Was machen sie, wie beeinflussen sie unser Leben – und wer steuert sie?

1. Google

> *„It is easier to make progress on mega-ambitious dreams. Since no one else is crazy enough to do it, you have little competition."* LARRY PAGE

„Google ist der Gott des modernen Menschen. Es ist die omnipräsente Quelle unseres Wissens. Google kennt unsere dunkelsten Geheimnisse, kann uns sagen, wo wir uns gerade befinden und wo wir hinmüssen, und beantwortet sämtliche Fragen – banale wie tiefgründige. Kein Unternehmen besitzt so viel Vertrauen. Etwa jede sechste Anfrage, die an die Suchmaschine gestellt wird, wurde noch nie zuvor gestellt. Welcher Rabbiner, Priester, Gelehrte oder Lehrer könnte sich damit brüsten, dass ihm so viel Fragen vorgelegt werden, die nie zuvor von jemandem gestellt wurden?" So beschreibt Scott Galloway, Marketing-Professor an der New York University, in seinem Buch *The Four* die Suchmaschine.[4]

Google ist seit der Gründung 1997 zu einem globalen Titan gewachsen, dem sich andere Suchmaschinen beugen mussten.

Bei rund 90 Prozent Marktanteil weltweit wirken selbst andere IT-Riesen wie Microsoft (Bing), Baidu aus China oder Yandex aus Russland wie Zwerge. Die Daten, die Menschen rund 65 000 Mal pro Sekunde in das Suchfeld eintippen, macht Googles Mutterkonzern Alphabet zu Geld. 2017 waren es fast 111 Milliarden Dollar (bei 25 Milliarden Dollar Gewinn), die das Unternehmen aus dem kalifornischen Mountain View mit Onlinewerbung und anderen Datendiensten, die auf die Nutzerdaten zugeschnitten werden, verdient. Mit jeder Suchanfrage lernt Google dazu – und diese Effekte machen die Suchmaschine unschlagbar: Konkurrenten wie Microsofts Bing kommen nicht einmal annähernd an die Qualität heran, die sich mit jedem zusätzlichen User selbst verstärkt. Die Google-Suche entscheidet über Sein und Nicht-Sein im Internet. Wer es mit seiner Webseite nicht auf die ersten beiden Seiten der Suchergebnisse schafft, der wird von Nutzern schlicht nicht gefunden. Und so investieren vom kleinen Start-up bis zum großen Konzern alle in Suchmaschinen-Marketing, um sich mit bezahlten Anzeigen auf die Seite eins einzukaufen.

Noch ist Google mit seiner Tochter YouTube und Diensten wie Gmail, dem mobilen Betriebssystem Android und seinen Werbe-Netzwerken die Cashcow von Alphabet. Doch schon vor vielen Jahren haben die beiden Gründer Larry Page und Sergey Brin entschieden, dass es nicht bei Onlinewerbung bleiben soll. Mit der Schaffung des Mutterkonzerns Alphabet wurde eine Dach-Holding eingerichtet, unter deren Schirm an den berühmten „Moonshots" gearbeitet wird: Technologien, die so futuristisch sind, dass sie erst in vielen Jahren oder Jahrzehnten Geld abwerfen werden. In den Quartalsberichten werden sie unter „Other Bets" zusammengefasst – es sind Wetten auf die Zukunft, die sich Alphabet viele Milliarden kosten lässt.

Der berühmteste „Moonshot" aus den eigens eingerichteten, geheimnisvollen X-Labs ist Waymo. 2016 als eigene Tochtergesellschaft von Alphabet ausgegründet, arbeitet Waymo daran, selbstfahrende Autos auf die Straßen zu bringen. Mehr als 4 Millionen Meilen sind die autonomen Fahrzeuge bis Ende 2017 gefahren, natürlich auch dank der Daten, die Google seit Jahren für Google Maps und Street View sammelt. Waymo gilt bei selbstfahrenden Autos als weltweit führend und hat große Autohersteller wie General Motors, Volkswagen oder Toyota abgehängt. In einer Welt von morgen, in der man Roboter-Taxis bestellt, anstatt sich selbst ein Auto zu kaufen, könnte sich Waymo zu einem Mobilitäts-Dienstleister entwickeln. Wenn in der Zukunft Autobauer zu Hardware-Zulieferern degradiert werden, schöpft Waymo die Fahrtgebühren ab. Mit Calico hat Alphabet eine Tochterfirma im Biotechbereich ausgegründet, die an nichts weniger als an der Verlängerung des menschlichen Lebens werkt. Mit Verily gibt es eine weitere Tochter, die neuartige Medikamente mit Hilfe von Milliarden Gesundheitsdaten entwickelt und schneller als andere Methoden den Tod von Patienten voraussagen will. Dandelion wiederum bietet Bohrungstechnologien an, um geothermale Energie anzuzapfen, und mit Chronicle ist Alphabet in das Geschäft mit Cybersecurity eingestiegen. Weitere Projekte umfassen Drohnen (Project Wing), Windenergie (Makani) oder Ballons, die Internet in entlegene Regionen der Welt beamen sollen (Project Loon).

Die große Klammer rund um all diese vielen Tochterunternehmen und Projekte heißt „künstliche Intelligenz". Mit der Übernahme des britischen Start-ups DeepMind Technologies hat sich Alphabet an die Weltspitze von Artificial-Intelligence-Technologien gesetzt. DeepMind war 2017 so weit, sich in einer Computer-Simulation selbst das Laufen beizubringen und hat eine eigene Sprache entwickelt, die Menschen nicht mehr verstehen können.

Die „Moonshots" verdecken, was Google im Kern ist: ein neuartiges Tech-Medienunternehmen, dessen Haupttätigkeit es ist, Information und Unterhaltung zu liefern und rundherum

Werbung zu verkaufen. Google ist gleich in mehreren Branchen Monopolist: In den meisten Ländern der Welt dominiert es den Markt Suchmaschinen, ist mit YouTube die führende Video-plattform und führt mit Android weit vor Apple den Markt für Smartphone-Betriebssysteme an. Google nutzt dabei seine Macht beinhart aus, immer wieder weit über die Grenze des Erlaub-ten: 2017 hat die EU-Kommission wegen Produktanzeigen in Google-Suchergebnissen eine Rekord-Wettbewerbsstrafe von 2,42 Milliarden Euro verhängt. Ähnliches könnte beim mobilen Betriebssystem Android drohen. Immer wieder wird eine Zer-schlagung des Konzerns diskutiert, in der etwa die Google-Toch-ter YouTube (die zweitgrößte Suchmaschine der Welt) abgespalten werden müsste. So wundert es nicht, dass Googles Ausgaben für Lobbying (2017: 18 Millionen Dollar) immer größer werden und jene von Facebook, Apple oder Microsoft in den Schatten stellen.

Die Macht in dem Kampf um Daten und Marktanteile liegt dabei immer noch bei den beiden Google-Gründern Larry Page und Sergey Brin. Die beiden haben einander beim Studium in Stanford kennengelernt und noch als Studenten das erste Google-Produkt entwickelt: die Suchmaschine, die bis heute das Herz des Mega-Unternehmens bildet. Sie haben sich zwar für einige Jahre einen CEO gesucht und mit Eric Schmidt den „Erwachsenen" gefunden, den sie brauchten, um das Wachstum zu begleiten – doch die Macht haben sie nicht abgegeben. Zusammen halten sie mehr als 50 Prozent der Stimmrechte bei Google. Kein Präsi-dent, keine Versammlung kann sie absetzen. Weitere große Akti-onäre sind Vertraute der Gründer wie Eric Schmidt, langjähriger CEO des Unternehmens, und der derzeitige CEO Sundar Pichai. 70 Prozent gehören institutionellen Investoren, der Löwen-anteil davon den zwei größten Finanzfonds der Welt: Vanguard und BlackRock. Immer wieder haben Anteilseigner versucht, Larry Page und Sergey Brin zu entmachten. Doch die beiden haben ihr Unternehmen im Griff – ihre Macht und Stimmenmehrheit bleibt unangetastet.

Eines der wichtigsten Produkte von Google ist allerdings ein Medium: YouTube bietet nicht nur eine Plattform, um eigene Videos hochzuladen – sondern ist vor allem ein Medium, das den Usern mit einem ausgeklügelten Algorithmus Videos vorschlägt und im Autoplay-Modus zu einem durchgehenden Strom von Videos zusammenstellt – wie ein ganz klassischer Fernsehsender.

2. Facebook

„Es klingt pervers, aber persönlich ist es mir lieber, wenn die Leute uns unterschätzen. Das gibt uns den Spielraum für große Wetten." MARK ZUCKERBERG

Geht man nach der Zahl der Mitglieder, könnte man Facebook als die erfolgreichste Unternehmung aller Zeiten betrachten. Die Katholische Kirche hat als größte religiöse Gemeinschaft der Welt 1,2 Milliarden Mitglieder. Der größte Staat der Welt – China – hat 1,4 Milliarden Bürger. Facebook aber hat allein in seinem Social Network 2,1 Milliarden aktive Nutzer, die sich mindestens einmal pro Monat beteiligen, 1,4 Milliarden davon gehen jeden Tag auf Facebook. Dazu kommen – mit Überschneidungen – 1,5 Milliarden monatlich aktive WhatsApp-Nutzer, 1,2 Milliarden Nutzer bei Messenger und 800 Millionen aktive User von Instagram. Im Schnitt verbringt jeder 50 Minuten auf Facebook, jeden einzelnen Tag. Das ist wenig im Vergleich zu anderen Mediengattungen wie Fernsehen, das mehrere Stunden konsumiert wird – aber Facebook ist global.

Facebook macht seinen Umsatz mit Werbung am Smartphone: 2017 waren es 40 Milliarden Dollar (bei einem Gewinn von rund 16 Milliarden Dollar). „Wenn etwas gratis ist, dann bist du das Produkt, das verkauft wird": Was bei Fernsehen,

Gratiszeitungen und den meisten Onlinemedien nur für die Aufmerksamkeit der Seher und Leser gilt – die für den Verkauf von Werbung genutzt wird –, wird bei Facebook viel weiter ausgelegt. User liefern nicht nur ihre Aufmerksamkeit, sondern vor allem auch ihre Daten. Ein Facebook-Nutzer wird von dem System in rund hundert verschiedenen Punkten erfasst – vom Alter über Aufenthaltsorte bis hin zu politischer Gesinnung oder sexueller Orientierung. Autoritäre Systeme wie jenes der DDR haben Menschen rund um die Uhr mit hohem Aufwand beschatten müssen, um solch detaillierte Informationen über Personen zu sammeln. Facebook bekommt diese Daten von den Nutzern selbst geliefert.

Zuckerberg hat damit die größte Datensammlung über Menschen geschaffen, und der Zugriff auf diese Daten ist werbetreibenden Unternehmen viel Geld wert. „User stimmen dem Deal Daten gegen Technik nur zu, weil sie nicht wissen, was für extrem persönliche, detaillierte Profile über sie erstellt werden und wie viel Geld damit gemacht wird", sagt der Tech-Experte Wolfie Christl, der sich mit Überwachung durch Unternehmen befasst. „Niemand würde dem freiwillig zustimmen, wenn es nicht so abstrakt wäre."

Gemeinsam mit Google bildet das Onlinenetzwerk ein Duopol der Internetwerbung. In den USA vereinen die beiden Silicon-Valley-Titanen rund 60 Prozent des digitalen Werbemarkts auf sich, während Konkurrenten wie Twitter, Snapchat und Tausende Onlinemedien um den Rest ringen. Facebook ist bei Werbern so beliebt, weil es oft wesentlich mehr über seine User weiß als deren beste Freunde und Familienmitglieder. Anstatt teure und unsichere Umfragen zu machen, können Unternehmen das echte Verhalten ihrer Kunden in Echtzeit analysieren und – das ist zumindest das Versprechen von Facebook – so gezielt werben wie nie zuvor. Und das liegt daran, dass Facebook Daten sammelt. ALLE Daten, die es bekommen kann.

Nun kann man denken, man profitiert davon, nur Werbung für Dinge zu bekommen, für die man sich interessiert. Aber stellen Sie sich vor, Sie gehen in ein Schuhgeschäft, zeigen also Ihr Interesse an Schuhen, und fragen den Verkäufer, welchen Schuh er Ihnen empfehlen würde – und er stellt Ihnen folgende Fragen: Wo waren Sie in den vergangenen fünf Jahren, Minute für Minute? Mit wem haben Sie gesprochen? Wer sind Ihre besten Freunde und wann haben alle Ihre Bekannten Geburtstag? Wo waren Sie auf Urlaub? Was lesen Sie und für welche politische Richtung interessieren Sie sich? Welche Pornos bevorzugen Sie? Wie viel verdienen Sie und wie viel haben Sie in den letzten Jahren für Schuhe ausgegeben? Welche Ängste haben Sie und wann werden Sie wütend? Wie weit ist es von Ihrer Wohnung zu Ihrem Arbeitsplatz und wie legen Sie die Strecke zurück? Wie groß ist Ihre Wohnung? In welche Schule geht Ihre Tochter? Welche Haushaltsgeräte besitzen Sie? Und dürfen wir das alles speichern und nützen?

Jeder würde das Schuhgeschäft sofort verlassen und auf die Empfehlung eines passenden Schuhs verzichten. Facebook erfährt das alles, und noch viel mehr. Es speichert nicht nur jede Bewegung, jede Nachricht, jede Beziehung, jedes Like und jedes Lesen auf den eigenen Produkten und verbindet die Daten – entgegen der Versprechen bei der Fusion – von WhatsApp, Facebook und Instagram. Es beobachtet auch fast jeden Klick außerhalb von Facebook: Auf 30 Prozent der 1 000 000 beliebtesten Websites trackt Facebook das Verhalten seiner User. Es speichert dank Ortung jeden Weg und jedes besuchte Geschäft, es weiß, mit wem Sie in einem Raum waren. In den USA hört Facebook über das Mikrofon seinen Usern sogar zu. Gerechtfertigt wird das mit dem Nutzen: So können geeignete Informationen zum Film oder Fußballspiel, das im Hintergrund läuft, gezeigt werden. So kann es Werbekunden immer genauere Zielgruppen anbieten: nach Hobbys, häufig besuchten Orten, „ethnischen

Vorlieben", politischer Einstellung. Selbst „Judenhasser" konnte man ganz offiziell ansprechen.

Mit seiner Familie an Apps dominiert Facebook die mobile Kommunikation in weiten Teilen der Welt. 2017 gehörten vier der fünf populärsten Android-Apps der Firma aus Menlo Park nahe San Francisco – Facebook, Messenger, WhatsApp und Instagram. Das Unternehmen ist auf Smartphones so stark vertreten, dass man es nicht einmal mehr für notwendig erachtet, ein eigenes Handy-Betriebssystem wie Apple oder Google zu entwickeln.

Das gesamte Imperium wird von einem einzelnen Mann geleitet: Mark Zuckerberg, geboren 1984, der Mann mit den immer gleichen grauen T-Shirts. Er hat die absolute Kontrolle über das Unternehmen, vereint über seine Aktienanteile mehr als 50 Prozent der Stimmrechte auf sich und kann so frei entscheiden, was Facebook macht oder nicht macht. Die weiteren Aktienbesitzer sind ebenfalls ein kleiner Kreis: einige (ehemalige) Mitarbeiter wie Sean Parker (der erste Präsident von Facebook, der davor Napster gegründet hatte), Dustin Moskovitz (Zuckerbergs ehemaliger Zimmerkollege) und Managerin Sheryl Sandberg; einige frühe Investoren wie die Silicon-Valley-Legende Peter Thiel, der als erster 500 000 Dollar in Facebook steckte, und der Silicon Valley Venture Capital Fonds Accel Partners aus Palo Alto, die ebenfalls sehr früh einstiegen – sowie einige Fonds und Banken, darunter Goldman Sachs und die russische Internet-Beteiligungsfirma Digital Sky, hinter der ein russischer Oligarch steht (und der auch der russische Facebook-Klon VKontakte gehört, das mit 460 Millionen Usern den Markt in Russland dominiert).

Das Hauptprodukt von Facebook ist ein Medium: Wenn man die App startet, sieht man als erstes den Newsfeed, der Postings von Freunden, Medien und Werbekunden zu einem Stream zusammenstellt.

3. Amazon

„Wir wollen etwas völlig Neues sein. Es gibt keine physische Analogie für das, was Amazon sein wird." JEFF BEZOS

Wer hätte 1994 wohl geahnt, dass ein Online-Buchhändler einmal zum reichsten Mann der Welt aufsteigen würde? Wohl nur Jeff Bezos selbst, als er damals nach einer Marktlücke suchte, um in den E-Commerce einzusteigen. Mittlerweile besitzt der 1964 geborene Unternehmer nicht nur eine der wertvollsten Firmen der Welt, sondern hat auch die Prestige-Zeitung *Washington Post*, die Supermarktkette Whole Foods und das Raumfahrtunternehmen Blue Origin in seinem Portfolio. Basis seines Imperiums ist der Onlinehandel, der sich längst nicht nur auf Bücher beschränkt. Alles von A bis Z will Bezos anbieten – diese Botschaft ist sogar im Logo von Amazon versteckt: Ein kleiner Pfeil, der an den Grinser eines Smileys erinnert, streckt sich im Logo der weltbekannten Marke vom ersten bis zum letzten Buchstaben des Alphabets.

Bezos hatte wohl von Beginn an Weltherrschaftspläne – er nannte sein Geschäft „Amazon", weil er von Warenströmen träumte, so groß wie der größte Fluss der Welt. (Der zweite Name, den er registrieren ließ, wäre fast noch passender gewesen: Relentless oder „Unerbittlich".) Amazon startete mit Büchern in den Onlinehandel, weitete dann sein Sortiment auf alle Waren außer Frischwaren aus und öffnete bald sein System für andere Händler: Auf dem Amazon „Marketplace" kann jeder die Technik und den Kundenstock von Amazon nützen, um gegen eine kleine Gebühr die eigenen Waren zu verkaufen. Amazon Marketplace macht inzwischen 40 Milliarden Dollar Umsatz – fast die Hälfte des Gesamtumsatzes. Die Händler sind zufrieden – sie könnten sich die Technik nicht leisten. Amazon aber bekommt alle Daten und lernt. Geht ein Produkt gut, dann nimmt es Amazon selbst ins Sortiment. Geht ein Produkt besonders gut, dann macht es Amazon zur Eigenmarke und promotet es besser als andere Marken. So nützt Amazon Händler für Provisionen am Marketplace – verdrängt sie aber, wenn ihre Produkte gut laufen.

Die Hälfte des gesamten Wachstums im Onlinehandel und 21 Prozent des Wachstums im Einzelhandel in den USA 2016 gingen aufs Konto von Amazon. Nicht nur der Onlinehandel stöhnt unter der Konkurrenz des Super-Shops, sondern auch die Geschäfte in den Städten, die Supermärkte und die Hallen in den Gewerbegebieten. Es ist der nächste Schritt im Wandel des Handels: Die großen Supermärkte, Baumärkte und Schuhketten, die die kleinen Innenstadtläden verdrängten, mögen im Vergleich zum kleinen Geschäft im Zentrum unpersönlich gewirkt haben – aber sie beschäftigen Arbeitskräfte aus dem Ort, zahlen Steuern und mieten Gebäude. Amazon, das diese nun verdrängt, ist für die Konsumenten bequemer, doch für die Volkswirtschaften eine Herausforderung: Amazon bringt kaum Wertschöpfung und kaum Arbeitsplätze und zahlt so gut wie keine Steuern.

Dafür kann sich Amazon ganz auf die Bedürfnisse der Kunden einstellen: Amazon zahlt nicht nur Lieferdienste, sondern hat sich selbst vier Boeing 767 angeschafft und ist seit 2015 daran, in der Schifffahrt Fuß zu fassen, um Container mit Waren aus China in die Welt zu verschiffen. Das Unternehmen hat eine Firma für Lagerroboter gekauft und betreibt hochautomatisierte Lager auf der ganzen Welt. Es forscht an fliegenden Warenlagern (und hat ein Patent dafür angemeldet), die noch näher am Konsumenten liegen, und Zustellung per Drohne, um die Waren ohne Stau zuzustellen. Selbst ein Patent zum Schutz von Drohnen gegen Pfeil und Bogen wurde eingereicht. 2016 kaufte Jeff Bezos die Supermarktkette Whole Foods auf. Damit stehen nun Stützpunkte in den Zentren zur Verfügung – und die Möglichkeit, Frischwaren zu liefern.

„Amazon geht gewissermaßen mit dem größten Sauerstofftank der Welt auf Tauchstation. Dadurch zwingt es andere Einzelhändler, ihm zu folgen, mit seinen Preisen mitzuhalten und damit den veränderten Kundenerwartungen bezüglich der Lieferung. Der entscheidende Unterschied ist: Den anderen Einzelhändlern steht nur die Luft in ihren Lungen zu Verfügung, deswegen ertrinken sie. Wenn Amazon dann wieder auftaucht, wird es den Ozean des Einzelhandels weitgehend für sich haben", schreibt Scott Galloway.[5]

Der Konzern denkt entgegen der Wallstreet-Logik langfristig: Im Jahr 2017 hat Amazon 178 Milliarden Dollar Umsatz gemacht, der Gewinn lag aber nur bei 3 Milliarden Dollar. Anstatt die Shareholder mit einer Ausschüttung zu belohnen, investiert Bezos lieber in den Ausbau seiner Geschäfte. Mittel dafür gibt es ausreichend, am Kapitalmarkt bekommt Amazon praktisch unbegrenzt Geld – denn Amazon hat den Treibstoff der neuen Weltwirtschaft: Daten. In der Bay Area rund um San Francisco in Kalifornien, wo Amazon die Ein-Stunden-Zustellung testet, kennt die Firma ihre Kunden so genau, dass sie schon weiß, was sie wollen, bevor sie es bestellt haben. Die kleinen, dezentralen Lager – maximal eine Stunde von den Kunden entfernt – werden schon jetzt so bestückt, dass alles lagernd ist, das an diesem Tag bestellt werden wird. Der nächste Schritt wird sein, dass Amazon liefert, ohne dass man bestellt: Retouren kann man dann einfach wieder in den Karton legen – und mit jedem Einkauf lernt Amazon besser, was man wirklich will.

Die nächste Stufe des Datensammelns ist die künstliche Intelligenz Alexa, die – Cloud-basiert – in einem kleinen, runden Lautsprecher namens „Echo" steckt. Man kann Alexa Musik abspielen lassen, sie nach der Lösung einer Rechenaufgabe fragen oder bei ihr Batterien bestellen (sie wird nicht nach der Marke fragen, sondern die Amazon-Eigenmarke liefern, zeigten erste Tests in den USA). Für Amazon ist das eine Goldgrube: Wenn

Menschen nur mehr mündlich bestellen und kein Display mehr vor sich haben, rücken Marken in den Hintergrund. Für die Konsumenten ist Alexa sehr praktisch, und sie hat einen hohen Preis: Alexa hört zu. Sie schneidet Tag und Nacht die Gespräche im Raum mit, hört am Esstisch zu und weiß, was im Fernsehen läuft. Amazon weiß jetzt schon besser, was wir wollen, als unsere Eltern und Freunde.

Onlinehandel ist aber nur ein Geschäftsfeld von Amazon: Ein besonders gewinnbringender Teil von Amazon sind Amazon Web Services (AWS), die Speicherplatz und Webservices zur Verfügung stellen und 17 Milliarden Dollar Umsatz im Jahr 2017 machten. Amazon dominiert damit die Cloud: AWS verfügen über 34 Prozent des Cloud-Speicherplatzes und haben die Giganten Microsoft (11 Prozent), IBM (8 Prozent) und Google (6 Prozent) hinter sich gelassen. Konkret bedeutet das: Über ein Drittel der weltweit generierten Daten, die nicht auf lokalen Festplatten, sondern in der Cloud gespeichert sind, liegen auf den Servern von Amazon.

Der Konzern entwickelt sich außerdem mit großer Geschwindigkeit zum Medienunternehmen. Nicht nur, dass Amazon schon lange als Verlag auftritt, Magazine vertreibt und durch Onlinewerbung rasant wächst – Amazon ist auch groß in die Produktion und Verbreitung von Bewegtbildern eingestiegen. Amazon Prime produziert und vertreibt Serien und Filme, spielt aber mit der Übertragung von Sport- und Live-Events auch im klassischen Fernsehgeschäft mit. Beim Video-Streaming ist Amazon mit Abstand globaler Marktführer.

Auch bei Amazon kontrolliert der Gründer und Haupteigentümer die Geschäfte allein – allerdings nicht, weil er die Mehrheit besäße, sondern aufgrund seines Erfolgs und seiner Überzeugungskraft: Jeff Bezos, der reichste Mann der Welt, besitzt etwa 17 Prozent der Amazon-Aktien und hat auch ebenso viele Stimmrechte. 62 Prozent der Aktien gehören Fonds – auch hier sind wie bei Google und Facebook die Finanzriesen Vanguard und Black-Rock die größten Shareholder.

Willkommen in der Datenwirtschaft

Dass sich diese Monopole so rasend schnell herausgebildet haben, hat mit dem neuen Wirtschaftszeitalter zu tun, in das wir gerade gleiten: Das Datenzeitalter hat eigene Mechanismen, für die es noch keine adäquaten Regeln gibt.

Daten sind der Rohstoff, der die Wirtschaft des 21. Jahrhunderts antreibt und die größten Unternehmen der Welt schafft. Unternehmen, die die meisten Daten ansammeln, verdrängen die Ölfirmen und die Banken von der Liste der größten Konzerne. Das Öl-Zeitalter geht zu Ende, der Finanzkapitalismus hat seinen Höhepunkt vielleicht überschritten.[6]

Doch die Datenwirtschaft funktioniert nach völlig anderen Regeln. Die Menge an Daten wird nicht weniger, sondern sie wächst exponentiell. Längst geht es nicht mehr um Namen, Adressen, Geschlechter, sondern um die Datenflüsse, die große Mengen an Menschen in Echtzeit bei jeder ihrer Bewegungen produzieren: Wer kommuniziert, sich bewegt, einkauft, den Kühlschrank öffnet, produziert Daten. Man hinterlässt Datenspuren, wenn man den Fernseher anschaltet, die Heizung wärmer stellt, die Rollos runterfährt, mit der Familie beim Abendessen den Tag bespricht. Jede Webcam, jeder Lautsprecher, jedes Auto und eine wachsende Zahl von Küchenmaschinen schickt Daten über ihre Nutzer an Firmen. Man kann gar nicht mehr anders, als Daten zu produzieren – selbst Toilettensitze funken bereits die Gewohnheiten ihrer Benutzer durch. Wer ein neues Smartphone hat, liefert seine intimste Kommunikation, sein eigenes Gesicht, jeden einzelnen Schritt, oft sogar den eigenen Herzschlag. Doch diese intimen Daten gehören nicht der Person, der das Gesicht, die Beine und das Herz gehören – sondern den Unternehmen hinter dem Betriebssystem oder den Apps. Nur sie können damit Gewinn machen. Der User bekommt mit etwas Glück ein gutes kostenloses Programm.

Die Algorithmen, die mit den Daten arbeiten, lernen mit jeder neuen Aktion dazu. Das Unternehmen mit dem größten Datenstrom hat daher auch die besten Algorithmen und damit die Nase vorn im wichtigsten Rennen unseres Jahrzehnts: dem Wettlauf um die beste künstliche Intelligenz. Deshalb drängen die großen Tech-Firmen alle in dieselben datenproduzierenden Branchen: Assistenten, die Sprache aufnehmen, die Steuerung von Wohnungen, selbstfahrende Autos.

Traditionelle Rezepte bei der Bewertung dieser Firmen – und ihrer Vormachtstellung – scheitern an drei Unterschieden der Datenwirtschaft zum Wirtschaftssystem, wie wir es bisher kennen:

1. Intransparenz

Der erste wichtige Unterschied zu bisherigen Märkten ist die mangelnde Transparenz. Daten werden zwar gehandelt – aber immer nur in Richtung der größeren Firmen: Facebook und Google kaufen zwar Daten von den Datensammel- und Rating-firmen wie Oracle und Acxiom – aber dort endet der Handel. Noch 2011 wurde am Wirtschaftsforum in Davos prognostiziert, dass Daten das große neue Handelsgut werden würden. Das hat sich als falsch herausgestellt. Es gibt keinen Markt für Daten, zumindest nicht von den Großen weg. Verkauft werden nur die Ergebnisse: Wer wird auf die Anzeige klicken, wer wird seine Kre-ditrate nicht zahlen, wer wird wohl krank werden. Dahinter steht eine riesige schwarze Box: Sowohl die Daten selbst als auch die Algorithmen, die sie bearbeiten, sind Privateigentum der großen Tech-Firmen.

2. The Winner Takes It All

Das zweite wichtige Merkmal der Datenmärkte sind die Netzwerkeffekte: Je mehr Daten ein Unternehmen hat, umso mehr Daten wird es bekommen. Es macht keinen Sinn, auf einem Social Network zu sein, auf dem sonst niemand ist – so sammelte Facebook ab einem gewissen Punkt Milliarden User und brachte auf dem Weg die Konkurrenten Myspace (von Rupert Murdoch), Orkut (von Google – einst Marktführer etwa in Brasilien) und StudiVZ (einst Marktführer in Deutschland) um. Ebenso verdrängte Google am Suchmaschinenmarkt Yahoo, das im Jahr 2000 führte. Wer führt, bekommt den Rest dazu geschenkt: The Winner takes it all, sei es, weil Konkurrenten untergehen, sei es, weil der Führende genug Geld hat, um sie aufzukaufen. Wer jetzt führt, hat bereits vom Schicksal derer gelernt, die er auf dem Weg umgebracht und / oder geschluckt hat.

3. Feedbackeffekte

Das dritte wichtige Merkmal sind Feedback-Effekte: Sie machen die Unternehmen, bei denen sich schließlich die meisten User finden, unschlagbar. Mit jeder Aktion ihrer User trainieren die großen Monopole ihre künstlichen Intelligenzen. Google wird mit jeder Suchanfrage besser. Facebook lässt die User seinen Algorithmus trainieren, indem es sie einlädt, ihre Freunde auf Fotos zu markieren. Amazon lernt mit jeder Transaktion etwas über Preise.

Doch die Großen verbessern damit nicht nur ihre Produkte – sie verschaffen sich auf diese Weise einen so guten Überblick, dass sie jeden Trend als Erste erkennen und jede Konkurrenz schon im Keim ersticken können. Amazon weiß als größte Produkt-Suchmaschine und größtes Handelshaus alles über Produkttrends, Konsumentenvorlieben und Preise – nicht nur über die eigenen, sondern über die aller Händler, die über den Marketplace handeln. Google weiß alles über Trends – es kann jede einzelne Frage, die sich jeder einzelne Mensch der Welt stellt, nachvollziehen, und weiß dank Android über jeden Schritt Bescheid. Facebook weiß alles über die Beziehungen, Emotionen und die Themen, die Menschen bewegen.

„Die Gefahr, die von Feedbackeffekten für Märkte ausgeht, wird nicht ausreichend wahrgenommen, diskutiert und ihre Natur auch oft nicht richtig verstanden", schreibt Viktor Mayer-Schönberger, Professor in Oxford, in seinem Buch *Das Digital*. „Das Kernproblem hier ist: Dienstleistungen und Produkte, die auf mit Feedbackdaten gefütterten KI-Systemen basieren, kaufen Innovation zu Kosten, die in dem Maß sinken, wie die Menge der Daten wächst. Das hat fast schon etwas Alchemistisches an sich: Ein Nebenprodukt der Nutzung verwandelt sich in das Ausgangsmaterial für Verbesserungen. Das hat starke Folgen für den Wettbewerb. Etablierte Unternehmen, die dank ihrer großen Nutzerbasis Zugriff auf riesige Mengen an Feedbackdaten haben, verfügen damit über den Rohstoff für kontinuierliche maschinenbasierte Innovation. Unternehmen, denen es an vergleichbaren Feedbackdaten für die Produktentwicklung mangelt, können hingegen kaum mehr hoffen, den Platzhirschen ernsthafte Konkurrenz zu machen – ihre Produkte lernen zu langsam dazu."[7]

Es gibt zwar den Mythos, dass Konsumenten Wahlfreiheit hätten: Wenn du Facebook nicht magst, dann schalt es einfach ab, ist ein häufiges Argument. Man könne selbst entscheiden, ob man Facebook, Google und Amazon nütze – und wenn man sich dafür entscheide, dann habe man auch selbst zugestimmt, seine Daten diesen Firmen zu übertragen. Aber auch wenn Sie keinen Facebook-Account haben und Google nicht nützen, haben beide Ihr Foto und Informationen über Sie. Wenn Sie nicht wissentlich User der drei Großen sind – dann sind Sie es trotzdem unwissentlich. In welcher Form genau können Sie kaum herausfinden – denn diese Unternehmen regulieren sich selbst. Kein Staat, kein

Kunde und kein User hat Einblick in ihre Entscheidungen und die Programme, die sie kontrollieren.

Diese Effekte der Datenökonomie führen dazu, dass Monopole entstehen. Monopole zerstören den Wettbewerb und damit die Wirtschaft und müssen zerschlagen werden – das ist eine Grundregel der Marktwirtschaft. Wie das im Datenkapitalismus funktionieren könnte, ist noch unklar – sicher ist, dass es geschehen muss, denn die Folgen sind nicht nur für andere Unternehmen verheerend, sondern gehen viel tiefer, wie Viktor Mayer-Schönberger schreibt: „Diese strukturelle Schwäche könnten skrupellose Firmen oder radikale Regierungen missbrauchen und damit nicht nur den Wettbewerb gefährden, sondern auch die Demokratie."[8]

Überwachungsmaschinen, die Ungleichheit verschärfen

Ist es harmlos, dass drei gigantische US-Unternehmen so viele Daten von einem Großteil der Weltbevölkerung sammeln? Ist es ohnehin ein Vorteil, weil man dann Werbung bekommt, die einen interessiert? Oder sollte man sich Sorgen machen? Die neueren Entwicklungen der Algorithmen legen nahe: Ja, Panik! Denn die Algorithmen, die mit diesen Daten gefüttert werden, entscheiden nicht nur, dass wir als Mann keine Tamponwerbung und als Hamburger keine Einladung zu einer Party in Palermo bekommen. Sondern sie beginnen, ganz grundlegende Entscheidungen über unser Leben zu treffen – und da sie sich, mit Echtzeit-Daten gefüttert, selbst weiterentwickeln, können nicht einmal ihre Programmierer diese Entscheidungen nachvollziehen. Für Bürger und Konsumenten ist das erst recht unmöglich: weder eine Berufung dagegen noch eine Erklärung für die Entscheidungen sind möglich. Die bisherige Entwicklung zeigt, dass die Effekte der Internetgiganten nicht nur bei den Wohnungspreisen in San

Francisco die Ungleichheit verschärfen – sie wirken insgesamt so, dass Diskriminierung verstärkt wird. Das sollen folgende Beispiele deutlich machen:

1. **Werbung, die Schwächere schwächt.** Schon gezielte Werbung ist nicht so harmlos, wie es scheint. Wie die ehemalige Wallstreet-Mathematikerin Cathy O'Neil in ihrem Buch *Weapons of Math Destruction* nachweist, nützen die Algorithmen ganz gezielt Schwächen aus. Manches ist bekannt: Sie googeln seit Tagen, was man am übernächsten Wochenende in Lissabon unternehmen könnte und posten Ihre Reisepläne auf Facebook? Dann wird der Flug genau für Sie teurer sein. Die Preismaschine weiß, dass Sie wirklich hinwollen und schnell buchen werden. Und das gilt auch für immer mehr andere Produkte: Was Sie wirklich brauchen, wird für Sie teurer sein.

Die Algorithmen gehen aber tiefer. Es gibt Programme, die anhand der Daten etwa aus Postings erkennen, ob sich jemand in einer finanziellen Notlage befindet – und diesen Personen ganz gezielt Werbungen für teure Sofort-Kredite ausspielen. Zusätzlich erkennt der Algorithmus anhand des bisherigen Verhaltens, wie wahrscheinlich es ist, dass jemand die Preise mit anderen vergleichen wird. Für Menschen, die das nicht tun – etwa weil sie sich nicht gut genug auskennen –, ist der Kredit noch einmal teurer.

Es gibt Programme, die anhand von Status-Updates erkennen, ob jemand persönlich unsicher ist – und die diese persönliche Schwäche ausnützen, um Seminare, Schönheitsprodukte, Heilsversprechen an genau diese Menschen zu schicken. Es gibt windige Online-Universitäten, die ihre überteuerten und wertlosen MBA-Kurse gezielt an Frauen mit Kindern ausspielen, die schon länger nicht gearbeitet haben und besonders empfänglich sind für das Versprechen, ihren Markt- und Selbstwert aufzupolieren. [9]

So machen die Daten, die Facebook, Google und Amazon ihren Kunden zur Verfügung stellen, selbst harmlose Werbung zu einer unheimlichen Methode, Menschen zu unterteilen und ihre Schwächen auszunützen. Wer denkt, dass es völlig egal ist, ob irgendeine Firma erfährt, ob er am Wochenende zu lange gefeiert hat, frisch verliebt ist oder seine Oma seit einem Jahr nicht besucht hat, hat recht: Es ist den Firmen, die die Daten absaugen, egal, was man vergangenes Wochenende gemacht hat. Es interessieren sie die Korrelationen: Die Wahrscheinlichkeit, ob Menschen, die das Wochenende durchfeiern und ihre Oma nicht besuchen, häufiger krank werden, ihre Kreditraten nicht zahlen oder auf Anzeigen für Flachbildschirme klicken.

2. **Dienstleistungen.** Noch übler wird es, wenn Algorithmen gezielt eingesetzt werden, um Menschen Dienstleitungen zu verweigern oder sie gezielt teurer zu machen. Social Ratings entscheiden zunehmend darüber, was man bekommt und wie viel es kostet: Wie viel die Autoversicherung kostet, ob man einen Kredit bekommt und wie viel Zinsen man dafür zahlt. Ob man zum Vorstellungsgespräch eingeladen wird oder für die Promotion in Frage kommt. Ob man eine Kreditkarte hat (und somit zum Beispiel in der Lage ist, online einzukaufen oder Flüge zu buchen).

Ein Beispiel: Menschen, die auf ihren Facebook-Fotos Anzug und Krawatte tragen und häufig in die Oper gehen, zahlen ihre Kreditraten im Schnitt verlässlicher zurück. Heißt das, dass Sie als Hip-Hop-hörender T-Shirt-Träger Ihren Kredit nicht zahlen werden? Natürlich nicht. Heißt es, dass er für Sie teurer wird? Vermutlich ja – denn Social Scores werden zunehmend zur Kreditberechnung verwendet. In Deutschland und Österreich ist das heute noch nicht der Fall, aber es wird wohl bald so weit sein, sagt Michael Maifarth von der Unternehmensberatung PwC: Er berät jetzt schon Unternehmen bei der Kreditwürdigkeit von Kunden – und setzt Facebook-Profile dafür ein.[10] Diese Algorithmen zementieren Ungleichheit, warnt Cathy O'Neil: Wer ohnehin schon arm ist, muss mehr für seine Autoversicherung zahlen. Wer in einem armen und deshalb ungesunden Umfeld wohnt, wird keine Gesundheitsversicherung bekommen und kränker werden. Ein Student aus armen Verhältnissen kommt wegen seines Scores nicht für einen Studienkredit in Frage – und bleibt somit arm. Wer hingegen aus guten finanziellen Verhältnissen kommt, wird belohnt und zahlt weniger Kreditzinsen, bekommt kostenlose Vorsorgeuntersuchungen und günstigere Autoversicherungen.

3. **Jobs.** Eine ganze Reihe von Firmen erstellen Psychogramme aus dem Verhalten im Internet. Die Korrelationen sind vielfältig, es wurden bereits Hunderte Studien dazu veröffentlicht – und wohl noch viel mehr von Datenfirmen verwendet. So sollen Menschen, die Sinnsprüche auf Facebook teilen, durchschnittlich weniger intelligent sein. Menschen, die viele Fotos mit ihrem Partner posten, werden als unsicher eingestuft. Wer häufig Fotos aus dem Fitnessstudio postet, gilt als narzisstisch, Menschen mit schwarz-weißen Profilbildern als labil. Aus solchen Korrelationen und Behauptungen bauen Algorithmen Persönlichkeitsprofile, die Unternehmen bei der Personalauswahl helfen sollen.

„Doch es handelt sich oft um nicht mehr als mathematisch festgeschriebene Vorurteile", erklärt Thomas Lohninger von der Organisation epicenter.works, die sich für Grundrechte in der digitalen Welt einsetzt: Historische Daten über Gruppen, die in der Vergangenheit diskriminiert werden und deshalb weniger häufig akademische Abschlüsse haben, führen dazu, dass Angehörige derselben Gruppen auch in Zukunft diskriminiert werden – weil sie gar nicht erst zu Universitäten und Ausbildungsprogrammen zugelassen werden. Die

Algorithmen, von denen man sich eine kühle, maschinelle und somit vorurteilsfrei faire Reihung erwartete, machen das Gegenteil. Das gilt auch für Vorurteile gegenüber Frauen: „Die Algorithmen werden von weißen oder indischen, gut bezahlten Männern geschrieben", warnt Tabitha Goldstaub, die zu Algorithmen und Gender forscht: „Die Haltung der Programmierer gegenüber Frauen, Minderheiten oder Älteren ist für sie die Normalität und fließt in ihre Programme ein. Dazu kommen Daten aus einer Welt, in der diskriminiert wird und Frauen etwa weniger verdienen als Männer. Die Algorithmen nehmen die Vorurteile, füttern sie mit den Daten aus einer diskriminierenden Gesellschaft, machen sich selbstständig und verstärken den Sexismus noch, ohne dass jemand nachvollziehen kann, WARUM genau sie diese Entscheidungen treffen." Auch hier gilt: Die Algorithmen verschärfen Ungleichheit und Diskriminierung.

4. **Gesundheit.** Ein viertes Beispiel, in dem die großen Datengiganten Entscheidungen treffen ist: Leben und Tod. Im Gesundheitsbereich ist künstliche Intelligenz rasant auf dem Vormarsch – teils mit großartigen Vorteilen für die Menschen: Die Diagnosesoftware Watson, die mit Millionen von Diagnosedaten gefüttert wird, trifft sicher bessere Entscheidungen über Befunde als ein ungeübter praktischer Arzt. Doch der Gesundheitsbereich ist nicht zuletzt ein Wirtschaftszweig, und in Zukunft werden Vorhersagen aus Daten eine bedeutende Rolle dabei spielen, wer daran teilhaben kann und wer nicht. Googles Unternehmen für künstliche Intelligenz Deep Mind ist sehr aktiv im Besorgen von Gesundheitsdaten: In den vergangenen Jahren holte es sich – unter anderem – 1,6 Millionen Patientendaten aus dem britischen Gesundheitssystem inklusive der historischen Daten bis fünf Jahre in die Vergangenheit; eine Million Iris-Scans und mehrere

hunderttausend Krebs-Scans von mehreren britischen Krankenhäusern; im Jänner 2018 sogar 46 Milliarden Datenpunkte aus Tausenden Patientendaten über mehrere Jahre hinweg von den Krankenhäusern der Universität San Francisco und der Universität Chicago. Mit diesen Daten arbeitet Google daran, die Prognosen von Patienten bereits bei der Einlieferung zu erstellen. Wenn Sie künftig in die Notaufnahme eingeliefert werden, könnte ein Google-Programm bereits voraussagen, wie lange Sie bleiben, wie teuer der Aufenthalt wird und wann Sie sterben werden. Und künftig können Programme die Korrelationen auch ohne Einlieferung berechnen und schon aus Handy, Social Media und Bewegungsdaten ableiten, wer krank werden wird.

Einblick in die Programme, die so folgenreiche Ergebnisse ausliefern, hat niemand – auch nicht die Programmierer selbst: Denn die Programme von Deep Mind sind schon lange selbstlernend. Die Forscherinnen Julia Powles und Hal Hadson, die schon im April 2016 im *New Scientist* vor dieser Entwicklung warnten, nennen die Beziehung zwischen Gesundheitssystem und Google einen „Einweg-Spiegel": „Die Ambitionen Googles im Gesundheitsbereich sind weitreichend und weit größer, als die PR-Statements vermuten lassen. Wenn unsere Daten einmal auf den Google-Servern liegen, dann enden unsere Möglichkeiten, sie zu verfolgen und zu verstehen, wie und warum Entscheidungen über uns getroffen werden."[11] Besonders besorgniserregend: Google arbeitet hier mit Daten aus den letzten Jahre, also aus einem Zeitraum, für den in Studien bereits nachgewiesen wurde, dass es zu Diskriminierung im Gesundheitsbereich gekommen ist. Zugleich kommen immer mehr Studien heraus, die nachweisen, dass im Gesundheitssystem nach Klasse, Hautfarbe und Geschlecht diskriminiert wird: Wer arm, schwarz, weiblich ist, hat schlechtere Diagnosen und Prognosen als reiche, weiße, einheimische Männer.

Diese Diskriminierung ist in den Daten, die nun die Algorithmen füttern, eingebrannt. Während sie noch bekämpft wird, überholen die Algorithmen den Kampf um mehr Gerechtigkeit und brennen die Ungleichheit in ihre intransparenten Entscheidungen über Leben und Tod ein.

Mächtiger als Staaten

„Manchmal macht mir Ihre Macht Angst. Sie wissen zu viel über jeden von uns und zu wenig über sich selbst." Diese Sätze richtete Senator John Kennedy Ende 2017 an Google und Facebook. Er ist nicht der einzige Politiker, der sich Sorgen macht, dass die demokratisch legitimierte Macht von Regierungen inzwischen schon weit hinter die der Tech-Giganten zurückgefallen ist.

„Wenn man sich einig ist, dass Information Macht bedeutet, dann gab es noch nie so mächtige Organisationen wie diese großen Silicon-Valley-Firmen", sagt Überwachungsexperte Wolfie Christl. Die Entscheidungen über Sein und Nichtsein von Milliarden Bürgern, die in diesen Unternehmen getroffen werden, sind nie demokratisch beschlossen worden, und sie können auch kaum demokratisch kontrolliert werden: dazu fehlt der Einblick. Eine nüchterne, aber düstere Einschätzung kommt von Sarah Spiekermann. Die schmale, blonde Deutsche ist Professorin für Management-Informationssysteme an der Wirtschaftsuniversität Wien und forscht zu den Monopolstellungen, die die US-Tech-Giganten erreicht haben. Sie hat mit Wolfie Christl das Buch *Networks of Control* geschrieben[12] und widmet sich derzeit in einem Kloster im Burgenland ihrem nächsten Buch. Mit der Silicon-Valley-Euphorie vieler ihrer Berufskollegen kann sie wenig anfangen – sie sieht die dunkle Seite der Macht. „Kann man Google, Facebook oder Amazon überhaupt noch Unternehmen nennen?", fragt sie im Interview. „Oder hat man es hier mit

Entitäten zu tun, die ein komplettes Eigenleben führen und im Prinzip auch in der Lage wären, gegen Staaten Krieg zu führen? Wenn es die Investitionsstrategie von Google ist, Militärtechnologie aufzukaufen, und das Unternehmen kraft seiner Infrastruktur in der Lage ist, ein reales, gigantisches Sicherheitsrisiko für Nationen darzustellen, dann kann man solche Unternehmen nicht wie Mittelständler behandeln. Man muss die Fakten wahrnehmen und sie als Machtfaktor behandeln – und sich dann überlegen, wie man sich dazu verhält. Diese Unternehmen stellen eine Gefahr für unsere Sozialsysteme und unsere Sicherheit dar, und dementsprechend muss man sie behandeln."

Die Analyse gewinnt an Brisanz, wenn man sich die Geschwindigkeit vor Augen führt, mit der sich künstliche Intelligenz weiterentwickelt und unser Leben durchdringt: Die Forschung zu diesem „Betriebssystem der Menschheit" liegt großteils bei fünf Unternehmen – Google, Facebook, Amazon, Apple und Microsoft. „Das Wissen dazu ist kaum zugänglich, öffentliche Universitäten bleiben außen vor. Wenn doch an einer Universität geforscht wird, dann kommt das Forschungsgeld oft von einer der großen Firmen, oder sie schnappen sich vielversprechende Forscher fünf Minuten, nachdem ein Paper publiziert wurde, zu einem Preis, den Universitäten nie zahlen können", sagt Silicon-Valley-Kenner Mic Hirschbrich. Je rasanter die künstlichen Intelligenzen sich entwickeln und selbst weiterlernen, umso zahnloser wird auch die Forderung nach ihrer Offenlegung: Schon jetzt ist nicht gesichert, dass irgendwer noch nachvollziehen kann, was die Programme tun.

Die größte Skepsis dazu kommt ebenfalls aus dem Silicon Valley – etwa vom CEO der Big-Data-Firma Palantir, die Investor Peter Thiel mit dem Geld aus seinem frühen Facebook-Investment gründete. Palantir versorgt Geheimdienste und große Firmen mit Erkenntnissen aus Big Data. Es ist nicht gerade eine Firma, der man hohes soziales Gewissen zuschreibt. Doch

Mit-Gründer und CEO Alexander Karp zeigt sich bei der Konferenz Darwin's Circle 2017 in Wien besorgt: „Ich bin nicht gegen Silicon Valley, aber ich bin dafür, dass die Gesellschaft stärker bleibt. Man könnte fast glauben, das Primat des Staates liege im Silicon Valley. Das ist aber nicht so. Es gibt soziale, ökologische, gesellschaftliche Fragen, die nur der Staat entscheiden darf. Der Staat muss entscheiden, wie ein Auto fahren darf, wie man Daten bearbeiten darf. Das darf man niemals aufgeben."

Ist es ein historischer Zufall und nur den Mechanismen des Marktes geschuldet, dass Google, Facebook und Amazon derartige Monopolstellungen errangen und in vielen Bereichen mehr Macht über Einzelne haben als demokratisch gewählte Regierungen? Ein Blick in die Ideologie ihrer Gründer zeigt: Nein – das war schon so geplant.

3. „DEN KAPITALISMUS VOR DER DEMOKRATIE RETTEN"
Die Ideologie der Silicon-Valley-Eliten

Hatten die neuen Monopole überhaupt jemals vor – wie sie behaupten – in einem Wettbewerb zu stehen? Und wollen sie – wie manche von ihnen behaupten – der Demokratie wirklich nützen? Ein genauerer Blick in die Ideologie und Gedankenwelt ihrer Gründer und Investoren zeigt: eher nicht. Das ist nicht verwerflich – es ist nicht von vornherein die Aufgabe von Unternehmen, sich selbst die Grenzen zu setzen, die notwendig sind, damit Gesellschaft für alle funktioniert. Aber wir haben es nun mit Monopolen zu tun, die große Teile des Alltags von Milliarden Menschen formen, und die Politik und Regulierung hinkt dieser Tatsache enorm hinterher. Es lohnt sich deshalb ein Blick darauf, nach welchen gesellschaftspolitischen Vorstellungen diese Unternehmen agieren.

Es ist eine kleine Gruppe von Männern, die die Internetgiganten regiert und besitzt: Sie kennen einander von Jugend an, sie halten große Anteile an ihren Unternehmen – und auch wenn manche von ihnen konservativer und andere progressiver sind, teilen sie eine politische Richtung: Sie kommen aus einem politisch libertären Umfeld, das Regierungen, staatliche Eingriffe und teils sogar die Demokratie an sich vehement ablehnt. Eine Haltung, die in Europa wohl als neoliberal gelten würde, in Kalifornien aber ihre Wurzeln auch in der lockeren Anti-Establishment-Haltung der sonnigen Jugendkultur der Westküste hat, die Elemente aus der Surferszene ebenso mitgenommen hat wie aus der drogengeschwängerten Hippiebewegung und nach dem Platzen der ersten Dotcom-Blase in den frühen 2000ern die gähnende Leere nach dem Crash nützte, um durchzustarten. Das Motto: Nicht fragen, sondern machen – und möglichst jeder Regulierung entfliehen. Wenn es sein muss, dann bis auf den Mond.

Richard Barbrook und Andy Cameron haben diese Geistes-haltung als „Kalifornische Ideologie" beschrieben[13]: „Diese neue Glaubensrichtung ist aus einer bizarren Fusion der kulturellen Bohème San Franciscos mit den Hi-Tech-Branchen des Silicon Valley entstanden. Die Kalifornische Ideologie kombiniert den freiheitlichen Geist der Hippies mit dem Unternehmerischen Ehrgeiz der Yuppies."

Das Magazin *Fortune* setzte den harten Kern dieser Silicon-Valley-Elite 2007 für ein Foto in ein Restaurant. „Die Paypal-Mafia" hieß die Story, und tatsächlich hatte das Magazin es geschafft, alle dreizehn Männer für das Fotoshooting in Mafia-Kleider zu stecken. In Nadelstreif-Sakkos, Lederjacken und mit Sonnenbrillen schauen sie darauf bemüht grimmig-mafiös in die Kamera. Es ist die Gruppe rund um die Gründer des Bezahl-dienstes Paypal, die nach dessen Verkauf an Ebay ab den frühen 2000ern begann, die Tech-Szene aufzurollen: Peter Thiel wurde zu einem der ersten Investoren bei Mark Zuckerbergs Facebook und gründete später die Firma Palantir. Mark Zuckerberg hatte bei Facebook damals schon Sean Parker an Bord – der vorher Napster gegründet hatte und mit raubkopierter Musik reich wurde. Thiel ist auch eng mit den Google-Gründern verbunden: Mit Larry Page betreibt er einen Thinktank zu Ethik und künstli-cher Intelligenz, mit dem anderen – Sergey Brin – gründete er ein Unternehmen, das am ewigen Leben forscht. Weitere Mitglieder der „Paypal-Mafia": Elon Musk gründete Tesla, revolutioniert mit Space X die Raumfahrt und mit Solar die Energieversor-gung. Pete Chen gründete YouTube mit. Auch die Gründer von Yelp, Yammer und LinkedIn sind auf dem Foto. Heute sind sechs von ihnen Milliardäre.

Es ist nützlich, ihre Grundsätze zu verstehen, wenn man den Siegeszug von Google, Facebook und Amazon durchschauen will. Denn es sind nicht nur die geniale Technik und eine zufällige Pole-Position in der Datenwirtschaft, die den Erfolg der Großen

Drei ausmachen: Es ist eine bestimmte, kalifornisch geprägte Herangehensweise an Regierungen, Konkurrenten, die Beschaffung von Gratis-Content – und an die Gehirne ihrer User.

1. Regulierung ausweichen: „Den Kapitalismus vor der Demokratie retten"

„Wir befinden uns in einem tödlichen Rennen zwischen Politik und Technologie." PETER THIEL

Man kann sich dieser Denkrichtung von einer ihrer Extrempositionen her annähern: Der Gedankenwelt des Investors und Vordenkers Peter Thiel. Obwohl er sich als Republikaner und Rechter von der eher demokratisch und liberal geprägten Silicon-Valley-Elite abhebt, versteht man anhand seiner Ideologie gut, warum die Silicon-Valley-Firmen sich so vehement der Regulierung entziehen.

Peter Thiel war schon als Jugendlicher schlecht im Verlieren. Seine Leidenschaft war Schach, auf seinem Schachset prangte ein Sticker mit der Aufschrift „Born to win." Wenn er doch einmal verlor, fegte er die Schachfiguren vom Brett. „Zeig mir einen guten Verlierer und ich zeige dir einen Verlierer", soll er zu diesen Gelegenheiten gesagt haben.[14] Sein Lieblingsbuch als Jugendlicher war *Herr der Ringe*, und tatsächlich nannte er seine Firma, die unter anderem Daten für Geheimdienste aufbereitet und enge Verbindungen zur CIA unterhält, mit bemerkenswerter Ehrlichkeit „Palantir": In *Herr der Ringe* werden damit die Sehenden Steine bezeichnet, mit Hilfe derer Sauron (das Böse) mit seinen wichtigsten Anhängern Kontakt hält und die Welt überwacht und kontrolliert.

An der Universität in Stanford studierte Thiel nicht etwa Betriebs- oder Finanzwirtschaft, sondern Philosophie und orientierte sich an libertären Denkern, die die Freiheit des Individuums weit über jedes Gemeinwohl und jegliche Freiheit des Staates stellten. Dabei ging er weit: Obwohl selbst schwul (wenn auch noch nicht geoutet), warf er sich für die Redefreiheit eines Mitstudenten in die Bresche, der eine ganze Nacht lang vor der Tür eines schwulen Lektors skandierte: „Schwuchtel, Schwuchtel, ich hoffe du stirbst an Aids."[15] (Der Student flog von der Uni, wurde aber später Vizepräsident bei Peter Thiels Bezahldienst Paypal.) Thiel geht mit einer ausgefeilten libertären Ideologie und einem klaren Ziel von der Uni ab: den Kapitalismus vor der Demokratie retten.[16]

In einem Essay auf *Cato Unbound* im Jahr 2009 erklärt Thiel: „Ich bleibe dem Glauben meiner Teenager-Jahre treu: Dem Glauben an echte Freiheit des Menschen. Ich bin gegen Enteignung durch Steuern, totalitäre Kollektive und gegen die Ideologie, dass der Tod unausweichlich ist. Aus all diesen Gründen nenne ich mich einen Libertären. Aber ich muss zugeben, dass ich über die letzten zwei Jahrzehnte hinweg meine Meinung darüber, wie man diese Ziele erreichen kann, radikal geändert habe. Der wichtigste Punkt: Ich glaube nicht mehr, dass Freiheit und Demokratie kompatibel sind."[17]

Thiel spricht damit aus, was viele andere im Silicon Valley nicht so sagen, aber so leben: Die Regeln der nationalen demokratischen Willensbildung sind zu langsam und zu einschränkend für jene, die die globalen Märkte mit Technologie umwälzen.

Thiel schreibt weiter: „Die 1920er waren die letzte Dekade, in der man die Politik optimistisch betrachten konnte. Seit 1920 haben der große Zuwachs an Sozialhilfe-Empfängern und die Ausdehnung des Wahlrechtes auf Frauen die Idee einer kapitalistischen Demokratie in einen Widerspruch in sich verwandelt." Thiel beklagt also das Frauenwahlrecht und den Sozialstaat und will deshalb nicht mehr versuchen, Politik zu beeinflussen, sondern „einen Fluchtweg vor der Politik in allen ihren Formen finden – von den totalitären und fundamentalistischen Katastrophen bis hin zum nicht denkenden Demos, der die sogenannte soziale Demokratie steuert."

Und wie entkommt man als Silicon-Valley-Milliardär diesem unangenehmen Zugriff des Pöbels, der Demokratie lenkt? Thiel entwirft drei Wege:

Erstens: Die Flucht in das Weltall. Was wie ein utopischer Kindheitstraum klingt, ist tatsächlich bereits dabei, Wirklichkeit zu werden: Einer der langjährigsten Gefährten von Peter Thiel arbeitet konzentriert an der privaten Weltraumfahrt. Tesla-Gründer und -CEO Elon Musk, der gemeinsam mit Thiel bei Paypal anfing und dessen Programm Space X auch von Thiel unterstützt wird, ist gerade dabei, die Nasa bei der Raumfahrt zu überholen. Aber auch Amazon-Gründer und -CEO Jeff Bezos greift nach den Sternen – sein Unternehmen Blue Origin arbeitet seit dem Jahr 2000 an einer Mondstation.

Zweitens: Die Flucht auf die Hohe See, außerhalb staatlicher Hoheitsgebiete. Dazu finanzierte Thiel mit 500 000 Dollar das Projekt Seasteading. Die Idee: künstliche schwimmende Inseln auf offenem Meer jenseits aller Hoheitsgebiete, auf denen die Silicon-Valley-Unternehmen und ihre Besitzer fern jeder staatlichen Regulierung und Besteuerung ihren Geschäften nachgehen können. (Das Unternehmen erwies sich als technisch schwieriger als gedacht und wird nun im Hoheitsgebiet von Französisch-Polynesien gebaut, das Autonomie und Steuerfreiheit zusicherte. Vor Ort wächst der Protest gegen die Steuerflüchtlinge, die sich dort ansiedeln sollen.)

Drittens schlägt Peter Thiel den virtuellen Raum vor: Die Flucht in den Cyberspace. Thiel macht kein Geheimnis daraus, dass seine Internet-Aktivitäten darauf abzielen, sich staatlicher Regulierung zu entziehen: „In den späten 1990ern kreiste die Gründungsvision von Paypal um die Schaffung einer neuen Weltwährung, frei von jeder staatlichen Kontrolle – das Ende der Währungssouveränität. In den 2000ern schaffen Unternehmen wie Facebook den Raum für neue Formen des Dissenses und Communitys, die nicht an den historischen Nationalstaat gebunden sind. Mit der Gründung eines Internetunternehmens kann ein Entrepreneur eine neue Welt erschaffen. Die Hoffnung ist, dass diese neuen Welten die existierende soziale und politische Ordnung zwingen, sich zu ändern."

In einer Demokratie diskutieren gewählte Vertreter verschiedener ideologischer Richtungen im Auftrag der Wähler und beschließen, nach welchen Regeln die Gesellschaft funktionieren soll. Die Bürger kontrollieren die Mächtigen – unter anderem mit Hilfe der Information durch Journalisten – durch Wahlen und tauschen sie gegebenenfalls aus. Thiel will dieses System ersetzen durch Unternehmen, in denen Einzelne das Sagen haben, ohne dass „das nicht denkende Volk" ihnen reinpfuscht. Oder, wie Thiel es formuliert: „Anders als in der Politik hat in der Technologie die Entscheidung von Einzelnen Vorrang: Das Schicksal der Welt kann von einer einzelnen Person abhängen, die die Maschine baut oder verbreitet, die den Kapitalismus rettet."

In abgeschwächter Form zieht sich diese Denkweise durch die Geisteshaltung des Silicon Valley. Der Programmierer Maciej Ceglowski beschreibt die Herangehensweise so: Programmierer seien es gewöhnt, die Welt als Softwareproblem zu begreifen und maximale, global funktionierende Lösungen dafür zu entwerfen. „Das Verständnis der Welt als Software verstärkt Kontrollfantasien – und die beste Form von Kontrolle ist Kontrolle ohne Verantwortung. Unsere einzigartige Stellung als Entwickler von Software, die von Millionen Menschen genützt wird, verschafft uns Macht, aber wir akzeptieren nicht, dass wir dafür auch Verantwortung tragen. Wir sind überrascht, dass die Leute wütend auf uns werden, wenn wir helfen wollen. Glücklicherweise sind wir kluge Leute und haben einen Weg aus dieser misslichen Lage gefunden: Anstatt auf Algorithmen zu setzen – die man bezichtigen kann, in unserem Interesse zu arbeiten –, haben wir uns dem Maschinenlernen zugewendet – ein genialer Schachzug, um jedwede Verantwortung von uns zu weisen. Maschinenlernen ist

wie Geldwäsche für Vorurteile. Es ist eine saubere, mathematische
Apparatur, die dem Status quo eine Aura der logischen Zwangs-
läufigkeit verschafft. Zahlen lügen nicht." Und er fügt hinzu: „Der
erste Schritt zu einer besseren digitalen Ökonomie ist Demut und
Anerkennung von Grenzen. Es wird Zeit, Technologie für ihre
Versprechen politisch zur Verantwortung zu ziehen."[18] Ein Appell,
mit dem er im Silicon Valley nur wenig Gehör fand.

Nun ist Peter Thiel als der rechteste der Silicon-Valley-Mil-
liardäre nicht ganz repräsentativ – das Verhältnis zu Regierungen und Demokratie und die Bestrebungen, stattdessen eigene
Regeln zu schaffen, zieht sich aber auch bis zu den linksliberalen
Kollegen durch. Mark Zuckerberg etwa schreibt in seinem Face-
book-Manifest von 2017: „Wir haben vielleicht nicht die Macht,
die Welt, die wir wollen, sofort zu schaffen – aber wir können
heute beginnen, daran langfristig zu arbeiten. In Zeiten wie diesen
ist das wichtigste, das wir bei Facebook tun können, die soziale
Infrastruktur zu entwickeln, um den Leute die Macht zu geben für
eine globale Community, die für uns alle funktioniert." Bei den
Regeln für diese Community denkt Zuckerberg nicht daran, sich
an demokratisch in Parlamenten entwickelte Gesetze zu halten,
er will sie selbst entwickeln: „Es gibt manchmal Streit darüber,
welcher Content akzeptabel ist, ob etwas Hass ist oder berechtigte
politische Aussagen, ob eine Organisation eine schlechte, hass-
erfüllte oder terroristische Organisation ist oder eine, die einen
vernünftigen Standpunkt vertritt. Mehr als andere Unternehmen
müssen wir diese Streits unter den verschiedenen Mitgliedern
unserer Community schlichten. Und um das zu tun, mussten wir
ein ganzes Set von Policies und Regeln bauen. Aber ich denke, es
ist eine der interessantesten philosophischen Fragen, mit denen
wir konfrontiert sind. Mit einer Community von mehr als zwei
Milliarden Mitgliedern auf der ganzen Welt, in jedem Land, mit
extrem verschiedenen sozialen und kulturellen Normen, bin ich
nicht sicher, ob wir mit einem Büro in Kalifornien am besten Platz

sitzen, um diese Regeln für Menschen auf der ganzen Welt festzulegen. Ich denke sehr viel darüber nach: Wie kann man einen demokratischeren, gemeinschaftlichen Prozess aufsetzen, der die Werte von Menschen auf der ganzen Welt spiegelt? Das ist eines der Dinge, die wir richtig machen müssen."

Dieser Ansatz – selbst Regeln zu schaffen, selbst einen eigenen demokratischen Prozess dafür zu entwickeln – schließt geradezu aus, sich an die wirklich demokratisch entwickelten Regeln einzelner Länder zu halten. Auch Gerichte will Zuckerberg selbst entwickeln: „Wenn man jetzt etwas auf Facebook postet, jemand meldet es und unser Team beschließt, es zu löschen, dann gibt es keine Möglichkeit, dagegen zu berufen. Ich glaube, wir können das zunächst intern aufbauen. Aber langfristig möchte ich eine unabhängige Berufungsstelle. Facebook macht die erste Entscheidung anhand der Community-Standards, und dann kann man eine zweite Meinung einholen. Man kann sich eine Art Struktur vorstellen – fast wie ein Höchstgericht –, die aus unabhängigen Personen zusammengesetzt ist und die Letztentscheidung treffen, was man sagen darf in einer Community, die die Werte von Menschen auf der ganzen Welt reflektiert."[19]

Facebook – in dem ein einzelner Mann die volle Entscheidungsgewalt hat – will also selbst die Regeln festlegen, sie durchsetzen und den Berufungsprozess kontrollieren. Es will eine globale Legislative, Exekutive und Justiz sein. Dasselbe gilt, wenn auch nicht so deutlich ausgesprochen, für Google, Amazon und die anderen Silicon-Valley-Giganten: Mangels einer globalen Gesetzgebung für globale Medien wollen sie ihre eigenen Gesetze entwerfen, anstatt sich an die demokratisch entwickelten Regeln in den einzelnen Staaten zu halten – und sich so etwa Redaktionen zu ersparen, die für die Einhaltung dieser Regeln notwendig sind.

2. Monopole bilden: „Wettbewerb ist für Verlierer"

Kapitalismus nach dem Geschmack von Thiel muss man nicht nur vor der Demokratie schützen: Wer es richtig macht, entzieht sich auch dem Wettbewerb. Wettbewerb ist einer der Grundsätze unseres Wirtschaftssystems – er ist so wichtig, dass Staaten Wettbewerbsbehörden darauf achten lassen und Monopole zerschlagen können, um ihn zu erhalten. Um den Zugang zu Wettbewerb zu beleuchten, lohnt sich wieder ein Blick auf Peter Thiel. „Competition is for Losers" (Wettbewerb ist für Verlierer) war der Titel einer Vorlesung, die er im Wintersemester 2014 am Stanford Center for Professional Development hielt. Wir befinden uns wieder in Stanford, der Universität mitten im Silicon Valley, wenige Meilen von den Hauptquartieren von Google, Facebook und Apple entfernt. Thiel steht in einer blauen Kapuzenjacke in einem kleinen Hörsaal, auf der Brust steht „Palantir" – der Name seiner Firma. Thiel spricht hier an seiner Heimatuniversität, in seinem Wohnort, vor Gleichgesinnten, die in seine Fußstapfen als Multimilliardär und Visionär treten wollen. Er ist zu Hause, und er spricht offen.

„Ich habe diese fixe Idee, von der ich komplett besessen bin", startet Thiel seinen Vortrag, „die ist: Wenn du ein Unternehmen startest, versuche immer, ein Monopol zu erreichen, und vermeide immer den Wettbewerb. Wettbewerb ist für Verlierer." Nur ein Monopol, sagt Thiel, erlaube die fantastischen Gewinne, wie sie die Silicon-Valley-Unternehmen machen. Thiel vergleicht dafür Google mit der Luftfahrt: Der Wettbewerb unter den Fluglinien führe dazu, dass alle Fluglinien zusammen trotz höherer Umsätze und größerer Bedeutung für die Gesellschaft weniger wert sind als Google, das bei der Internetsuche eine Monopolstellung hat – und die Preise deshalb hoch halten kann.

Aber um Monopole zu erhalten, lehrt Thiel die Stanford-Business-Studenten, müsse man lügen.

„Lasst mich etwas erzählen darüber, welche Lügen Menschen verbreiten. Die Leute, die Monopole haben, werden so tun, als hätten sie keine. Sie wollen nicht von der Regierung kontrolliert werden. Ihr wollt nicht, dass die Regierung hinter euch her ist. Also werdet ihr nie sagen, dass ihr ein Monopol habt. Jeder Monopolist wird immer behaupten, in einem harten Wettbewerb zu stehen. Etwa das Suchmaschinen-Unternehmen dort die Straße runter, das bequeme 66 Prozent Marktanteil bei der Internetsuche hat: Google wird sich selbst dieser Tage so gut wie nie als Suchmaschine beschreiben, sondern etwa als Firma auf dem Werbemarkt. Wenn man über Suche spricht, dann müsste man sagen: Dieser Markanteil ist verrückt, das ist ein unglaubliches Monopol, viel größer als das, das Microsoft in den 1990ern hatte – vielleicht machen sie deshalb so viel Geld. Aber wenn man vom Werbemarkt spricht, dann kann man das mit dem gesamten globalen Werbemarkt vergleichen, und da sieht der Marktanteil schon viel kleiner aus. Und wenn man das auch nicht will, kann man immer noch sagen, man sei ein Technologie-Unternehmen: Dann sind die Konkurrenten die selbstfahrenden Autos, Apple, Facebook, Microsoft, und man kann sagen: Hier ist ja in jeder Richtung Wettbewerb, wir sind nicht dieses Monopol, das die Regierung verhindern wird, und wir sollten auf überhaupt keine Weise reguliert werden."

Aber, so Thiel, es gebe Beweise dafür, dass es sich bei den großen Silicon-Valley-Unternehmen um Monopole handle: „Das ist der Grund, warum die Tech-Industrie in den USA finanziell so erfolgreich ist: Weil sie dazu neigt, diese Monopol-gleichen Unternehmen zu schaffen. Das sieht man am Faktum, dass diese Unternehmen so viel Geld anhäufen, dass sie nicht einmal mehr wissen, was sie damit machen sollen."

Tut man der restlichen Elite des Silicon Valley Unrecht, wenn man ihre Ideologie anhand von Peter Thiels offenen Worten gegen Demokratie und Wettbewerb beurteilt? Immerhin, könnte man anmerken, ist Peter Thiel als Trump-Unterstützer dezidiert in der Minderheit, während die Mehrheit der Bosse eher demokratisch wählt und bei den Themen Frauengleichstellung und Diversität keinen allergischen Schock erleidet, sondern sogar extra Programme dafür implementiert (wenn auch ohne große Auswirkungen). Doch dass ihr grundlegendes Verhältnis zu Gesetzen und Wettbewerb dem Peter Thiels nicht unähnlich ist, zeigt sich an ihrem Handeln: Google, Facebook und Amazon haben es zu einer wahren Meisterschaft darin gebracht, Wettbewerb auszuschalten oder aufzukaufen. Google kaufte zu manchen Zeiten ein Unternehmen pro Woche. Facebook übernahm die aufsteigenden Konkurrenten WhatsApp und Instagram und wollte auch Snapchat kaufen – als die Snapchat-Gründer nicht verkauften, kopierte Facebook die App mit Instagram-Storys und ist auf dem Weg, sie zu verdrängen.

Man sollte sich nicht wundern, wenn die Gedanken aus dem Silicon Valley jenen der Politik immer meilenweit voraus sind und die Firmen auf Nachfragen aus Regierungen vor allem mit Verzögerungstaktik reagieren: Sie ignorieren die Gesetze und den Wettbewerb nicht, weil sie sie übersehen hätten oder tatsächlich dächten, sie träfen nicht auf sie zu – sondern weil es die Basis für ihren Erfolg ist. Je länger es dauert, dass die Allgemeinheit die Monopolbildungen und Gesetzesbrüche mitbekommt, und je langsamer Staaten reagieren, umso weiter können sie in dieser Zeit sprinten und sich Vorsprünge verschaffen, die sie in der Datenwirtschaft dank der Netzwerkeffekte schnell uneinholbar machen.

3. Liken statt zahlen

Am besten aber versteht man, wie die Silicon-Valley-Elite tickt, wenn man beobachtet, wo sie feiert. Jedes Jahr in der Woche rund um den 1. September machen sich ganze Karawanen aus der Bay

Area rund um das Silicon Valley und San Francisco auf, um einige hundert Kilometer Richtung Osten über die Berge der Sierra Nevada zu fahren oder zu fliegen, nach der Casinostadt Reno nach Norden abzubiegen und eine lange, einspurige Straße durch immer karger werdende Buschwüste zu rollen: In der Woche des Labor Day entsteht in der Black Rock Desert, einem atemberaubenden Naturschutzgebiet mitten in der Wüste von Nevada, eine temporäre Stadt mit 75 000 Einwohnern: Black Rock City. Es ist die Woche von Burning Man, dem vielleicht verrücktesten Festival der Welt. Es vereint für eine Woche Hippies, Künstler, libertäre Träumer, Party-People – und die Bosse der größten Silicon-Valley-Firmen: Jeff Bezos von Amazon kommt und sagt „Man kann das nicht verstehen, wenn man nicht schon hier gewesen ist." Elon Musk feiert hier. Mark Zuckerberg fliegt mit dem Privatflieger ein. Larry Page und Sergey Brin, die Google-Gründer, wandern unerkannt in hautengen silbernen Anzügen durch die Wüste. Für sie ist das Festival so identitätsstiftend, dass das erste Google-Doodle ein Burning-Man-Thema hatte und Burning-Man-Kunst quer über dem Google-Campus verstreut steht. Sie verlegten gar ihre Suche nach einem CEO in die Wüste: Als sie „eine erwachsene Person" suchten, um das Wachstum von Google in die Hand zu nehmen, lehnten sie erst Hunderte Bewerber ab, bis sie auf Eric Schmidt stießen – und der ihnen erzählte, dass er Burner sei. Page und Brin fuhren mit Schmidt gemeinsam in die Black Rock Desert und verbrachten eine Woche mit ihm in der Wüste. Erst danach wurde der Vertrag unterschrieben. Schmidt war daraufhin von 2001 bis 2017 CEO von Google und Alphabet.

Es sind sicher auch die Musik, die Partys und die Kunst, die die Silicon-Valley-Bosse anlocken. Als Inspirationsquelle dient Burning Man aber auch: Das Festival zeigt, dass man Menschen nicht bezahlen muss, damit sie Großartiges vollbringen – im richtigen Rahmen stecken sie sogar noch viel eigenes Geld in Werke, die sie dann verschenken.

Mit dem Sterben des Internet der Vielen und der Raum-
nahme der Großen Drei wandert auch die Kreativität und die
Arbeit jener, die das Internet befüllen, schleichend von eigenen
Seiten zu den Seiten von Google, Facebook und Amazon. Damit
wird ein seltsamer Prozess vollendet. Nehmen wir als Beispiel
die Produktion von Medien – Text, Grafik, Fotos und Videos
für ein Massenpublikum: Noch vor zwanzig Jahren wurde für
diese Arbeit und diese Werke grundsätzlich bezahlt. Entweder
Medienunternehmen bezahlten dafür Angestellte oder kauften
Werke. Verlage, Film-Distributionsfirmen und Plattenfirmen
nahmen Künstler unter Vertrag, um ihre Werke zu produzieren
und zu verkaufen, in Kinos, Buchläden und Plattengeschäften.
Künstler vertrieben ihre Werke selbst in Galerien und Selbstver-
lagen. Fotografieren, Schreiben oder Musik an ein Massenpublikum zu bringen war mit großen Hürden versehen, man musste
an den Gatekeepern vorbei, den Plattenbossen, Chefredakteu-
ren, Galeristen. Wenn man diese aber überzeugt hatte, konnte
man davon leben.

Die neuen Platzhirsche hingegen bezahlen nichts oder
kaum für die Werke, die sie verbreiten. Facebook zahlt nichts für
die Texte, Fotos und Videos. Auf YouTube können nur die reich-
weitenstärksten Kanäle an den Werbeeinnahmen mitschneiden,
und das nur mit einem Zehntel eines Cents für jedes Abspielen eines Videos. Während Literaturkritiker in traditionellen
Medien ein Beruf ist, von dem man leben kann, und Buchhan-
delsangestellte dafür bezahlt werden, Bücher zu empfehlen, zahlt
Amazon nichts für die Rezensionen auf seiner Seite.

Wie kamen diese Unternehmen auf die Idee, Menschen nicht
nur ihre Daten abzuknöpfen, sondern auch ihre Kreativität gratis
zu nützen – während andere Medienunternehmen nach wie vor
für Arbeit und Werke zahlen? Facebook-Gründer Mark Zuckerberg holte sich anfangs einen Spezialisten für Gratis-Content ins
Unternehmen: Sean Parker war schon als jugendlicher Hacker

mit der Polizei in Konflikt gekommen. 1999, als er zwanzig war, gründete er mit einem Schulfreund die Plattform Napster, von der man gratis Musik beziehen konnte. Er leitete damit das Ende des Zeitalters der Plattenfirmen ein und begründete die Gratiskultur im Internet mit. Napster galt als das am schnellsten wachsende Unternehmen aller Zeiten – aber es hatte einen Fehler: Es wurde verboten und musste schließen. Wenig später stieg Parker als Präsident bei Facebook ein, als das Unternehmen gerade erst fünf Monate alt war – und brachte Investor Peter Thiel mit. Diesmal war der Content nicht gestohlen, sondern legal: Die User schenken Facebook freiwillig alle Rechte. Was das freie Internet so kreativ und unerwartet machte, wanderte nun auf die großen Plattformen.

Wie das möglich ist, erfährt man bei Burning Man.

Ein typischer Burning-Man-Moment könnte etwa so aussehen: Man fährt eben noch mit dem Fahrrad in gleißender Sonne durch die Wüste, da steckt man plötzlich in einem Sandsturm, alles ist weiß. Binnen Sekunden verliert man die Orientierung, es fällt einem sogar schwer, oben und unten auseinanderzuhalten. Da hört man plötzlich die Melodie einer Spieluhr. In der Staubwolke erscheint eine Figur in einem Frack aus grünen Pailletten, die sich den Zylinder festhält und einen Wagen vor sich herschiebt. „Mandarine mit Minze oder Mandel-Krokant in Kokosmilch?", fragt der Mann und drückt einem eine Eiswaffel in die Hand. Er ist im echten Leben, erfährt man, Angestellter eines Gartenunternehmens in Minnesota. Für Burning Man hat er zwanzig Eissorten hergestellt und ein Kühlaggregat in seinen Pick-up gepackt, um Menschen in der Wüste mit einer Tüte Mandarinen- oder Mandeleis zu beschenken. Man dankt für das Eis, als sich Musik nähert. Ein bronzefarbener Drache taucht leuchtend aus dem Sandsturm auf und hält, damit man aufsteigen kann. Er ist fünf Meter hoch und zehn Meter lang und auf seinem Rücken haben dreißig tanzende Menschen Platz, die später irgendwo in der Wüste vor einer Skulptur aus baumhohen Blumen halten werden, die wie ein Wäldchen in der Wüste stehen. Man kann die Blumen zum Leuchten bringen, wenn zehn Leute zugleich die Griffe im Zentrum der Skulptur in die Hand nehmen und ihren Herzschlag so koordinieren, dass ihr Puls im Gleichtakt schlägt.

So kann eine halbe Stunde des achttägigen Festivals aussehen – oder ganz anders. Es gibt Yoga-Camps, eine fahrende Jacht und ein ganzes Symphonie-Orchester. Es gibt Gruppen, die in monatelanger Arbeit riesige Bauwerke entwerfen und vorproduzieren, die nur drei Tage lang stehen. Es gibt Camps, in denen Haubenküche serviert wird, und drei lebensgroße Leuchttürme mitten in der Wüste, die eine ganze Bibliothek enthalten und am vierten Abend mit allen Büchern komplett verbrannt werden. Normale Autos sind verboten, nur „Mutant Vehicles" rollen im Schritttempo in die Wüste und nehmen mit, wer immer Platz hat: Es sind Drachen, feuerspeiende Oktopusse, Häuser, Schiffe, leuchtende Fische oder fliegende Teppiche. Niemand ist NICHT verkleidet. Alle sind extrem freundlich. Man kann alles finden, was man sich gerade einbildet – sei es einen Gin Tonic oder eine Japanerin, die oben ohne nordische Märchen vorliest –, aber man wird kaum je dort ankommen, weil man am Weg von etwas anderem überrascht und aufgehalten wird: Eine Telefonzelle, aus der man Gott anrufen kann (und er/sie hebt ab). Ein Zelt, in dem Tausende Barbies darauf warten, geköpft zu werden. Ein Spiegelkabinett. Eine dreistöckige Trampolin-Landschaft, eine Craftbeer-Brauerei oder ein Rockkonzert, bei dem man die Namen der Band oder Musiker nie erfahren wird.

Das Besondere: Nichts davon ist von der Burning-Man-Organisation bezahlt oder auch nur geplant. Burning Man besteht aus dem, was die Teilnehmer mitbringen und einander schenken. Jedes Konzert, jede Yogastunde, jeder Tropfen Wasser, jeder Bissen Essen und jedes Stück Musik wird von Teilnehmern gebracht. Jeder Ranger, jeder im Welcome Service und jeder der Sicherheitsleute bei den großen Bränden ist ein Teilnehmer, der für sein Ticket bezahlt hat und sich freiwillig gemeldet hat.

Die Organisation bietet nur den Rahmen: Sie steckt die temporären Straßen ab und stellt Dixie-Klos auf, sie gewährt Stipendien für die ganz großen Kunstwerke, und sie stellt zehn Regeln auf, nach denen sich alle richten, solange sie Bürger von Black Rock City sind. Unter den Prinzipien findet man „Radical Inclusion" (jeder ist willkommen), „Radical Self-Reliance" (jeder ist für sein Erlebnis selbst verantwortlich), „Radical Self-Expression" (jeder ist eingeladen, sich auszudrücken und einzubringen) und Prinzipien der Partizipation, der gemeinsamen Verantwortung für das Festival und aller rundherum. Am prägendsten sind aber das Prinzip des Schenkens und das Verbot jeglicher kommerziellen Tätigkeit: Man darf das ganze Festival lang nichts kaufen und nichts verkaufen, es gibt keine Werbung und kein Sponsoring. Jedes Getränk, jedes Essen und jede Performance sind ein Geschenk. Es gibt keine Gegenleistungen und keinen Tausch. Die einzige Belohnung ist der Dank derer, die den Drink, das Essen oder das Kunstwerk geschenkt bekommen. Das entwickelt eine unerwartete Dynamik: Jeder, der einmal bei Burning Man war, überlegt, was er selbst beitragen könnte. Heraus kommt ein Programm, für das niemand bezahlt außer die Teilnehmer selbst – und das vielfältig, unerwartet und von unglaublich hoher Qualität ist.

Die Tech-Milliardäre sind auf Burning Man nicht erkennbar. Wie die meisten Teilnehmer nützen sie Decknamen und Kostüme. Ihre Anonymität ist dadurch geschützt, dass in Black Rock City nur der Moment zählt und selten jemand fragt, was man in der „Default World" – der Normalwelt da draußen – so macht. So können sie sich alle Inspiration holen und lernen, was Menschen dazu motiviert, Hunderte Stunden, ihre ganze Kreativität und ihr ganzes Können in Werke zu stecken, für die sie keinen Cent bekommen – sondern stattdessen ihr Erspartes dafür aufbrauchen: einen funktionierenden Rahmen mit klaren Regeln, ein Umfeld, das zur Teilnahme einlädt, und eine Kultur, in der für die Geschenke gedankt wird.

Burning Man ist eine Non-Profit-Organisation. Facebook, Google und Amazon hingegen sind börsennotierte Konzerne, in denen die Gründer enorme Gewinne machen. Trotzdem haben sie es geschafft, genau diese Prinzipien auf ihre Plattformen zu übertragen: der Like-Button auf Facebook, der View-Counter und das Daumen-hoch auf YouTube, die Bewertung „hilfreich" bei den Rezensionen auf Amazon triggern dieselben Mechanismen: die Bereitschaft, sich auszudrücken und sein Werk zu schenken – und das Bedürfnis, bemerkt zu werden und Teil einer Gemeinschaft zu werden, in der alle vorgeblich gleich sind. Mark Zuckerberg hat genauso ein Facebook-Profil wie die anderen zwei Milliarden Nutzer – und postet dort genauso wie die anderen.

Er hat damit einen Rahmen geschaffen, in dem sein Unternehmen nicht nur Daten, sondern auch noch unfassbar viel Gratis-Content bekommt – und nichts dafür zahlt. Google hat es auf diese Weise fertiggebracht, das früher so teure Medium Video zu einem Gratis-Rohstoff zu machen: Während Fernsehstationen an Produzenten zwischen 500 und 3000 Euro pro Sendeminute zahlen, bekommt YouTube in jeder Minute 300 Stunden Video-Material gratis, selbst hochgeladen von den Usern. Amazon hat einen wichtigen Teil der Arbeit von Buchhändlern und Handelsangestellten – ihre Expertise beim Empfehlen von Produkten – und von Kritikern durch Gratis-Rezensionen ersetzt.[20] Für die User ist das ein Geschenk: Sie bekommen die Technik, um ihre Werke und Gedanken zu präsentieren – vor wenigen Jahren war dazu noch kostspielige Software notwendig. Heute liefern Google, Facebook und Amazon Live-Übertragungstechnik, Videoschnitt, Filter für Fotos, Onlineshops, einfache Layouts gratis. Und die User bekommen einen Rahmen, in dem ihre Gedanken und Werke ihren engen Freundeskreis erreichen, sich potenziell aber an Millionen richten können. Die alten Gatekeeper – die Plattenbosse, Filmproduzenten, Chefredakteure – sind für sie obsolet, ersetzt durch die Algorithmen, die darüber entscheiden, wie sichtbar ihre Werke werden. Die Möglichkeit enormer Reichweite ist attraktiv – doch das Schenken an sich ist es ebenso. Professionelle Kreative und Medienunternehmen zogen nach und stellten ebenfalls ihre Werke zur Verfügung. Dass man sich hier nicht wie bei Burning Man in einer Gemeinschaft Gleichgesinnter befindet, sondern die größten Konzerne der Welt damit Milliarden machen – und davon den Usern nichts oder kaum etwas abgeben –, sickert erst langsam ins Bewusstsein.

Felix Stalder hat in seinem Buch *Kultur der Digitalität*[21] diese zwei Prinzipien gegenüber gestellt, die er „Commons" (also Gemeinwohl) und „Postdemokratie" nennt – zwei teils widersprüchliche Entwicklungen, die gleichzeitig ablaufen: Während Phänomene wie Wikimedia und Open Data, die nicht profitorientiert und für alle offen sind, tatsächlich zu mehr Demokratie führen können, tun eher „postdemokratische" Medien wie YouTube oder Facebook das nicht: Auf ihnen findet man das Phänomen, dass die User zwar das Gefühl haben, alles teilen und überall mitreden zu können – was dem Prinzip des Gemeinwohls eher entspricht –, aber die Entscheidungen in Wahrheit auf einer ganz anderen, von ihnen unterreichbaren Ebene getroffen werden.

Bei Burning Man feiern Milliardäre und Mittellose weiterhin im Sinne des Prinzips totaler Inklusion Toleranz miteinander. Erst 2016 übertrugen sich die Spannungen zwischen dem Silicon Valley und der Künstlerszene von San Francisco auch auf das Festival. Die Bosse und Investoren aus dem Silicon Valley haben Inspiration aus Burning Man mitgenommen – und was sie (wohl mit besten Absichten) zurückbringen, löst ähnliche Mechanismen von Konzentration, des Sterbens von Kleinen und der Ungleichheit aus wie draußen in der „Default World". Die gigantischen Soundsysteme, die die Milliardäre anonym und großzügig spenden, konzentrieren nachts zunehmend die Mengen auf großen Partys mitten in der Wüste, während den liebevoll ausgerichteten traditionellen kleineren Partys entlang der Esplanade plötzlich die Partypeople fehlen. Und während es lange Jahre absolute Toleranz gegenüber jedem Niveau von Kargheit und Luxus gab, ging auch hier die Schere zu weit auf – mit ähnlichen Folgen: 2016 attackierte eine Gruppe eines der großen Luxuscamps, schnitt die Stromkabel durch und verschüttete das Wasser aus den Tanks. Der Großteil der Burner reagierte empört – auch Reiche haben das Recht, nicht ausgeschlossen zu werden. Doch so wie in der echten Welt wurde auch hier Regulierung notwendig: 2017 wurden die großen Soundsysteme eingeschränkt, ab 2018 werden externe Dienstleister, die Waren liefern und Camps aufbauen, kaum mehr zugelassen. Man muss wieder – wie es die meisten immer schon getan haben – alles selbst mitnehmen.

So könnte Burning Man nicht nur eine Inspiration für die Milliardäre sein, sondern auch für die Gesellschaft draußen, wie man mit dem raumgreifenden Verhalten und den Danaergeschenken aus dem Silicon Valley umgehen könnte.

4. Legales Crack: Sucht ist gut für das Geschäft

Der vierte ideologische Baustein des Welterfolges der Giganten ist die absolute Konzentration auf die User und ihre Bedürfnisse. „Kunden sind *immer* wunderbar und wundervoll unzufrieden, selbst wenn sie berichten, sie seien glücklich und alles sei toll", schrieb Jeff Bezos in seinem Aktionärsbrief 2017: Jede kleinste Unzufriedenheit eines Kunden könnte eine Chance sein, diese Unzufriedenheit zu befriedigen, vielleicht noch bevor der User selbst weiß, was er will –und damit die eigene Marktmacht auszunützen. Was wie ein Rezept für eine zufriedene Menschheit klingt, entpuppt sich mittlerweile als gefährlicher Albtraum. In ihrem Bemühen, ihre User immer länger und intensiver an ihre Medien zu binden und ihre Bedürfnisse zu befriedigen, bevor diese selbst sie spüren, sind die Silicon-Valley-Medien tief in die Gehirnforschung eingedrungen – mit üblen Folgen.

Bei manchen Silicon-Valley-Cracks bewirkt Burning Man das Gegenteil eines Milliardenbusiness: Sie steigen aus. So einer ist etwa Tristan Harris. Der junge rothaarige Developer mit dem kurzgeschnittenen Bart war bei Google, bevor ihm beim Festival in der Wüste „die Augen aufgingen" und er „seine bisherigen Glaubenssätze überdachte." Harris nahm seinen Rucksack, trampte ein halbes Jahr durch Mittelamerika und kam dann mit einer Mission zurück: seine bisherige Arbeit zu zerstören. Mit seiner Organisation „Time Well Spent" versucht er, Menschen vom Smartphone wegzubringen und sie aufzuklären über die Gefahren, die darin lauern: Facebook und Google, sagt er, hacken das menschliche Gehirn. Was die Silicon-Valley-Giganten wie Facebook, Google, Instagram, Amazon eine „wunderbare User-Erfahrung" nennen, sei in Wahrheit ein ausgeklügeltes System zur Unterwanderung der menschlichen Psyche, um User süchtig zu machen und so den eigenen Gewinn zu steigern.

Das könnte paranoid klingen, wenn Tristan Harris nicht selbst an dieser Technologie mitgearbeitet hätte. Er studierte Computerwissenschaften in Stanford, machte Praktika bei Apple und schrieb sich schließlich für sein Master's Degree beim Persuasive Technology Lab ein. Dessen Leiter – der Psychologe B. J. Fogg – ist für die Tech-Unternehmer ein wahrer Guru: Er forscht zu „Verhaltensdesign" – also zu den Mechanismen, die Menschen immer und immer wieder zu ihren Smartphones greifen und eine bestimmte App aufrufen lassen. Harris lernte dort, wie Hunde mit Klickern konditioniert werden. Und wie man diese Technik auf Menschen übertragen kann: Wie schnell ein Like unter einem Foto kommen muss, damit die User nicht mehr nur wöchentlich, sondern täglich posten. Wie ein unendlicher Strom von Nachrichten wie in Facebooks Newsfeed dazu verleitet, viel mehr Zeit dort zu verbringen, als man wollte – so, wie Menschen aus kleineren Schüsseln 70 Prozent weniger essen als aus bodenlosen Gefäßen, die sich immer nachfüllen. Er lernte, dass jedes Like, jedes Daumen-hoch und jeder YouTube-View dazu führen, dass das Hirn Dopamin ausschüttet – und dass unregelmäßige Belohnungen mit Dopamin-Anregern besonders schnell süchtig machen: Sie führen dazu, dass viele das Smartphone minütlich in die Hand nehmen. Der Dopamin-Entzug treibt sie dazu.

Menschen süchtig nach Apps zu machen, ist sogar eine eigene Wissenschaft im Silicon Valley. Einer ihrer Gurus ist Nir Eyal, der in seinem Buch *Hooked*[22] den „goldenen Kreis" (oder, aus Sicht Harris, den Teufelskreis) beschreibt, den eine App bieten muss, um ihre User süchtig zu machen. „Die Technologien, die wir nützen, haben sich zu Zwangshandlungen entwickelt, wenn nicht zu einer ausgewachsenen Sucht", schreibt er. „Es ist dieser Impuls, in den Messenger zu schauen. Dieser Drang, auf YouTube, Instagram oder Facebook zu schauen, nur für ein Minuten, und dann nach einer Stunde immer noch zu scrollen und zu liken." Das alles, sagt Eyal, ist kein Zufall: „Das ist genau, was die Software-Designer erreichen wollen." Die Tricks dazu stammen aus der neuesten psychologischen Forschung und zeigen, wie man einen emotionalen Heißhunger erzeugt, indem die Belohnungen unregelmäßig kommen. Oder wie man Momente leichter Langeweile, Frustration oder Unentschlossenheit so nützt, dass sie zu einem unbewussten Impuls führen, die App zu öffnen.

Als Nir Eyal 2017 sein Buch auf der Konferenz NextM in Wien vorstellte, reagierte er leicht verständnislos auf die Frage, ob so eine Ausnützung menschlicher Psychologie nicht unmoralisch sei: „Wer solche Erkenntnisse nicht einsetzt, würde ja wollen, dass sein Produkt nicht gern genützt wird – das wäre doch absurd!" Wer seine User süchtig machen will, muss sie verrückt machen, rät er.

Nun hat jeder Produzent in jeder Mediengattung bisher versucht, seine Leser, Hörer, Seher möglichst lange zu fesseln (und damit Untergangspropheten auf den Plan gerufen, von Romanen bis Fernsehen) – doch keine war so erfolgreich wie die Medienriesen aus dem Silicon Valley. Es gibt Tausende Anleitungen, wie sich geplagte Smartphonebesitzer mehr Kontrolle über ihre eigene Zeit zurückholen sollen: Apps, die den Zugriff auf die Telefone sperren, Digital-Detox-Kuren, Vorschläge für Regeln am Esstisch und in Meetings. Sie richten sich an die Süchtigen. Doch bei allen älteren Formen von Sucht haben wir gelernt, die Verursacher zu regulieren. Die Konzerne und Mafias, die Menschen von Glücksspiel, Nikotin oder Drogen abhängig machen, sind mit Verboten, Kriminalisierung oder zumindest strenger vielfältiger Regulierung konfrontiert. Die Süchtigen werden als Opfer gesehen, die Hersteller des Stoffs als Verursacher. Was, wenn man dieses Prinzip auf Smartphones anwendet? Gibt es – wie bei anderen Süchten – Organisationen, die Menschen in die Sucht locken und von der Sucht profitieren?

Tristan Harris hat dafür eine klare Antwort: Ja. „Silicon Valley will uns von unseren Smartphones abhängig machen", glaubt er. Nach seinem Studium heuerte er bei Google an und war dort erst für Gmail verantwortlich. Die kleinen Änderungen im Design machten ihm Sorgen: Wenn etwa bei jedem neuen E-Mail die Telefone vibrieren – und bewiesen ist, dass Menschen 25 Minuten brauchen, um wieder in ihre Arbeit zu finden, wenn sie das Handy erstmal in der Hand haben? Tristan entwarf eine Präsentation für die Google-Chefetage, wie man den Usern weniger Zeit stehlen könnte – und bekam daraufhin die Aufgabe, einen Ethik-Rat bei Google zu leiten. Doch seine Vorschläge drangen nicht durch. Nun bekämpft er die süchtig machenden Unternehmen von außen.

Und er ist mittlerweile nicht allein: Eine beeindruckende Liste ehemaliger Silicon-Valley-Manager hat sich Tristan Harris angeschlossen und warnt vor den Produkten, die sie selbst

entwickelt haben. Im Center for Humane Technology finden sich
etwa die ehemalige Apple- und Google-Kommunikationsmanage-
rin Lynn Fox, der einstige Facebook-Operations-Manager Sandy
Parakilas sowie Justin Rosenstein, der Facebooks „Like"-Button
entworfen hat – das Werkzeug, das aus der Plattform für Freunde
einen ständigen Begleiter machte, weil es die Interaktionen und
Belohnungen so enorm erhöhte. Rosenstein selbst sieht sich als
Opfer seiner Erfindung: Er hat sich auf sein Handy eine Kinder-
sicherung einbauen lassen, damit er es nicht ständig in die Hand
nimmt. 2617 Mal, sagt er, greifen Menschen pro Tag zum Smartphone. Die Zahl erhob er mit seiner Firma in San Francisco, die
Unternehmen hilft, Produktivität zu erhöhen. „Wir leiden unter
kollektiver geteilter Aufmerksamkeit", sagt Rosenstein, „wir sind
alle permanent abgelenkt."[23]

„Wir waren Insider", so Tristan Harris zur *New York Times*.
„Wir wissen, was diese Unternehmen messen; wir wissen, wie sie
reden und Dinge entwickeln. Zwei der größten Supercomputer
sind bei Facebook und Google, und worauf richten wir sie? Direkt
auf die Gehirne von Menschen, von Kindern."[24] Aber auch aktiven
Silicon-Valley-Magnaten ist bewusst, dass sie eine schädliche
Technologie gebaut haben: Apple-Chef Tim Cook sagte, er würde
seinen Neffen nicht mit einem Smartphone spielen lassen[25] – und
Facebook-Investor Sean Parker sagte: „Nur Gott weiß, was das mit
den Gehirnen unserer Kinder macht."[26]

So gehen die Aufforderungen, das Handy wegzulegen,
ins Leere: Denn auf der anderen Seite des kleinen Bildschirms
laufen Programme, die von den führenden Psychologen der
Welt genau dafür entwickelt wurden, damit wir das Handy in
die Hand nehmen. Alle paar Minuten, vom Aufwachen bis zum
Schlafengehen.

Facebook, YouTube und Instagram ändern die Menschen,
die diese Medien benützen. Beziehungen, die eigene Darstellung
und somit auch das Selbstbild sind zunehmend von Algorithmen

abhängig. Facebook revolutioniert das Rennen um die menschliche Aufmerksamkeit wie zuvor nur Fernsehen. Das Fernsehen drang in die Wohnzimmer, es regte zu passivem Berieseln an, doch es lässt noch Raum, um herumzugehen, mit der Familie gemeinsam zu schauen. Die neuen Medien gehen einen entscheidenden Schritt weiter: Sie monopolisieren die Aufmerksamkeit ihrer User jeweils einzeln und geben ihnen Feedback für Aktionen. Das Großartige an der Kommunikation, der Unterhaltung und der Information, die man über sie bekommt, hat eine Schattenseite: Facebook und Instagram ändern die Psychologie der Menschen die es benützen, so, dass sie intensivere und bessere Nutzer werden. Das ist ihre größte Macht.[27]

Dieses tiefe Eindringen in menschliche Psychologie rundet die Rezepte der Großen Drei ab: Sie entziehen sich der Kontrolle durch Demokratie. Sie streben Monopole an und entziehen sich so der Kontrolle durch die Konkurrenz. Sie arbeiten mit Content, für den sie niemanden bezahlen. Und sie halten durch ausgeklügelte psychologische Forschung die Aufmerksamkeit von Milliarden Menschen am Angelhaken.

4. „SIE SIND NICHT DAS INTERNET, SIE ZERSTÖREN ES"
Wie die neuen Monopole das freie Netz kapern

Der Aufstieg dieser drei relativ jungen Firmen an die Spitze der weltweit erfolgreichsten Unternehmen suggeriert den Triumph des Internets. Viele Kritikpunkte, die es an den neuen Monopolen gibt, werden mit Argumenten für das „freie Internet" zurückgewiesen: Man dürfe in das freie Netz nicht eingreifen, die Meinungsfreiheit dort nicht einschränken, müsse die dezentrale Struktur erhalten. Doch in Wahrheit ist das Gegenteil der Fall: Facebook, Google und Amazon sind nicht „das Internet", sie zerstören es. Wer für das freie Internet kämpft, sollte sie nicht verteidigen, sondern beschränken wollen.

Dazu muss man zunächst ein sich rapide verbreitendes Missverständnis aufklären: Das Internet gehört niemandem. Es ist ein Distributionsweg – wie zuvor Papier oder terrestrische Wellen. Es entstand nicht als Unternehmen und nicht auf private Initiative, sondern im Auftrag des Staates. Es ist kein Produkt des „freien Marktes" und seine Erfinder sind damit nicht reich geworden – sie hatten das auch nie vor: Es waren Akademiker und Forscher, die zum Wohl der Allgemeinheit arbeiteten – oder zunächst an dem, was die US-Regierung dafür hielt – und deren Erfindung sich selbstständig machte.

Begonnen hat das Internet als Forschungsauftrag des US-Militärs. Wir schreiben das Jahr 1964, zwei Jahre zuvor haben die USA und die Sowjetunion in der Kuba-Krise die Welt an den Rand eines Atomkrieges manövriert. Der Kalte Krieg mit seinem Aufrüstungs-Wahnsinn ist in vollem Gange. In Santa Monica, Kalifornien, forschen Spitzenkräfte in einem Thinktank namens RAND, finanziert von US-Regierung, Waffenindustrie und Universitäten, an den Waffen der Zukunft – und daran, wie man sich vor ihnen schützen kann. Paul Baran, Sohn jüdischer Auswanderer aus Osteuropa, bekommt einen folgenreichen Auftrag: Er soll ein Kommunikationssystem entwickeln, das einem sowjetischen Angriff standhält. Baran schlägt drei Modelle vor: ein zentral organisiertes, ein dezentral organisiertes und ein distribuiertes Modell, das wie ein Maschendraht oder Gitter funktioniert – letzteres wird Barans Empfehlung, da in so einem System viele Knotenpunkte zerstört werden könnten, aber man immer noch kommunizieren könnte. Doch Baran setzte sich nicht durch. Hätte er es getan, gäbe es das Internet heute vielleicht nicht – denn ein Gitter, wie er es sich vorstellte, hätte zentral geplant werden müssen, von einer starken, dominanten Regierung und ihren Behörden. Doch die 1960er waren nicht die Zeit, in der durchsetzungskräftige Hierarchien im Aufstieg waren, und die US-Regierung befand sich eher auf einem Rückzug von zentraler Machtausübung. Das schlug auf das Projekt von Baran durch. Statt auf dem Reißbrett geplant zu werden, wuchs ARPANET – der Vorläufer des Internets – dezentral, auf chaotische und wenig kontrollierte Weise. 1969 sprach zum ersten Mal ein Computer der Universität Stanford mit einem der University of California in Los Angeles. Zwei Jahre später gab es schon 40 Knotenpunkte, die Universitäten und Firmen verknüpften. Die Innovationen passierten im akademischen, öffentlich finanzierten Bereich – sprunghaft, oft zufällig. E-Mail-Adressen mit Namen und @-Zeichen wurden erfunden, das erste Modem installiert.

1983 wurde ARPANET abgelöst. Vint Cerf und Robert Kahn entwickelten das TCP/IP-Protokoll und legten die wichtigsten Regeln fest: Das neue Netz der Netze sollte keine zentrale Kontrolle haben und für keine Art von Programm oder Datenpaket optimiert sein. Alle Computernetzwerke sollen frei miteinander kommunizieren, egal wie ihre innere Struktur aussieht. 1982 kamen die DNS-Domain-Namen und ersetzten die unhandlichen Zahlenkolonnen im Adressfeld. Das Internet war geboren.

Das Internet wurde nie geplant – es wuchs einfach. Man braucht kein Formular und keinen Antrag, um sich dazuzugesellen. Mangels einer zentralen Planung gibt es keine Stelle, bei der man um Erlaubnis fragen müsste, und keine Stelle registriert die Verzweigungen und die Struktur. Es gibt bis heute keine „Landkarte" des Internets, und es ist auch unmöglich, eine zu erstellen. Obwohl es aus dem Militär und im Regierungsauftrag geschaffen wurde, ist eine eigene Struktur daraus geworden, und es hat nie jemand über die Regeln abgestimmt, nach denen es funktioniert.

Auch der nächste Schritt des Internets kam Mitte der 1980er-Jahre aus einer öffentlich finanzierten, akademischen Stelle, im Interesse der Allgemeinheit, und der Mann, der ihn getan hat, wurde ebenfalls nicht Milliardär: Tim Berners-Lee war 29 Jahre alt und arbeitete am CERN in der Schweiz, als er einen der ersten NeXT-Computer von Steve Jobs bekam. Berners-Lee hatte erkannt, dass das Internet – das nach wie vor nur in der akademischen Welt genutzt wurde – zu kompliziert geworden war: zu viele Knotenpunkte, um zu finden, was man braucht. Er erfand Hyperlinks, damit die Forscher direkt zu ihren Quellen verlinken konnten, und entwickelte dabei die Struktur, die wir heute benützen: HTML, HTTP und URLs. Der Name für dieses neue Netz, das sich über das Internet legte, kam bei einem Mittagessen mit einem Kollegen in der Kantine des CERN auf: Tim Berners-Lee nannte seine Erfindung „World Wide Web" oder kurz www. Er hat daran nie mehr verdient als sein Gehalt als Wissenschaftler.

Die Unabhängigkeit des „Cyberspace" ...

Zu diesem Zeitpunkt hatte sich das Internet weit von seinen militärischen Wurzeln wegentwickelt und wurde zum Hoffnungsträger junger Akademiker, die aus der Hippie- und Friedensbewegung heraus ein Utopia suchten. Der Cyberspace schien der perfekte

Ort dafür zu sein: keine zentrale Macht regiert ihn und bewohnt ist er hauptsächlich von gleichgesinnten Akademikern, Informatikern und Hippies. In Kalifornien trafen sich die Protagonisten dieses neuen, friedlichen Utopia im „Well", der Online-Präsenz des „Whole Earth Catalogue" – dem Katalog der kalifornischen Hippie-Gegenkultur. Im Forum des „Well" tummelten sich Libertäre, Anarchisten, Hippies und Weltverbesserer. Es schien möglich, eine neue Welt zu schaffen.

Einer der Wortführer war John Perry Barlow. Er trug einen Bart und karierte Hemden, wuchs auf einer Rinderfarm auf und ist erwachsen geworden mit den legendären LSD-Tests in der Community des Schriftstellers Ken Kesey, auf denen die Rockband Grateful Dead auftrat. John Perry Barlow wurde ihr Texter und später, im neuen Cyberspace, eine Ikone der libertären Cyber-Hippies: Seine anarchischen Ausfälle gegen die Regierung und seine Sehnsucht nach selbstorganisierten Gemeinschaften waren der Treibstoff im Forum des „Well". Als die Polizei bei ihm auftauchte, weil er beschuldigt worden war, Codes zu stehlen, stellte Barlow sein Engagement für den freien Cyberspace auf eine neue Stufe und gründete die „Electronic Frontier Foundation", um für die Freiheit im Netz zu kämpfen.

1996 kam sein großer Moment, der bis heute nachwirkt. Barlow war mit der Electronic Frontier Foundation am Weltwirtschaftsforum in Davos zu Gast – dem Forum der globalen Wirtschaftselite. Die US-Regierung hatte soeben einen Versuch gemacht, obszöne Sprache aus dem Internet zu verbannen. Barlow bündelte sein poetisches Talent und sein libertäres Engagement, bestieg das Podium in Davos und hielt eine Rede, die in den folgenden Wochen 40 000 Mal kopiert wurde – eine enorme Zahl im damals noch so kleinen Internet: Die „Unabhängigkeitserklärung des Cyberspace" – geschrieben im Stil der amerikanischen Unabhängigkeitserklärung – prägt das Bild des Internets als Ort der Freiheit bis heute. Will man die Wut von Cyberaktivisten gegen

jede Form von staatlicher Einmischung ins Internet verstehen,
lohnt es sich, sie zu lesen:

> *„Regierungen der industriellen Welt, Ihr müden Giganten aus
> Fleisch und Stahl, ich komme aus dem Cyberspace, der neuen
> Heimat des Geistes. Im Namen der Zukunft bitte ich Euch,
> Vertreter einer vergangenen Zeit: Lasst uns in Ruhe! Ihr seid
> bei uns nicht willkommen. Wo wir uns versammeln, besitzt Ihr
> keine Macht mehr.*
>
> *Wir besitzen keine gewählte Regierung, und wir werden wohl
> auch nie eine bekommen – und so wende ich mich mit keiner
> größeren Autorität an Euch als der, mit der die Freiheit selber
> spricht. Ich erkläre den globalen sozialen Raum, den wir
> errichten, als gänzlich unabhängig von der Tyrannei, die Ihr
> über uns auszuüben anstrebt. Ihr habt hier kein moralisches
> Recht zu regieren noch besitzt Ihr Methoden, es zu erzwingen,
> die wir zu befürchten hätten.*
>
> *Regierungen leiten ihre gerechte Macht von der Zustimmung
> der Regierten ab. Unsere habt Ihr nicht erbeten, geschweige
> denn erhalten. Wir haben Euch nicht eingeladen. Ihr kennt
> weder uns noch unsere Welt. Der Cyberspace liegt nicht
> innerhalb Eurer Hoheitsgebiete. Glaubt nicht, Ihr könntet ihn
> gestalten, als wäre er ein öffentliches Projekt. Ihr könnt es nicht.
> Der Cyberspace ist ein natürliches Gebilde und wächst durch
> unsere kollektiven Handlungen. (…)*
>
> *Wir werden im Cyberspace eine Zivilisation des Geistes
> erschaffen. Möge sie humaner und gerechter sein als die Welt,
> die Eure Regierungen bislang errichteten."*[28]

Die Haltung, die aus dem Text spricht, prägt das Selbstverständnis
vieler, die im und mit dem Internet arbeiten, bis heute: Regierungen und „alte" Unternehmen sollen sich raushalten aus einer Welt,
in der es keine Macht gibt, sondern die Regeln unter freien Cyber-
Identitäten fair ausgehandelt werden. Nun mag man darüber

streiten, wie weit die Haltung nützlich ist. (Auch die nun wirklich alternative Band Grateful Dead, für die Barlow die Songs getextet hatte, verschenkte ihre Musik nicht und erlaubte zwar Mitschnitte ihrer Konzerte, aber nicht deren Verkauf.) Sicher ist aber, dass sie nur in Kombination mit der Behauptung funktioniert, dass das Internet „anders" funktioniere als die alte Welt, weil es außerhalb des alten Lebens liege und es dort keine Hierarchien und Ungleichheiten gebe.

Ein paar Jahre lang schien das Utopia, das das Fundament zu Barlows Unabhängigkeitserklärung war, Wirklichkeit zu werden. Open Source setzte sich breit durch, viele Anwendungen und Inhalte wurden gemeinsam erstellt, ohne Hierarchien, mit der Weisheit des Schwarms. Seit 2001 sammelt Wikipedia in einer Gemeinschaftsaufgabe das Wissen der Welt. Tausende Programmierer entwickelten gemeinsam das Betriebssystem Linux, dessen Erfinder Linus Torvalds nie eine Zeile des Codes für sich beanspruchte.

… und die Privatisierung durch Konzerne

Doch die Utopie des Cyberspace war das Projekt einer kleinen Avantgarde. „Nach der Innovation und der kreativen Anarchie kommen Kommerzialisierung und Regulierung", schreibt der Historiker Niall Ferguson, „das war zumindest bei früheren technologischen Revolutionen so. Im Fall des Internets ist die Kommerzialisierung absolviert – die Regulierung allerdings kaum. Der Traum starb mit dem Aufstieg von Mono- und Duopolen, die die Regulierungsversuche des Staates erfolgreich abwehrten."[29] Apple und Microsoft etablierten ein Duopol der Betriebssysteme. In den 1990ern – parallel zur Unabhängigkeitserklärung des Cyberspace – wurden Google, Ebay und Amazon gegründet. Sie lebten lange gut davon, unter dem Label der kleinen, guten Internet-Klitschen zu segeln, die mit niedlichen bunten Logos lockten, junge intelligente Menschen mit Skateboards und Hoodies beschäftigten und „nie Böses tun" würden: „Don't be evil" war jahrelang das Unternehmensmotto von Google.

Alle drei versuchen aber, das vielfältige und freie Internet durch ihre eigenen Plattformen zu ersetzen – und das in rasendem Tempo. Einige Indizien dafür sehen Sie selbst auf Ihrem Smartphone: Statt über einen Browser ins Internet einzusteigen, nutzen die meisten nun direkte Apps und bewegen sich nicht im öffentlichen Raum des Internets, sondern in den virtuellen Geschäftshallen einzelner Unternehmen (meist sind es Google, Facebook und Amazon). Und während man vor Kurzem im Internet noch von Seite zu Seite hüpfte und vielfältigste Angebote nützte, bewegt man sich heute aus diesen virtuellen Geschäftshallen nicht mehr hinaus: Google, Facebook und Amazon versuchen alles, was Menschen im Internet interessiert, in ihr eigenes Universum zu integrieren. Wer auf Google eine Frage stellt, bekommt seit 2017 eine Kurzantwort direkt eingeblendet und muss auf keinen Link mehr klicken, der woanders hinführt. Wer Nachrichten sucht, ist mit Google News gut bedient, ohne auf eine einzige der dort gesammelten Nachrichtenquellen zu klicken. Wer dennoch klickt, verlässt Google immer noch nicht, sondern bekommt eine gespiegelte Seite innerhalb der Google-Server angezeigt. Auf Facebook ist es sogar noch krasser: Dort werden Links vor den Usern geradezu versteckt, der Algorithmus, der die Sichtbarkeit bestimmt, belohnt alles, was direkt auf Facebook hochgeladen wird – und bestraft alles, was aus der Plattform hinausführt, indem er es schlicht niemandem zeigt. Und wer nach Produkten, Tests und Artikeln darüber sucht, muss nirgends anders mehr hin als zu Amazon: Was dort nicht direkt zu kaufen ist, bekommt man innerhalb des Amazon-Universums bei einem Händler auf dem Marketplace.

In Indien versuchte Facebook sogar, das Internet an sich zu übernehmen.[30] Das Programm „Free Basics" klang zunächst wie ein Charity-Projekt – und Zuckerbergs empörte Reaktionen auf jede Kritik legen nahe, dass er selbst es so sah: Free Basics sollte jene 80 Prozent der Bevölkerung, die keinen Zugang zum Internet haben, mit einer eingeschränkten, kostenlosen Version davon versorgen. Free Basics (das davor etwas frecher „internet.org" hieß) enthielt natürlich Facebook und einige „nützliche Seiten" mit Wetterinformationen, Gesundheitsinformationen und Bildungsangeboten gratis. Aufstocken auf das „ganze Internet" war möglich, aber kostenpflichtig.

Anstatt das Angebot dankbar anzunehmen, reagierte die Bevölkerung in Indien überraschend feindlich. Eine Reihe von Organisationen gründete sich gegen das Vorhaben, im ganzen Land fanden Demonstrationen statt, die Netzneutralität wurde zum geflügelten Wort. Facebook gab 45 Millionen Dollar für eine Werbekampagne aus, die Free Basics in Spots und auf Plakaten pries. Mark Zuckerberg selbst sprang in die Bresche, verteidigte das Programm in einem leidenschaftlichen Kommentar in der *Times of India*.[31] Doch schließlich hatte er auch die Behörden gegen sich: Das Vorhaben Facebooks würde die Vormachtstellung des US-Konzerns weiter ausbauen und ihm als erstem Player Zugang zu den Daten der ländlichen Bevölkerung geben – immerhin eine Milliarde Menschen hätte so über Facebook erstmals Zugang zum Internet, und nicht über eine indische Firma. Das sei schlecht für die Innovation im Land, entschied die Regierung. Facebook musste das Vorhaben aufgeben.

Oligopol statt Internet der Vielen

Google, Facebook und Amazon sind mit ihrer Marktmacht, ihren Innovationen und ihren Einkäufen so stark, dass alle anderen Seiten – seien es Foren, Nachrichtenseiten, Blogs oder Onlineshops – daneben absterben. Es wird immer unbefriedigender, eine eigene Website aufzubauen oder ein Forum zu pflegen. Es wird immer verlockender, seine Inhalte direkt Facebook oder YouTube zu schenken oder sich mit Gleichgesinnten in einer Facebook-Gruppe zu vernetzen und dafür die Technik und die Reichweite gratis zu bekommen.

So stirbt das Internet der Vielen, die in ihrem eigenen Namen (und, so sie kommerziell arbeiteten, in ihre eigene Tasche) arbeiteten, und wird zu einem Oligopol von drei börsennotierten Mega-Konzernen, die immer größere Teile des Internets in ihren Besitz überführen und damit nicht die wild wuchernde Vielfalt fördern, sondern ihre Quartalsbilanz.

Die neuen Monopole sind keine Regierungen – aber sie sind in vielen Bereichen viel mächtiger, willkürlicher und diktatorischer als es demokratisch gewählte Obrigkeiten je sein könnten. Google, Facebook und Amazon sind nicht das Internet – sie haben das Internet gekapert, und langsam, aber sicher, zerstören sie es.[32]

Nun wäre die Unterscheidung zwischen dem Internet und den großen Unternehmen eigentlich einfach: Das Internet ist der Vertriebsweg für Daten (wie die Post, Straßen, Wasserleitungen) und somit ein öffentliches Gut, in dem sich alle frei und ohne Vorrang bewegen sollen. Diese Netzneutralität zu erhalten, ist eines der großen politischen Themen in Europa und den USA. Facebook, Google, Amazon hingegen sind Unternehmen, die sich darin bewegen – sie sind kein öffentliches Gut und sollten sich schlicht an die Regeln halten. Doch genau diese Unterscheidung – zwischen dem Internet als öffentlichem Gut und den privaten Unternehmen, die es nützen – verschwimmt in der Debatte derzeit auf gefährliche Weise.

Der Grund ist die Dominanz der Großen Drei: Noch kann man ohne Google, Facebook und Amazon leben – doch es wird immer schwieriger: Immer öfter wählen Menschen – aus Bequemlichkeit oder den Zwängen, die sich aus Monopolbildungen ergeben – den Weg, sich bei anderen Diensten über Facebook oder Google einzuloggen und bündeln ihre gesamten Konsum- und Medienaktivitäten bei Amazon. Wir stehen damit auf einem Scheideweg: Will man das freie Internet und seine Vielfalt erhalten oder zurückerobern – mit seiner Konkurrenz der Ideen, den verteilten Besitzverhältnissen über die Inhalte und seinem Netzwerkcharakter? Oder gibt man das auf und gesteht Amazon, Google und Facebook zu, unvermeidbar zu sein?

Wenn man zweiteren Weg wählt, dann führt das zu der Forderung, Facebook, Google und Amazon als öffentliche Dienste – als Public Utility – zu regulieren. Die Forderung hat etwas Verlockendes: Sie zwänge die Monopolisten theoretisch dazu, sich am Gemeinwohl zu orientieren – wenn denn die Staaten mächtig genug dazu wären. In der Praxis nehmen die Monopolisten die Zuschreibung heute halb an: Als postnationale Organisationen – viel größer als Staaten – setzen sie sich nur so weit mit Regierungen auseinander, wie es dringend notwendig ist, und setzen bei jedem dieser Kontakte auf Selbstregulierung. Mangels Einblick, Wissen und Macht haben Regierungen das bisher zugelassen. So entwickeln sich die Silicon-Valley-Giganten zu Entitäten, die von nur einer oder wenigen Personen regiert werden, und die die Gesetze, nach denen sie funktionieren und die den Zugang zu ihnen regeln, selbst entwerfen, kontrollieren und exekutieren.

Das würde für User und Unternehmen bedeuten, dass sie sich mit den intransparenten Regeln der drei Firmen abfinden müssen, wenn sie in der Zukunft noch eine wirtschaftliche Basis haben wollen. Und für Aktivisten – die früher für einen öffentlichen Raum und die Freiheit im Netz kämpften –, dass immer größere Teile ihrer Energie in die Verbesserung von Facebook, Google und Amazon geht. Und immer weniger in die kreative Arbeit im dezentralen, allgemein verfügbaren Internet.

Sieht man also Facebook, Google und Amazon als Public Utility – als öffentlicher Dienst –, gesteht man ihnen zu, tatsächlich das Internet großteils ersetzt und privatisiert zu haben, und kümmert sich nur mehr darum, die Unternehmen selbst zu beeinflussen.

Dabei ist diese Sichtweise gar nicht notwendig, denn so weit ist die Entwicklung noch lange nicht fortgeschritten: Man kann die Großen Drei nach wie vor einfach als Unternehmen behandeln, die zu groß geworden sind – wie schon andere vor ihnen. Man kann die Märkte definieren, auf denen sie Monopole halten, und diese Monopole so weit einschränken, dass wieder Raum für andere Unternehmen und Initiativen ist.

Einer dieser Märkte ist besonders sensibel: Zu einem beträchtlichen Teil sind Google, Facebook und Amazon Medienunternehmen. Sie bewegen sich damit auf demselben Markt wie jene Unternehmen und Organisationen, die für den öffentlichen Diskurs und somit die Demokratie notwendig sind. In diesem Bereich lohnt es sich daher besonders, einen genauen Blick auf die Folgen zu werfen.

5. HERAUSGEBER OHNE VERANTWORTUNG
Medienunternehmen, die keine sein wollen

Facebook und Google gelten als Plattformen. Doch es gibt Tausende Plattformen im Netz, auf die man Fotos, Texte, Videos laden kann – und nur die beiden sind so erfolgreich. Das liegt in hohem Maß daran, dass sie nicht NUR Plattformen sind: Ihre Hauptprodukte sind Medien. Facebook nimmt Postings aus der Plattform und stellt daraus den Newsfeed zusammen. YouTube nimmt Videos aus der Plattform, baut daraus Empfehlungslisten und hängt sie zu AutoPlay zusammen. In diesen Elementen sind die beiden Firmen Medien im ganz klassischen Sinn – etwa nach der Definition des Österreichischen Mediengesetzes:

Österreichisches Mediengesetz:
*„**Medium**": jedes Mittel zur Verbreitung von Mitteilungen oder Darbietungen mit gedanklichem Inhalt in Wort, Schrift, Ton oder Bild an einen größeren Personenkreis im Wege der Massenherstellung oder der Massenverbreitung;*
*„**Medienunternehmen**": ein Unternehmen, in dem die inhaltliche Gestaltung des Mediums besorgt wird sowie*
  a) seine Herstellung und Verbreitung oder
  b) seine Ausstrahlung oder Abrufbarkeit
Entweder besorgt oder veranlasst werden
*„**Medieninhaber**": Wer*
  a) ein Medienunternehmen oder einen Mediendienst betreibt oder
  b) sonst die inhaltliche Gestaltung eines Medienwerks besorgt und dessen Herstellung und Verbreitung entweder besorgt oder veranlasst oder
  c) sonst im Fall eines elektronischen Mediums dessen inhaltliche Gestaltung besorgt und dessen Ausschaltung

Abrufbarkeit oder Verbreitung entweder besorgt oder
veranlasst oder
d) sonst die inhaltliche Gestaltung eines Mediums zum
Zweck der nachfolgenden Ausstrahlung, Abrufbarkeit oder
Verbreitung besorgt.

Nehmen wir den Fall von Tiziana C. Die junge Frau ist 31, als diese Geschichte beginnt. Sie lebt in der Nähe von Neapel. Aufgewachsen ist sie im Haus ihrer Mutter, einem Haus mit rosa Wänden und einem rosa Sofa. Sie hat lange dunkle Haare, ist gebräunt und hat große strahlende Augen. Auf ihren alten Instagram-Fotos sieht man eine lebenslustige Frau.

Bekannt geworden ist sie mit anderen Bildern. Tiziana kniet darauf vor einem Mann und befriedigt ihn oral. Er ist nicht zu sehen, hält das Smartphone. „Du bist eine wunderschöne Hure. Du bist meine Hure", hört man seine Stimme aus dem Off. Tiziana hebt den Blick in die Kamera und sagt: „Mi stai facendo un video? Bravo." „Du filmst mich? Gut." Das Video dauert 1 Minute und 3 Sekunden. Tiziana verschickt es per WhatsApp. Es ist eines von Millionen intimen Videos, die täglich verschickt werden. Tizianas Video aber bleibt nicht intim. Es landet auf einer Porno-Seite, dann auf noch einer. Tiziana macht eine Anzeige bei der Polizei, sagt zuerst, sie habe ihr Handy verloren. Als später mehr Videos auftauchen, revidiert sie die Aussage und zeigt jene an, denen sie die Videos geschickt hat. Doch da ist die Lawine schon losgetreten.[33]

Das Video mit dem Satz „Mi stai facendo un video?" taucht auf YouTube auf und vervielfältigt sich dort in unzähligen Videos. Mehrere Facebook-Profile werden in Tizianas Namen eröffnet, verlinken das Video und bieten Sex für Geld an. Dutzende Facebook-Gruppen machen sich über sie lustig oder beschimpfen sie.

Tiziana C. nimmt sich eine Anwältin, die wendet sich an Facebook und Google. Die Videos und Fotos würden ohne Zustimmung ihrer Mandantin vertrieben, das verletze ihre

Persönlichkeitsrechte. Das ist Medien in Italien verboten. Sie fordert Google und Facebook auf, die Fotos und Videos zu löschen. Die Antwort von Facebook und Google lässt auf sich warten. In der Zwischenzeit wird Tizianas Satz viral. „Mi stai facendo un video? Bravo" taucht auf Schlüsselanhängern auf und wird auf T-Shirts gedruckt. Auf YouTube erscheinen Remixes. Der Satz wird nachgespielt, mit Sexpuppen nachgestellt, mit Techno-Musik unterlegt, immer wieder mit Tizianas Gesicht. Tizianas Name und Wohnort verbreitet sich durch Facebook. Ihr Gesicht ist überall. Tiziana zieht sich zurück, sie kann nicht mehr auf die Straße gehen, ohne beschimpft zu werden. Sie ist ein leichtes Opfer, umso mehr im Süden Italiens: Frauen und Sex war hier immer schon ein Thema, das von Verachtung und Erniedrigung geprägt war. Das Internet hat das nicht besser gemacht, die Frauenfeindlichkeit blüht. Tiziana wird als Hure beschimpft, es wird ihr keine persönliche Würde mehr zugestanden. Die Lawine von Beschimpfungen in immer neuen Videos und auf Facebook-Profilen und Seiten nimmt das Ausmaß einer wahren Hetzjagd an.

Zwei Monate nach der Anzeige antwortet Facebook Italien: Sie solle sich an Facebook Irland wenden. Google Italien verweist auf die Zentrale in Mountain View, USA. Die Anwältin bringt einen Dringlichkeitsantrag ein. Sie legt ärztliche Atteste bei, die belegen, dass Tiziana suizidgefährdet ist. Sie betont, dass Facebook essenziell zur Verbreitung der Videos und zur Bekanntheit ihres Namens beigetragen habe, also als Multiplikator gewirkt habe. Und sie klagt das Recht auf Vergessen ein, das in Europa seit 2012 erlaubt, alte Suchergebnisse aus dem Internet löschen zu lassen.

Die Antwort von Facebook und Google lässt wieder auf sich warten, die Online-Hetzjagd geht weiter. Tiziana zieht sich noch mehr zurück, verfällt in Depressionen. Das Video, der Satz und ihre Fotos ziehen jedoch weiter Kreise auf Facebook und YouTube. Unzählige Remixes verwenden den Satz und Tizianas Bild. Auf einem YouTube-Video lässt sich der Fußballstar Paolo Cannavaro in einem Supermarkt filmen. Er sagt: „Machst du gerade ein Video" hält eine Packung „Bravo"-Saft in die Kamera. Der Popstar Lorenzo Fragola sagt den Satz am Ende seines Sommerhits *Fuori c'è il sole*. Das Video hat 23 Millionen Views auf YouTube.

Am 5. September 2016, vierzehn Monate nach Einbringen der Dringlichkeitsklage, entscheidet das Gericht. Facebook wird zur Zahlung von 3645 Euro an Tiziana verpflichtet, weil es Seiten, die in Tizianas Namen erstellt wurden, trotz Meldung nicht gelöscht hat. Google wird als Suchmaschine und Betreiberin von YouTube freigesprochen. Insgesamt ist Tiziana die Verliererin: Sie wird verurteilt, fast 20 000 Euro an Gerichtskosten zu zahlen.

Tiziana fährt nach dem Urteil noch mit ihrer Mutter nach Sizilien ans Meer, doch sie erholt sich nicht mehr. Das Urteil ist der letzte Anstoß. Sie hat ihren Namen geändert, sie hat sich von ihrem Freund getrennt und ist in Therapie – doch sie kann der Lawine an Hass, die der eine Satz in einer privaten Nachricht ausgelöst hatte, nicht entkommen. Die millionenfach über Facebook und YouTube vervielfältigte Demütigung kostet sie schließlich das Leben. Acht Tage nach dem Urteil, am 13. September 2016, findet ihre Mutter sie leblos im Fitnesskeller ihres Hauses. Sie hat sich mit einem Seidenschal erhängt.

Tizianas Begräbnis wird zu einer Kundgebung gegen Online-Mobbing. Facebook bleibt davon zunächst unbeeindruckt: Am 20. September 2016, kurz nach dem Begräbnis, legt Facebook Irland Berufung ein. Das Schriftstück hat 23 Seiten und ist ein Schlag ins Gesicht der trauernden Mutter, die den Fall nun übernimmt: Facebook sei, argumentiert das US-Unternehmen, kein Medium, sondern eine Plattform. Daher gelte für Facebook das „Host Provider Privileg": So wie die Post nicht für den Inhalt der Briefe verantwortlich sei und die Telefongesellschaft nicht die Legalität der Daten prüfen müsse, die über ihre Leitungen laufen, transportiere Facebook die Inhalte nur und habe – anders als Medien – keine Verantwortung dafür, ob sie legal seien oder nicht.

Das löste – nicht zum ersten Mal – eine internationale Diskussion aus. Facebook gibt, wohl wegen des medialen Drucks und der trauernden Mutter, wenige Wochen später nach und löscht die vielen Gruppen und Seiten, in denen Tiziana beschimpft und lächerlich gemacht wird (aber auch die Gedenkseiten, die nach ihrem Tod ins Netz gestellt wurden). So entzieht es sich der Klärung einer Frage, die in solchen Fällen immer wieder auftaucht: Sind Facebook und Google mit YouTube tatsächlich reine Transporteure von Information – so wie die Telefonleitung oder das Internet an sich? Oder macht sie die Tatsache, dass sie diese Inhalte gezielt an Menschen ausspielen, die sich dafür interessieren könnten – und ihnen damit zu riesiger Öffentlichkeit verhelfen –, nicht eher zu Massenmedien, für die dieselben Regeln gelten sollten wie für andere Medien auch?

Medium oder nicht: Eine Frage der Verantwortung

Der Fall von Tiziana C. erinnert in vielem an eine der Kehrseiten einer früheren Medienrevolution, nämlich des Buchdrucks: Wie in Kapitel 1 beschrieben, hatten die neuen Möglichkeiten der Informationsverbreitung nicht nur Aufklärung und Reformation zur Folge, sondern auch ein grausames Kapitel in der Geschichte der Unterdrückung von Frauen. Die Hexenverfolgung im 18. Jahrhundert war eng mit der Möglichkeit verknüpft, Hass und Verleumdungen massenhaft auf Flugblättern zu verbreiten. Die Geschwindigkeit und Brutalität, mit der sich heute online Mobs gegen Frauen bilden, lässt erahnen, wie es damals zu Verbrennungen auf dem Scheiterhaufen kam.

Auch wegen solcher historischer Erfahrungen ist die Verbreitung von Information an ein Massenpublikum in allen modernen Demokratien mit hoher Verantwortung verbunden – und mit besonderen Regeln für jene Unternehmen, die sie bewerkstelligen: Medienunternehmen.

Einerseits garantieren Demokratien die Pressefreiheit – der Staat darf also nie vor Veröffentlichung eines Beitrags eingreifen und Zensur üben, er darf Journalisten nicht dazu zwingen, Informanten zu nennen und er muss das Redaktionsgeheimnis respektieren: Selbst richterlich angeordnete Hausdurchsuchungen sind in Redaktionen kaum möglich. Diese Freiheiten für Medienunternehmen sollen sicherstellen, dass Medien ihrer Kontrollfunktion nachkommen können und frei Informationen über die Machthaber sammeln und veröffentlichen können. Denn diese Kontrollfunktion ist ein wesentlicher Faktor für die Entscheidung der Wähler, wem sie die Führung des Landes übergeben wollen.

Andererseits geben die Regeln den Medienunternehmen eine hohe Verantwortung: Sie sind selbst dafür verantwortlich, dass die Informationen, die sie verbreiten, nicht schädlich für die Gesellschaft sind. Sie dürfen keinen Hass und keine Hetze gegen Minderheiten verbreiten. Wenn jemand in einem Beitrag eines Verbrechens beschuldigt wird, muss er im selben Beitrag die Möglichkeit bekommen, Stellung zu beziehen. Medien dürfen keine Persönlichkeitsrechte verletzen und müssen Menschen, die nicht in der Öffentlichkeit stehen, explizit fragen, ob ihr Name und Gesicht verbreitet werden darf (oder sie anonymisieren). Sie müssen die Rechte von Künstlern ebenso respektieren wie das Recht am eigenen Bild. Und sie müssen diese Prüfung VOR der Veröffentlichung vornehmen: Wenn eine Verleumdung oder Falsch-Anschuldigung einmal veröffentlicht ist, ist sie nur mehr schwer einzufangen.

Alle diese Regeln sind über Jahrhunderte aus der Erfahrung heraus entstanden, dass unregulierte Massenmedien zu Hass, Lynchjustiz, Diktatur, Propaganda und sogar großen Kriegen führen können. Zwar setzen nicht alle Gesellschaften die Schwerpunkte gleich: Während in den USA auf Basis der Unabhängigkeitsgeschichte „Free Speech", Meinungsfreiheit, besonders hochgehalten wird und in der Verfassung mit dem „First Amendment" weit oben steht, hat Europa aus historischer Erfahrung auch andere Schwerpunkte: Kaum ein Land blieb im 20. Jahrhundert von Faschismus und Nationalsozialismus verschont. Die faschistischen Diktaturen von Franco in Spanien und Mussolini in Italien nutzten die Kontrolle und die Macht von Massenmedien ebenso für ihren Aufstieg und die Festigung ihrer Macht wie Hitler in Deutschland und Österreich. Die Nationalsozialisten ermöglichten mit massenmedialer Hetze gegen Juden, dass der Holocaust von breiten Teilen der Bevölkerung mitgetragen und durchgeführt wurde. Die kommunistischen Regime in Osteuropa perfektionierten Propaganda und Desinformation in staatlich kontrollierten Massenmedien. Deshalb steht im europäischen Wertekanon (und den Verfassungen) nicht die freie Meinungsäußerung, sondern die Würde des Menschen an erster Stelle, und der Schutz der Privatsphäre wird aufgrund der Erfahrungen mit Spitzelstaaten, Stasi und Gestapo wichtiger genommen als in den USA.

Doch auch wenn es Nuancen in der Ausgestaltung geben mag: Alle Demokratien der Welt haben gemeinsam, dass sie Regeln für die Verbreitung von Information an Massen entwickelt haben, die für das Funktionieren der Demokratie und Gesellschaft notwendig sind. Medien haben eine enorm wichtige Funktion in einer Demokratie, aber sie sind nicht von vornherein „gut". Viele sind rein geschäftlich ausgerichtet, und mit Hass, Verleumdung und privaten Fotos von Prominenten macht man Geschäft: Eben deshalb gibt es Gesetze, die Medienunternehmen einschränken und haftbar machen für das, was sie verbreiten.

Diese Regeln gelten für Medienunternehmen natürlich auch im Internet. Sie sind für die Artikel, die sie online stellen, voll verantwortlich.

Nun gibt es gerade für Fälle wie jenen von Tiziana C. Regeln: Es ist verboten, das Foto, den ganzen Namen, die Adresse einer Person zu veröffentlichen. Es ist verboten, massenhaft Mord- und Vergewaltigungsaufrufe gegen sie zu veröffentlichen. Es ist verboten, Beleidigungen gegen sie persönlich und Hetze gegen sie als Frau zu veröffentlichen. Es ist verboten, dass sie eines Verbrechens bezichtigt wird, ohne ihre Stellungnahme einzuholen. Die Regeln sind eher weit gefasst – es gibt massenhaft Kritik daran, dass Boulevardmedien zu viel erlaubt sei und sie ihre Möglichkeit, Menschen zu diskreditieren oder Hass zu verbreiten, in einem zu hohen Ausmaß ausnützen dürfen.

Doch Facebook und YouTube – die beiden Medien, die hier für die massenhafte Verbreitung verantwortlich waren – halten sich nicht einmal daran. Sie bestehen so sehr darauf, keine Verantwortung zu übernehmen, dass Facebook noch nach dem Begräbnis Tizianas die Berufung losschickte.

Nun ist klar, dass weder Facebook noch Google verantwortlich für ihre Inhalte sein wollen – es träfe ihr Geschäftsmodell empfindlich. Doch haben sie recht? Sind sie reine Plattformen oder gestalten sie den Inhalt und sind damit Medienunternehmen? Die Antwort ist sehr klar: Ja. Sie sind in wesentlichen Teilen nach dem Gesetz ganz klar Medienunternehmen – und damit genauso verantwortlich für ihre Inhalte wie lokale Medien.

Dazu ist es notwendig, eine Unterscheidung vorzunehmen. Ja, Facebook und YouTube sind in Teilen Plattformen. Man kann dort die Geburtstagswünsche an die Oma und die Fotos von der letzten Party hochladen. Es gibt viele weitere solcher Plattformen: Man könnte etwa auch einen WordPress-Blog anlegen und der Oma dort gratulieren. Auch Wordpress stellt – wie YouTube oder Facebook – Webspace und Technik dafür zur Verfügung.

YouTube und Facebook machen aber mehr, als nur eine Plattform zu bieten: Sie nehmen die hochgeladenen Inhalte und machen daraus ein eigenes Medienprodukt, zugeschnitten auf die jeweiligen Nutzer. Dieses Medienprodukt ist ihr wichtigstes Angebot, das gleich auf der Startseite zu sehen ist und die meiste Aufmerksamkeit auf sich zieht: Bei Facebook der Newsfeed, bei YouTube die Empfehlungen und der Autoplay-Modus – eine

Funktion, die wie ein linearer Fernsehsender ein Video nach dem anderen abspielt. Diese Medien sorgen dafür, dass Inhalte nicht in Nischen bleiben, sondern potenziell Milliarden Menschen erreichen können: So wie ein Fernsehsender ein Video bekannt machen kann, wenn er es in den Nachrichten abspielt, machen Facebook und YouTube Videos bekannt, indem sie sie in ihre Newsfeeds und Streams aufnehmen. Und diese Medien halten sich nicht an Medienrecht.

Der Newsfeed: Immer schon ein Medium

Es gibt ein Datum, an dem Facebook zu einem Medium wurde: Am 5. September 2006 hörte Facebook auf, die Statusupdates von Freunden einfach nur in der Reihenfolge, in der sie geschrieben wurden, weiter zu transportieren – und führte den Newsfeed ein. Seit diesem Tag entscheidet Facebook, was die User sehen, wenn sie die App öffnen. Nach einem geheimen System aus Hunderten Datenpunkten und nach inhaltlichen Vorgaben wählt der Algorithmus für den Newsfeed jene Meldungen aus, die die Aufmerksamkeit der User am meisten binden werden, und vermischt sie mit gesponserten Posts.

Drei Merkmale machen deutlich, dass der Newsfeed funktioniert wie ein klassisches Medium:

1. Informationen werden an einen großen Personenkreis verteilt.
2. Der Newsfeed ist inhaltlich gestaltet.
3. Es gibt eine Herausgeberschaft und Redaktionsregeln.

Damit trifft das Mediengesetz voll zu. Wenn man das Gesetz ernst nimmt, ist Facebook damit rechtlich für den Inhalt des Newsfeeds verantwortlich.

Es gibt dagegen drei wiederkehrende Einwände, die aber Facebook der Verantwortung nicht entbinden:

Erstens erstelle Facebook die Inhalte nicht selbst, sondern stelle den Newsfeed lediglich aus User-Beiträgen zusammen. Das mindert jedoch nicht die Verantwortung: Eine Zeitung ist für den Inhalt eines abgedruckten Leserbriefs oder Gastkommentars genauso verantwortlich wie für selbst erstellte Beiträge. Es ist unerheblich, ob die verbreiteten Informationen im Unternehmen selbst hergestellt werden, gekauft werden oder sie jemand gratis zur Verfügung stellt. Dazu kommt noch, dass sich Facebook alle Nutzungsrechte an allem, was User posten, sichert. Ganze Fernsehkanäle spielen nur eingekaufte Ware ab, Kommentarmedien stellen ihre Ausgaben aus fremden Texten zusammen, und niemand würde dem Op-Ed-Teil der *New York Times* absprechen, Teil eines Mediums zu sein, nur weil die Kommentare auch von außerhalb der vom Unternehmen bezahlten Redaktion kommen.

Zweitens sei der Newsfeed nicht für alle User gleich, sondern individuell angepasst. Auch das ist allerdings unerheblich für die Klassifikation als Medium: Auch klassische gedruckte Zeitungen erscheinen mit regional angepassten Teilen, und fast jedes Onlinemedium empfiehlt Artikel nach individuellen Interessen und dem Surfverhalten der User. Das mindert ihre Verantwortung für den Inhalt nicht.

Drittens sei es nicht eine klassische Redaktion, die die inhaltliche Gestaltung des Newsfeeds besorgt, sondern ein Algorithmus. Aber das ist ebenfalls irrelevant: Der Algorithmus ist ja kein Naturereignis, das über Facebook und Google hereingebrochen ist, sondern deren Produkt. Es sind Menschen, die die Ziele und inhaltlichen Kriterien festlegen und den Algorithmus programmieren. Wer, wenn nicht das Unternehmen, dem er gehört, sollte für die inhaltlichen Entscheidungen verantwortlich sein? Auch wenn der Algorithmus NUR danach programmiert wäre, immer das Neueste zu zeigen – oder die meiste Aufmerksamkeit bei Usern zu erzeugen –, wäre das eine inhaltlich gestalterische Entscheidung. Aber zusätzlich richten sich sowohl der Algorithmus als auch die Menschen, die ihn „nacharbeiten" und Unpassendes löschen, nach redaktionellen Leitlinien. Man könnte sogar einwenden, dass Algorithmen noch eher Regulierung notwendig machen als menschlich geführte Redaktionen, die Graubereiche besser erkennen können und Entscheidungen nach ethischen Grundsätzen treffen sollen.

Facebooks Einstieg ins News-Business

Der Newsfeed trägt diese Merkmale von Beginn an – auch zu der Zeit, als er hauptsächlich aus privaten Postings zusammengestellt wurde, war er schon ein Medium. Ab 2008 steigt Facebook in das News-Business ein. „Wir haben gesehen, dass es einen riesigen Bedarf an Kommunikation in der Politik gibt", erzählt uns Randi Zuckerberg, Mark Zuckerbergs Schwester und damals im Facebook-Management, auf der 4Gamechangers-Konferenz in Wien 2017. „Ich habe vorgeschlagen, eine Abteilung dafür zu gründen – und wie es so ist bei Facebook, habe ich sie gleich übernommen." Randy Zuckerberg organisiert und moderiert vor den Wahlen 2008 gemeinsam mit dem Fernsehsender ABC die TV-Duelle der Vorwahlen, gemeinsam mit CNN den Inauguration Day. Die Events werden live auf Facebook gestreamt. Die Investition lohnt sich: Facebook wird ebenso wie YouTube zu einem wichtigen Faktor in der Politik und Barack Obama zum ersten Präsidenten, der für seine Kampagne stark in Social Media investiert. Dann kommt der Arabische Frühling, Facebook gilt als ein Geburtsort neuer demokratischer Bewegungen auf der Welt. Facebook nimmt die Rolle begeistert an und ernennt eine „Außenministerin". Elizabeth Lindner tourt durch die Büros von Regierungschefs und Parlamentariern und erklärt, wie man Facebook am besten für Politik einsetzt.

Doch zur gleichen Zeit wird Facebook in der politischen Relevanz von einem lästigen Konkurrenten überholt: Während Zuckerbergs Medium trotz aller Anstrengungen immer noch als Ort für private Urlaubsfotos gilt, wird Twitter zur Destination Nummer eins für Nachrichten und politische Debatten. Zuckerberg weiß aus eigener Erfahrung, wie schnell die User im Plattformkapitalismus die Seiten wechseln können: Eben noch hat er selbst MySpace des mächtigen Rupert Murdoch weggefegt. Er beschließt, Twitter nachzuahmen und selbst ins News-Business einzusteigen. „Wenn man Twitter auf Facebook kopieren kann, warum sollte man dann noch auf Twitter sein?", sagt ein früherer Facebook-Manager in *Wired* im Februar 2018. „Was Facebook jetzt mit Snapchat macht, hat es damals mit Twitter gemacht."[34]

2011 aber entschloss sich Mark Zuckerberg ganz bewusst, auch in das News-Business – das Verbreiten von Nachrichten – einzusteigen.

2012 wurde der Newsfeed so geändert, dass Nachrichten darin priorisiert vorkamen. Artikel-Links erschienen nun mit Fotos und Vorspann im Newsfeed – damit fühlten sich die meisten User schon informiert, ohne den Artikel zu lesen. Facebook startete Gespräche mit Verlegern und erklärte Journalisten, wie sie ihren Content am besten sichtbar machen. 2015 kamen Instant Articles und Instant Videos dazu.

Facebook ist damit nicht nur der gesetzlichen Definition nach ein Medium – unabhängig vom Inhalt –, sondern es unternimmt auch große Anstrengungen, um zum Nachrichtenmedium Nummer eins zu werden. Auf demselben Weg ist YouTube, das ebenfalls News-Channels startet und TV-Medien einlädt, ihre Inhalte vollständig auf YouTube zu laden. Mit Erfolg: Die beiden Unternehmen verhalten sich nicht nur wie Medien und wollen die Funktion von Nachrichtenmedien erfüllen – sie werden auch so wahrgenommen. Zwar liegen Fernsehen und Zeitungen im deutschsprachigen Raum noch ganz klar vorne – doch der Einfluss von Facebook und YouTube steigt. Dazu ein paar Zahlen: Der *Digital News Report* von Reuters Institute und der Oxford University erhebt jedes Jahr, welche Nachrichtenquellen die Bevölkerung nützt und welchen sie vertraut.[35] Das Ergebnis im deutschsprachigen Raum: Ein Viertel der Deutschen, 34 Prozent der Österreicher und 25 Prozent der Schweizer nutzen Facebook als Nachrichtenquelle. YouTube ist für 14 Prozent der Deutschen, 16 Prozent der Österreicher und 23 Prozent der Schweizer eine Nachrichtenquelle. Social Media liegt damit zwar hinter Fernsehen, Print und lokalen Onlinemedien – jedoch haben Facebook und YouTube als Einzelmedium die meisten der lokalen Medienunternehmen als Nachrichtenquelle überholt.

In Ländern mit weniger gut ausgebildetem Mediensystem liegen die US-Konzerne noch viel weiter vorne – teils ist Facebook für zwei Drittel der Bevölkerung eine wichtige Nachrichtenquelle: In Rumänien nutzen 69 Prozent der Bevölkerung Facebook für Nachrichten, in Ungarn 64 Prozent, im krisengebeutelten Griechenland 62 Prozent. YouTube ist in Griechenland, Polen und Rumänien für ein Drittel der Bevölkerung eine wichtige Nachrichtenquelle. Und 10 Prozent der Europäer nützen mindestens einmal pro Woche Google News. Besonders stark ist die Dominanz der US-Medien bei Jüngeren: Weltweit ist Social Media bei einem Drittel der 18- bis 24-Jährigen und bei einem Fünftel der 25- bis 34-Jährigen die wichtigste Nachrichtenquelle.

Wir haben es also in der Produktion, in der Intention und in der Rezeption mit Medien zu tun. Mit einer Einschränkung: Um das Host-Provider-Privileg nicht zu verlieren (in den USA Section 230 des Communications Decency Act), BEZEICHNEN sich Facebook und YouTube nicht als Medium – sondern immer nur als Plattform.

Sweatshops als Redaktionen

„Eine Redaktion zu haben, ein Medium zu sein, ist nicht eine Frage der Intention, sondern eine Frage des Tuns", schreibt Silicon-Valley-Investor Tim O'Reilly.[36] Es sei irrelevant, ob Facebook und YouTube ein Medium sein wollen – sie sind es einfach: Denn sie wählen Inhalte aus.

Der Algorithmus ist zwar darauf programmiert, Usern das zu geben, womit sie die meiste Zeit verbringen werden – doch das ist nicht alles: Facebook etwa gestaltet den Newsfeed zusätzlich nach redaktionellen Grundsätzen. Einer davon ist weithin bekannt: Die weibliche Brust darf auf Facebook (im Gegensatz zu Live-Videos von Morden oder männlichen Brustwarzen) nicht gezeigt werden. Wer einen weiblichen Nippel postet – oder etwas, das für ein Bilderkennungsprogramm so aussehen könnte –, wird gesperrt.

Das ist natürlich nicht das einzige inhaltliche Kriterium, nach dem Facebook seinen Newsfeed gestaltet. Welche Kriterien das sind, ist geheim – sie werden, so hört man von Insidern, von einem eher kleinen Team von etwa fünfzehn Personen festgelegt und sind in die Algorithmen einprogrammiert. Immer wieder wird öffentlich, welche Umprogrammierungen stattfinden: So verbannte Facebook nach einem Meeting mit US-Präsident Barack Obama – ebenso wie YouTube und Twitter – von einem Tag auf den anderen die Propaganda der Terrormiliz IS aus seinem Nachrichtenangebot. 2016 wurden Seiten aus dem Newsfeed verbannt, die „Clickbait" anboten – also Links, die zum Klicken verführten und dann nicht das lieferten, was sie versprachen. Mit der Verbannung aus dem Newsfeed änderte sich die Sprache in den Postings, die dazugehörigen Wendungen verschwanden („Du wirst nicht glauben, was dann passierte!") und die Unternehmen, die davon gelebt hatten, gingen unter. 2018 entschied Mark Zuckerberg, Seiten von Unternehmen – darunter auch Medien – weitgehend aus dem Newsfeed zu verbannen.

Da die Algorithmen aber bei Weitem noch nicht gut genug sind, um die Vorgaben ganz umzusetzen, setzen Facebook und YouTube in der Nacharbeit durchaus auf Menschen: Die User sind aufgerufen, störende Inhalte zu melden. In einem zweiten Schritt sind bezahlte Mitarbeiter am Werk, die Postings löschen oder stehen lassen. Menschen sind nicht so undurchsichtig zu programmieren wie ein Computer, sie brauchen Leitfäden – und diese geben Einblick in die redaktionellen Richtlinien des Facebook-Newsfeeds. Deshalb erarbeitet Facebook genaue Anleitungen, teils hundert Seiten lang, die die Lösch-Mitarbeiter auswendig lernen müssen und die ihnen dabei helfen sollen, die richtige Entscheidung zu treffen. Über hundert dieser Anleitungen bekam der *Guardian* im Mai 2017 zugespielt.[37] Es sind Dokumente, die tiefen Einblick gewähren, nach welchen redaktionellen Richtlinien Facebook sein Medium betreibt – und wie der Konzern mit Gewalt, Hass, Terrorismus, Pornographie, Rassismus und Selbstverletzungen umgeht.

Eine der Richtlinien liefert etwa Beispiele, wie Facebook mit Drohungen umgeht: „Jemand soll Präsident Trump erschießen" muss gelöscht werden, weil Trump als Staatsoberhaupt eine besondere Stellung hat. Nicht gelöscht werden müssen hingegen Sätze wie: „Um den Hals einer Hure zu brechen, achte darauf, deine gesamte Kraft auf die Mitte ihrer Kehle anzuwenden" oder „Fuck off and die". Beide Sätze sind explizit als Beispiele für Sätze angeführt, die nicht zu löschen seien: Sie seien keine glaubhaften Drohungen. Ebenso darf stehen bleiben „Lass uns fette Kinder verprügeln", „Tritt jemand mit roten Haaren", „Das kleine Mädchen muss sich benehmen, sonst zerbricht Daddy ihr Gesicht" oder

„Ich hoffe, jemand tötet dich": Diese Drohungen gelten als „generisch" oder nicht glaubhaft. Auch diese Sätze sind alle wörtlich als Beispiele angeführt.

Weitere Richtlinien, die aus den Dokumenten hervorgehen: Bilder von Kindern, die missbraucht werden, müssen nur gelöscht werden, wenn der Missbrauch eine sexuelle oder sadistische Komponente hat – reine Gewalt oder Erniedrigung kann stehen bleiben. Nacktfotos sind verboten, „handgemachte" Kunst, die Nacktheit zeigt, ist erlaubt. Selbstverletzungen dürfen live gestreamt werden. Wer mehr als 100 000 Follower auf irgendeiner Social-Media-Plattform hat, gilt als öffentliche Figur und hat den Schutz seiner Persönlichkeitsrechte verwirkt (völlig unabhängig von den Gesetzen, die so etwas festlegen). In weiteren Richtlinien, die der *Süddeutschen Zeitung* zugespielt wurden, gibt es etwa Regeln über den Umgang mit Angriffen auf Migranten: Ausländer „Dreckige Diebe" zu nennen, ist demnach zulässig. Werden sie hingegen als „Terroristen" bezeichnet, muss gelöscht werden.[38]

Facebook beschäftigt dafür keine ausgebildeten Journalisten oder Redakteure und gibt dafür so wenig Geld aus wie nur irgendwie möglich: Die Mitglieder der Löschtrupps heißen „Content Moderators" und sie sind nicht bei Facebook selbst beschäftigt, sondern arbeiten für Subfirmen. Alle unterschreiben Verträge, die ihnen verbieten, mit Journalisten und Behörden über ihre Arbeit zu sprechen. In Deutschland brachen Ende 2016 einige jedoch das Verbot und sprachen mit der *Süddeutschen Zeitung*.[39] In Berlin waren damals 600 Personen aus verschiedensten Ländern bei der Firma Arvato beschäftigt, die für Beiträge auf Arabisch, Türkisch, Italienisch, Deutsch und Französisch eingeteilt waren. Das Arbeitspensum ist enorm: In den unteren Hierarchiestufen müssen 2000 Beiträge pro Tag gesichtet werden, in den höheren werden auch Videos angesehen – pro Video hat man acht Sekunden Zeit. Mit den psychischen Belastungen bleiben die Löschtrupps alleine.

Noch mehr der Content Moderators sind auf den Philippinen stationiert, wie Filmemacher Moritz Riesewieck für sein Buch *Digitale Drecksarbeit* recherchierte.[40] Er beschreibt darin ausführlich, wie schwer die detaillierten Vorgaben von Facebook zu erfüllen sind, weil die meisten gemeldeten Postings in eine Grauzone fallen – und wie sehr sich die Content Moderators beim Löschen dann auf ihr „Bauchgefühl" verlassen müssen, das natürlich von ihrer eigenen Umgebung, den moralischen Standards und dem Rechtsempfinden auf den Philippinen geprägt ist. Andere Löschtrupps sitzen direkt in den Headquarters von Facebook im Silicon Valley – ohne jedoch Angestellte von Facebook zu sein.[41] Allen gemeinsam ist, geht man von den Reports aus Deutschland, den Philippinen und den USA aus, dass die Content Moderators schlecht auf ihre Jobs vorbereitet sind, zu wenig Unterstützung beim Verarbeiten des Grauens haben, das sie sehen müssen, und schlecht bezahlt sind (knapp über dem Mindestlohn in Deutschland und den USA, mit ein bis drei Dollar die Stunde auf den Philippinen.) Bis Ende 2018, versprach Mark Zuckerberg, soll ihre Anzahl auf 20 000 anwachsen.

Es wird hier also deutlich: Facebook ist mit seinem Newsfeed ein klassisches Medium, das die Inhalte inhaltlich gestaltet und an einen großen Personenkreis verbreitet. Es weigert sich nur, genug ausgebildetes Personal zu beschäftigen, damit es auch die Regeln, die für ein Medium gelten, einhalten kann. Und es rettet sich, indem es behauptet, kein Medium zu sein.

Ein ähnliches Bild ergibt sich bei Google. Schon beim Kerngeschäft – der Suchmaschine – trifft Google bei der Reihung der Suchergebnisse inhaltliche Entscheidungen darüber, was relevant ist und was nicht – und was überhaupt nicht angezeigt wird. Noch klarer sind die redaktionellen Entscheidungen auf YouTube: YouTube ist schon seit über zehn Jahren nicht mehr einfach eine Plattform, auf der man Videos hochladen und sie unbeeinflusst von redaktionellen Entscheidungen eines Mediums suchen kann. Sowohl die

Suchergebnisse als auch die Empfehlungen erfolgen nach inhaltlichen Entscheidungen, die in den Algorithmus programmiert sind – und noch mehr gilt das für die Autoplay-Funktion: Lässt man YouTube einfach laufen und überlässt es dem Algorithmus, ein Video nach dem anderen auszuspielen, gibt es in der redaktionellen Gestaltung keinen Unterschied mehr zu einem linearen Fernsehsender. Ob linear oder nicht-linear macht für die Beurteilung als Medium und die Verantwortung für den Inhalt allerdings keinen Unterschied – man könnte sogar argumentieren, dass nicht-lineare Medien höhere Verantwortung tragen sollen, weil ihre Inhalte über Jahre hinweg immer wieder gesehen werden können. Und auch YouTube unterstützt den Algorithmus mit (zu wenigen, zu schlecht bezahlten) redaktionellen Mitarbeitern: 10 000 waren Ende 2017 damit beschäftigt, Videos zu löschen, die den inhaltlichen Vorgaben nicht entsprachen. Wie bei Facebook auch waren sie allesamt nicht bei Google selbst, sondern in ausgelagerten Firmen beschäftigt und mit dem Mindestlohn bezahlt.

Der Algorithmus formt den Inhalt

Facebook und Google verbreiten also nur Inhalte, die sie als relevant einstufen – und löschen Inhalte, die ihren Regeln nicht entsprechen. Aber ihr Einfluss auf den Inhalt geht noch wesentlich weiter: Die Wahrscheinlichkeit, vom Algorithmus ausgespielt zu werden, hat entscheidenden Einfluss auf den Inhalt der Postings und das Verhalten der User. So wie ein Redakteur versucht, seine Geschichte so zu gestalten, dass sie von der Chefredaktion an eine prominente Stelle gereiht wird, versuchen auch die User von Facebook und Google, möglichst Algorithmus-gefällige Postings zu schreiben. Das Feedback ist unmittelbar in der Währung, die süchtig macht: Likes, Views und Shares werden von Facebook und YouTube klar gesteuert.

Um das zu testen, stellen wir im Laufe dieser Recherche auf einem persönlichen Profil ein Posting über das Gedenkjahr 2018 online. Es ist ein längerer Text, der mit den Worten endet: „Wir sollten den Zeitzeugen des Nationalsozialismus genau zuhören. Ihre Erzählungen sind aktueller, als wir es uns wünschen würden." Das Posting erhält innerhalb von zehn Minuten 300 Likes. Hätten wir den Text so belassen, wäre er erfahrungsgemäß auf etwa 2000 Likes gekommen. Nach zehn Minuten fügen wir allerdings eine Quelle in Form eines Links dazu: Es ist ein Verweis auf ein Interview mit einer Zeitzeugin. Der Link macht das Posting inhaltlich für alle, die es sehen, definitiv wertvoller: Er bereichert, gibt zusätzliche Informationen, eine Quelle und eine direkte Erzählung. Doch in der Sekunde, in der er hinzugefügt wird, nimmt die Sichtbarkeit des Postings ab, die Likes verebben. Innerhalb der nächsten 24 Stunden kommen noch einmal 300 dazu, alle aus dem engeren Freundes- und Kollegenkreis. Als wir den Link wieder entfernen, nimmt das Posting wieder an Fahrt auf: Obwohl es einen Tag alt ist, sammelt es in der nächsten Stunde weitere 300 Likes. Der Grund ist simpel: Facebook will die User innerhalb seines Mediums halten und spielt deshalb Postings mit Links kaum aus. Belohnt aber, wenn man direkt für Facebook Werke produziert und Texte, Videos und Fotos direkt hochlädt und dabei die Nutzungsrechte abtritt.

Ähnliche Phänomene sieht man bei YouTube: Seit Google sich vorgenommen hat, die Nutzungsdauer von YouTube an die des klassischen Fernsehens heranzuführen – wovon es noch Stunden pro Tag entfernt ist –, werden längere Videos belohnt, kürzere nach hinten gereiht. Video-Produzenten, die bisher in 5-Minuten-Videos geplant haben, müssen nun 20 Minuten produzieren, um Views zu bekommen. „Der Einfluss auf die Art der Videos ist enorm – es ist viel aufwendiger, die langen Videos zu produzieren. Früher brauchte ich einen

Tag, jetzt muss ich mindestens drei investieren", erzählt ein YouTube-Star.

Auch bestimmte Worte und Wendungen kommen auf Facebook und YouTube entweder gar nicht vor oder werden nicht ausgespielt: So konnte die österreichische Autorin Nunu Kaller etwa keine Facebook-Seite zu ihrem Buch *Fuck Beauty* erstellen – das Wort „Fuck" im Titel verhinderte das. So ist es nur eine Frage der Zeit, bis sich Firmen und User den moralischen Vorstellungen des Unternehmens anpassen und gleich so produzieren, wie es die „Chefredaktion", d.h. YouTube und Facebook, gut findet.

Doch nicht alle Entscheidungen von Facebook oder YouTube, Postings auszuspielen oder nicht, sind so leicht nach-zuvollziehen. Da der einzige Sinn von Interaktion auf Facebook ist, gesehen und anerkannt zu werden, passen sich User an. Die Forscherin Taina Bucher von der Universität Kopenhagen beschreibt, wie sich eine gemeinsame, volkstümliche Vorstellung des Algorithmus entwickelt: Man versucht, so zu posten, dass er an den Werken Gefallen findet und sie verteilt – und vermeidet, von ihm bestraft zu werden. Immer wieder tauchen auf Facebook Kettenbriefe und Testpostings über den Algorithmus auf, die frappant an die Mutmaßungen über launische Wettergötter oder verärgerte Heilige erinnern. Der Algorithmus ist ein rätselhaftes höheres Wesen, das man gütig stimmen will, weil es immerhin über die ganz persönlichen Beziehungen der User entscheidet und ihre Sicht auf die Welt formt, indem es ihnen manche Bilder und Informationen gibt und andere vorenthält.[42] Der Effekt: Facebook und Google haben massiven Einfluss auf die Inhalte, die heute für das Internet produziert werden. Auf die Worte, die Sätze und die Bilder, die verwendet werden, auf die Länge von Texten und Videos. Die beiden Unternehmen sind die größte Chefredaktion der Welt.

Algorithmus-Manipulation: Wenn der Algorithmus Kinder verstört

Die Mischung aus selbstlernenden Algorithmen und unterbezahlten, überforderten Arbeitskräften führt dazu, dass Facebook und YouTube bei der Redaktion ihrer Feeds ihren selbst gesteckten Zielen, eine bessere Welt zu schaffen, nicht nachkommen. Das führt dazu, dass die Reihung der Inhalte höchst anfällig ist für Manipulationen. Man kann das nachvollziehen, ohne sich in die Welt der Politik begeben zu müssen: Es reicht ein Blick auf Kindervideos auf YouTube. Den Test kann jeder selbst machen: Gehen Sie auf YouTube und suchen Sie ein beliebtes Kindervideo. Lassen Sie YouTube nach dessen Ende weiterlaufen und schauen Sie in die Empfehlungen in der Sidebar. Sie werden sich wünschen, dass nie ein Kind sehen muss, was Sie zu sehen bekommen: Der Algorithmus, der Kleinkindern passende Videos vorschlagen soll, wirft stattdessen regelmäßig Gewalt und verstörende Bilder auf die Bildschirme. Nicht als reinen Fehler, sondern weil seine Funktionen ausgenützt werden können, um genau das zu tun.

YouTube ist in den vergangenen Jahren zu einem wichtigen Babysitter geworden. Wer das nicht glauben mag, muss sich nur umsehen – in Restaurants, Wartezimmern oder öffentlichen Verkehrsmitteln: Millionen Kleinkinder und sogar Babys sitzen stundenlang mit den Tablets und Smartphones ihrer Eltern da und folgen einem Strom von Videos, die YouTube automatisch aneinanderreiht. Ob das an sich abzulehnen ist oder Video ein wichtiges Kulturgut sind, mit dem Kleinkinder den Umgang lernen sollen, soll hier nicht Thema sein – Fakt ist, dass Millionen Videos sich direkt an Kleinkinder richten, und täglich kommen Tausende dazu, immer nur in leichten Abwandlungen. YouTube-Kanäle für Kinder gehören zu den erfolgreichsten von allen: Der Kanal „Little Baby Bum" hat im Zeitraum der Recherche zu diesem Buch mit Kinderreimen 11 Millionen Abonnenten und 13 Milliarden Video-Views angehäuft (das ist mehr als der erfolgreichste Popstar auf YouTube, Justin Bieber, der nur etwas über zehn Milliarden Views verzeichnet). Der Kanal „Blu Toys", auf dem schweigend Überraschungseier ausgepackt werden, hat über sechs Millionen Abonnenten, die Videos wurden über sechs Milliarden Mal gesehen. Es gibt 36 Millionen Videos zum Suchbegriff „Frozen", dem beliebten Disneyfilm. 26 Millionen Videos liefert der Suchbegriff zu „Play Doh" (eine Knetmasse), zehn Millionen zu „Elsa" (der Hauptfigur des Disneyfilms *Frozen*) und ebenso viele zu den Stichworten „Learn Colors" und zu „Finger Family", ein weiteres beliebtes Motiv, das in unzähligen Varianten eines Fingerreims durch YouTube geistert. Wie viele der Milliarden Video-Views von Menschen kommen und wie viele einfach computergeneriert sind, ist unmöglich zu sagen. Man kann bei vielen nicht einmal auseinanderhalten, wie viele der Videos von Menschen gemacht sind. Die Titel fast aller Videos sind scheinbar wahllos aneinandergereihte beliebte Suchbegriffe: Titel wie „Finger Family Elsa Learn Colors Play Doh Surprise Egg Superman Peppa Pig" in unzähligen Variationen.

Nur wenige Clicks vom offiziellen Video „Let it Go" aus *Frozen* entfernt tanzt die Eiskönigin Elsa in einem hochgeschlitzten Kleid Gangnam Style, verstümmelt den Schneemann Olaf, tötet ihre Schwester Anna oder verbrennt selbst. Es gibt ein ganzes Genre von Videos, in denen beliebte Kindercharaktere und Superhelden an schrecklichen Krankheiten leiden, Ausschläge bekommen, sich übergeben, von riesigen Spritzen traktiert, blutig operiert, amputiert werden. Ein weiteres Themenspektrum widmet sich Superhelden und Kindercharakteren, die einander verstümmeln, lebendig begraben, zerstückeln, foltern und auf verschiedenste Weisen töten. Manche Videos sehen den Originalen zum Verwechseln ähnlich: Das Zeichentrick-Schweinchen Peppa Pig etwa geht im Original zum Zahnarzt – und wird in einer ganzen Reihe von Fälschungen von Zahnärzten übel gefoltert. Hunderte Videos zeigen die Ponys von „My Little Pony", die einander umbringen, in tödliche Fallen locken oder foltern.

Ein weiteres Genre sind von echten Menschen nachgestellte Szenen in den Kostümen von Superhelden und Kinderfilm-Charakteren. In Hunderten Videos treffen dabei etwa Elsa und Superman aufeinander und erleiden schlimme Unfälle: Sie stechen sich die Augen aus, schneiden sich die Finger ab oder verlieren überhaupt gleich den Kopf. Auch Kinder kommen in den Videos vor: In einem Video überfällt ein als Hulk verkleideter Erwachsener ein echtes Kind und will es fressen. In einem anderen stecken zwei als Superman und Batman verkleidete Männer ein Kind in einen Sack, begraben es lebendig in einem großen, ausgehobenen Grab in einem Garten hinter einem Einfamilienhaus – und laufen kichernd davon.

Noch verstörender sind Videos, in denen echten Kindern Gewalt angetan wird. Auch sie sind auf YouTube zu finden: Man sieht Kinder, die angehalten werden, miteinander zu kämpfen, bis Blut fließt, und Kinder, denen ohne Narkose Zähne gezogen werden.

Nun kann man darüber streiten, ob diese Videos überhaupt im Netz stehen sollten. Das Schlimme an YouTube ist aber, dass man sie nicht extra suchen muss und niemand einem den Link schicken muss: Denn YouTube funktioniert im Autoplay-Modus genau wie ein Fernsehsender. Der Algorithmus wählt nach einem geheimen Prinzip – wohl eine Mischung aus Views, dem Ton und Schlagworten – die Videos aus, die hintereinander abgespielt werden, und bietet beim Wechsel in der Sidebar passende weitere Clips an. Gerade Kleinkinder sind der Auswahl, die YouTube für sie trifft, ausgeliefert. Eltern können nur erkennen, dass etwas schiefläuft, wenn sie gemeinsam mit dem Kind schauen: Die Musik zu den verstörenden Bildern besteht meist aus harmlosen Kinderreimen. Selbst auf der YouTube-Kids-App, die eine besonders geschützte Umgebung für Kinder bieten soll, sind solche verstörenden Videos zu finden.

Hier ist eine seltsame Mischung aus Computern und Menschen am Werk, die dieses Dickicht an Verstörung gebaut hat, das sich täglich erweitert. Eine Armee aus computergesteuerten Bots, gewinnorientierten Produktionsfirmen, Jugendlichen mit schwarzem Humor, Erwachsenen mit undurchsichtigen Intentionen und Leuten, die Kinder offenbar hassen.[43] Sieht man sich die Videos genau an, kann man ein paar Merkmale ablesen, die den Algorithmus dazu bringen, sie Kindern zu zeigen: Die Titel und Schlagworte sind aus Begriffen der beliebtesten Kindervideos zusammengewürfelt. Die Musik kommt ebenfalls aus populären Kindervideos. Und die View-Zahlen sind enorm hoch, vielleicht hochgetrieben durch Bots.

Erst als im Spätherbst 2017 mehrere große Medien – darunter die *New York Times* – das Thema aufgriffen und große Werbekunden ihre Etats strichen, reagierte YouTube und löschte jene Videos, die in den Artikeln vorkamen – doch Tausende andere sind weiterhin da, und es kommen täglich neue dazu. Daraus gestaltet YouTube dann sein Programm für Kleinkinder.

Teils liegt diese Manipulierbarkeit an technischen Fehlern und der Weigerung, genug in die Redaktion der Newsfeeds und Empfehlungen zu investieren. Teils aber ist das zugrundeliegende Problem eines des Wollens: Die Weigerung, sich selbst als Medium zu bezeichnen – das Bestehen darauf, eine Plattform zu sein –, zwingt Facebook und Google dazu, den Anschein zu erwecken, kaum einzugreifen. Und die Art, wie der Algorithmus Extreme befördert, führt dazu, dass auch extreme Videos produziert werden – und Verstörendes direkt von den größten YouTube-Stars in die Kinderzimmer geliefert wird. Ein besonders schockierendes Beispiel lieferte der YouTube-Star Logan Paul. Logan Paul ist mit über 16 Millionen Abonnenten einer der beliebtesten Teenie-Stars auf YouTube und wird von YouTube gefördert und besonders gefeatured. Am 31. Dezember 2017 postete er ein Video mit dem Titel „Wir fanden eine Leiche im japanischen Selbstmord-Wald",

das er folgendermaßen einleitete: „Ich denke, das ist ein historischer Moment auf YouTube" und „Schnallt euch an, ihr werdet
nie wieder so ein Video sehen." Das Video zeigt Paul und eine
Gruppe von Freunden im japanischen Aokigahara-Wald, der als
Ort für Selbstmorde bekannt ist. Paul findet eine Leiche, die von
einem Baum hängt, filmt dem Toten aus der Nähe ins (verpixelte)
Gesicht und lacht dazu. Das Video wurde sechs Millionen Mal
gesehen, bevor er es nach massiver Kritik löschte.

„Wenn wir etwas aus dem Fakt lernen, dass Logan Paul
eine Leiche gefilmt und veröffentlicht hat, dann dass es unver-
meidlich war", schreibt Kemi Alemoru in *Dazed* zu diesem Fall.
Und Kommunikationswissenschafter Nathaniel Tkacz erklärt:
„Unsere Medien sind nicht nur dazu gemacht, unsere Schwäche
auszunützen – es gibt eine aktive Wissenschaft, die erforscht, was
funktioniert und was nicht funktioniert."[44] Und was funktioniert,
sind starke Emotionen, Schock und Wut. Schock bedeutet Klicks,
Klicks bedeuten Geld – für die Ersteller der Videos ebenso wie
für YouTube selbst. Die Seite „Socialblade", die berechnet, wie
viel Geld einzelne Videos bringen, schätzt, dass das Video der
Leiche zwischen 12 000 und 97 000 Dollar brachte, das Entschul-
digungsvideo danach, das 50 Millionen Mal gesehen wurde, bis zu
204 000 Dollar.[45]

Redaktion ist nicht Zensur

Die Folge ist ein eklatantes Ungleichgewicht zwischen lokalen
europäischen Medien und den globalen Mediengiganten. Sowohl
Facebook als auch YouTube sind zwar der Definition nach Medienunternehmen, die Medien betreiben – und sie werden auch als
solche benützt. Ihre Apps sind auf den Smartphones der User
direkt neben jenen der lokalen Medienunternehmen zu finden.
Wie lokale Medienunternehmen versorgen sie ihre User mit

einem Strom an Nachrichten – Text, Fotos, Videos. Doch es gibt einen entscheidenden Unterschied: Wir könnten auf PULS 4 nicht eine Stunde pro Tag das Studio für Passanten freigeben und sie in die Kamera sagen lassen, was auch immer sie wollen – und dann jene im Fernsehen oder online abspielen, die die meisten Likes bekommen: Wenn jemand in dieser Sendung eine Morddrohung gegen einen Politiker herausschreit, eine Hakenkreuzfahne schwenkt oder den Nachbarn bezichtigt, Steuern hinterzogen zu haben, machen wir uns strafbar. Wir sind als Medium gezwungen, die Inhalte zu prüfen, die wir verbreiten – und das ist gut so.

Direkt daneben auf dem Smartphone, auf der App von Facebook, ist das alles möglich. Facebook und Google/YouTube sind nicht gezwungen, Postings bzw. Videos vorab zu prüfen, und machen sich nicht strafbar. Sie handeln nicht nach Gesetzen, sondern rein nach den Regeln, die sie sich selbst gegeben haben.

Trotzdem gibt es Stimmen, die sich dagegen wehren, den Facebook-Newsfeed und Google als Medium zu qualifizieren und ihnen die Verantwortung für die veröffentlichten Inhalte zu geben. Jessica Lessin vom Medium *The Information* meint etwa: „Ich bin zutiefst besorgt über die Aufrufe von Journalisten und Freunde an Facebook, in die Inhalte des Newsfeeds einzugreifen und Verantwortung dafür zu übernehmen, dass Bürger ausgewogene Perspektiven bekommen. (…) Aber wenn Facebook gute Information von schlechter Information trennen will, dann bringt das das Unternehmen in die unmögliche Position, entscheiden zu müssen, was ‚Die Wahrheit‘ ist." Es solle nicht ein Privatunternehmen darüber entscheiden, was veröffentlicht wird – und was nicht.

Doch wie Tim O'Reilly darauf sagt: Diesen Fluss haben Facebook und YouTube schon lange überquert: „Zu entscheiden, was zu veröffentlichen ist und was nicht, ist keine ‚unmögliche Position‘, sondern ihr Job." Facebook entscheidet immer schon selbst, was es auf der Plattform zulässt und bereits seit 2006, welche Postings es im Newsfeed veröffentlicht und welche nicht. Auf der

Plattform herrscht keine „Meinungsfreiheit", die man nun verteidigen könnte, und das ist auch legitim – es handelt sich nicht um
öffentlichen Raum, sondern um die Seiten eines privaten Unternehmens: Wer posten will, muss sich jetzt schon an die Regeln
halten.

Bereits jetzt redigieren Facebook und YouTube den Inhalt
schon, BEVOR er auf der Plattform erscheint. Mark Zuckerberg beschreibt das in seinem Hearing vor dem US-Senat am
10. April 2018 wörtlich so: „(Früher) konnten Leute teilen, was sie
wollten, und wenn jemand in der Community sich daran störte
oder fand, dass es gegen unsere Richtlinien verstieß, dann haben
sie es gemeldet, und wir haben es in Folge überprüft. Jetzt entwickeln wir immer mehr Werkzeuge künstlicher Intelligenz,
die bestimmte Kategorien schlechten Verhaltens erkennen und
proaktiv melden. Bis zum Ende dieses Jahres werden wir mehr
als 20 000 Personen haben, die an Sicherheit und der Überprüfung von Content arbeiten. Wenn also etwas gemeldet wird, dann
schauen diese Leute darauf, und wenn es gegen unsere Richtlinien
verstößt, dann nehmen wir es herunter."

Zuckerberg weiter: „Manche Probleme kann man besser
mit künstlicher Intelligenz lösen als andere. Hass ist eines der
schwierigsten, weil zu entscheiden, ob etwas Hass ist, ist linguis-
tisch sehr nuanciert. Man muss wissen, was eine Beschimpfung
ist und was Hass ist – und das nicht nur auf Englisch, weil der
Großteil der Menschen auf Facebook nützt andere Sprachen,
quer über die Welt. Das ist viel schwieriger, als etwa terroristische Propaganda zu finden, worin wir ziemlich gut sind, indem
wir künstliche Intelligenz einsetzen. Heute wird 99 Prozent der
IS- und Al-Qaida-Propaganda, die wir von Facebook löschen,
von unseren Künstliche-Intelligenz-Systemen gemeldet, bevor ein
Mensch sie sieht. Das ist ein Erfolg beim Ausrollen von Werkzeu-
gen künstlicher Intelligenz, die in unserer Community proaktiv
sanktionieren (‚Police') und für Sicherheit sorgen kann. Ich bin

optimistisch, dass wir in fünf bis zehn Jahren die Werkzeuge Künstlicher Intelligenz haben werden, die die Nuancen verstehen – die linguistischen Nuancen verschiedener Arten von Inhalten, und die genauer sind dabei, diese Inhalte zu melden. Aber heute haben wir das noch nicht. Sehr viel davon ist also noch reaktiv: Leute melden es uns. Bei uns schauen Menschen es an. Und bis wir automatisierter sind, gibt es eine hohe Fehlerrate, mit der ich nicht glücklich bin."

Kurz gesagt: Erstens redigiert Facebook bereits jetzt Inhalte vorab – aber es hält sich dabei nicht an Gesetze, schon gar nicht an europäische, sondern nur an die eigenen Regeln.

Aber zweitens nimmt Facebook seine Verantwortung, diese eigenen Regeln durchzusetzen, nur dort wahr, wo es automatisiert möglich ist. Was künstliche Intelligenz von alleine erkennen kann – etwa Terrorismus-Propaganda –, wird vorab gelöscht. Überall, wo Facebook Menschen einstellen müsste – etwa für das Einschätzen von Hass, Hetze oder Verleumdungen –, zieht es sich einfach aus der Verantwortung, veröffentlicht die Postings und überlässt es den Usern, die illegalen Inhalte zu finden.

Facebook ist also definitiv ein Medienunternehmen, das Inhalte auswählt. Es kann einem der größten Unternehmen der Welt, mit der größten Gewinnmarge der Medienbranche, also wohl auch zugemutet werden, nicht nur künstliche Intelligenz zu entwickeln, sondern auch Menschen einzustellen, die die Inhalte vorab prüfen – so wie es jedes andere Medienunternehmen auch tun muss.

Dabei fällt oft das Wort „Zensur". Doch die Einschätzung als Medienunternehmen gilt ja nicht für echte Plattformen – und nicht einmal für die Teile von Facebook und YouTube, wo sie einfach nur Dienstleister sind: sondern sie sind dort Medium, wo sie diese Inhalte nehmen und sie zu Medien wie den Facebook-Newsfeed, Empfehlungslisten und YouTube-Autoplay zusammenstellen. Also dort, wo sie als Medienunternehmen Inhalte für eine Masse veröffentlichen. Hier Verantwortung einzufordern, bedeutet nicht, dass man Menschen die Möglichkeit nimmt, sich auszudrücken – sondern nur, dass Facebook und YouTube sich vorher ansehen müssen, was davon sie in ihren Medien veröffentlichen. Es ist nicht Zensur, wenn ein privates Medienunternehmen entscheidet, welche Inhalte es ausspielt. Im Gegenteil: Medienrecht schützt vor Zensur, indem es den Staaten die Möglichkeit nimmt, massenhaft verbreitete Inhalte vorab zu prüfen – und diese Verantwortung den Unternehmen gibt. Facebook und Google sind nicht der öffentliche Raum, und sie sind nicht das Internet. Sie sperren jetzt schon wesentlich mehr, als gesetzlich notwendig wäre (siehe Nippel). Nun besteht die Sorge, dass sie – wenn Medienrecht angewendet würde – „overblocken": Also vorsorglich löschen, diesmal nicht nur vermeintliche Nippel, sondern auch vermeintliche Verleumdungen. Sollte das der Fall sein, dann liegt es daran, dass sie nicht bereit sind, eine ausreichende Menge an gut geschulten Personen einzustellen, die die Inhalte prüfen.

Der Medienmanager Veit Dengler (Bauer Media) sieht das gelassen: „Die Hauptfunktion des Herausgebers war immer schon, Inhalte zusammenzufügen. Das Gefährliche ist die Verbreitung, nicht das Erstellen der Inhalte – deshalb müssen wir analog zu den Pflichten der Herausgeber traditioneller Medien auch Pflichten für Facebook und YouTube definieren. Dass es das Geschäftsmodell zerstören würde, die rechtliche Verantwortung zu übernehmen, ist ein Bullshit-Argument. Man kann dafür technische Lösungen entwickeln, und für das geschätzte Drittel an Fällen, in denen künstliche Intelligenz nicht ausreicht, muss man Menschen beschäftigen. Social Media Editor wird ein Berufsbild der Zukunft sein – ähnlich wie die Leserbriefredaktionen früher. Kostet das Geld? Ja. Aber wenn ich mir die Profitmargen ansehe, dann ist das wohl zumutbar."

Der österreichische Generaldirektor für Wettbewerb Theodor Thanner, der der Bundeswettbewerbsbehörde vorsitzt, sagte im April 2018 in einem Vortrag an der Universität Graz: „Ich würde Ihnen gerne diese grundlegende Frage stellen: Sind wir bereit, diesen Unternehmen immer mehr Einfluss auf unser tägliches Leben zuzugestehen? Das ist es, was demokratische Gesellschaften derzeit diskutieren sollten. Ich glaube, dass die Antwort für viele Menschen ‚Nein‘ lautet. Es ist aber wahrscheinlich, dass ihr Einfluss im Laufe der Zeit noch weiter wachsen wird. Anhand der Börsenbewertungen dieser Unternehmen kann man sehen, dass Investoren erwarten, dass sie ihre Größe in den nächsten zehn Jahren zumindest verdoppeln. (…) Ich schlage vor, dass wir Wettbewerbsrecht neu denken müssen, um es an die Weise anzupassen, in der diese Unternehmen arbeiten.“ Theodor Thanner schlägt in diesem Vortrag eine Reihe von Verbesserungen im Wettbewerbsrecht vor: Wettbewerbsbehörden sollen einen Wettbewerb um Datensicherheit fördern und Fusionen und Unternehmenskäufe die Effekte auf die Datensicherheit gesondert untersuchen: „Facebook zu vertrauen, dass sie genügend Selbstkontrolle ausüben, war offensichtlich falsch. Selbst Herr Zuckerberg musste zugeben, dass private Daten gestohlen wurden.“ Weiters sollte man den Großen auferlegen, dass sie Mitbewerbern anonymisierte Daten zur Verfügung stellen, um wieder Wettbewerb zu ermöglichen.

Ein wichtiger Punkt sei aber das schiefe Spielfeld zwischen traditionellen Medien und den Digitalgiganten – und hier müsse es, so Thanner, mehr Gleichbehandlung geben: „Ein wichtiger Punkt ist es, die mangelnde Balance im Wettbewerb zwischen Facebook und traditionellen Medien aufzugreifen.“ Und er sieht eine klare Lösung: „Facebook sollte zumindest teilweise verantwortlich sein für die Inhalte, die User auf Facebook teilen.“

6. DAS GESCHÄFT MIT HASS, LÜGEN, PROPAGANDA
Die zerstörerische Wirkung unregulierter Mediengiganten

„Bei uns mitten in Wien werden Frauen auf der Straße vergewaltigt, aber darüber verlieren Sie kein Wort in den Nachrichten! Da halten sich alle an die Nachrichtensperre und schweigen brav! Damit machen Sie sich mitschuldig! Ich wünsche Ihnen, dass Sie am Heimweg überfallen und von einer wildgewordenen Horde Afrikaner vergewaltigt werden, dann merken Sie vielleicht einmal was los ist mit Ihren Kulturbereicherern! Oder wir sind Sie gleich für immer los, das wäre noch besser!"

Dieser Wunsch, ich möge am Heimweg vergewaltigt und womöglich auch getötet werden, erreicht mich per Facebook-Messenger im Sommer 2016. Die österreichische Bundespräsidentschaftswahl geht gerade in die zweite Runde. Die Stichwahl ist aufgehoben, die Umfragen stehen 50:50, der Wahlkampf schleppt sich in einen langen, zähen Sommer, der das Land in zwei Lager spaltet: Alexander Van der Bellen war lange grüner Bundessprecher und tritt mit der Vision einer offenen, europäischen Gesellschaft an. Norbert Hofer ist die Nachwuchshoffnung der rechten FPÖ und wirbt mit geschlossenen Grenzen und Patriotismus. Die Kluft zwischen den Anhängern von Van der Bellen und den Unterstützern von Hofer zieht sich durch Familien und Arbeitsplätze und quer durch Facebook: Beide Kandidaten haben bei der ersten Stichwahl Anhängerschaften in den Hunderttausenden aufgebaut, und die Fans und Gegner schenken einander nichts.

Der Absender der unfreundlichen Nachricht heißt Thomas S., auf seinem Profilfoto steht er vor einem Griller und hält glücklich eine Wurst in die Kamera. Bunt gestreiftes T-Shirt, Ray-Ban, Glatze. „Von welcher Nachricht glauben Sie, dass sie unterdrückt wird? Und was denken Sie sich eigentlich dabei, wenn Sie mir schreiben, Sie wünschen mir eine Gruppenvergewaltigung und den Tod?", schreibe ich zurück. Wie oft in diesen Fällen folgt eine erschrockene Entschuldigung. Menschen, die andere im Internet beschimpfen, rechnen nicht damit, dass eine echte Person antwortet – weil sie einer echten Person nie ins Gesicht sagen würden, was sie in die Tasten dreschen, wenn sie nachts allein und wütend vor dem Computer sitzen. Thomas S. wird in den folgenden Nachrichten also bedeutend höflicher, aber er besteht auf seinem Vorwurf: Bei ihm in einem Wiener Außenbezirk sei vor zehn Tagen eine junge Frau von einem Nigerianer vergewaltigt worden, und niemand berichte darüber. „Es gibt eine Nachrichtensperre! Und alle Medien halten sich daran! Sie ja auch!" Ich wende ein, nie von dem Fall gehört zu haben. „Sogar die Polizei hat eine Nachrichtensperre verhängt! Sie dürfen nichts veröffentlichen, wenn der Täter schwarz ist! Damit sie nicht rassistisch sind! So führt man die Bevölkerung hinters Licht!"

Der Vorwurf, die Polizei würde Nachrichtensperren über Verbrechen von Ausländern verhängen, ist aus der Luft gegriffen – aber er ist nicht neu. Ich erkläre Thomas S., dass es so eine Sperre nicht gibt, und überprüfe die Polizeimeldungen. Der Fall existiert nicht. Thomas S. besteht darauf. Die Vehemenz, mit der er das entgegen aller Argumente verteidigt, interessiert mich. Wie kommt jemand zu dermaßen festen Vorstellungen über meine Arbeit und lässt sich von mir selbst nicht davon abbringen? Ich biete an, mir das persönlich anzuhören, er schreibt: „Ich muss wegen einer Verletzung zu Hause bleiben, aber ich lade Sie gerne ein, es wäre mir eine Ehre."

Ein paar Stunden später stehe ich also vor dem Haus des Mannes, der mir am Vortag noch eine Gruppenvergewaltigung und den Tod gewünscht hat, und läute. Es ist eine Reihenhaussiedlung in Donaustadt, einem Wiener Außenbezirk. Der Vorgarten ist akkurat mit verschiedenfarbigen Kieseln dekoriert, an der Tür hängt ein grüner Kranz, darüber eine Videokamera. Kinderfahrräder lehnen innen am Zaun. Es ist das durchschnittlichste österreichische Familien-Reihenhaus, das man sich nur vorstellen kann. „Es tut mir wirklich leid", sagt Thomas S. als Erstes. Er ist groß und trainiert, Glatze, ein Drachentattoo am Arm, rosa Polohemd und eine Krücke – Sportverletzung. Während er mir in der grün gestrichenen offenen Küche einen Kaffee aus der Nespresso-Maschine drückt, erklärt er mir, wie sich das Leben in seinem Bezirk verändert hat: überall Kriminelle, man traue sich nicht mehr auf die Straße, er bringe seine Tochter mit dem Auto in die Schule und hole sie täglich ab. Er zählt eine lange Liste an Verbrechen auf, die quasi vor seiner Haustür geschehen sind. Keines davon kommt mir bekannt vor, obwohl ich selbst in der Gegend wohne – in der ich mich noch nie unsicher gefühlt habe. Das bedrohlichste, das mir bisher in diesem Bezirk passiert ist, sei seine Nachricht, erkläre ich ihm. Er stellt mir den Espresso hin, klappt den Laptop auf und sagt: „Ich zeige Ihnen das."

Facebook-User haben im Durchschnitt um die 350 Freunde. Jeder zweite drückt zusätzlich bei Marken und Unternehmensseiten auf „Gefällt mir". Würde Facebook wie vor 2006 einfach alle Nachrichten aller dieser Freunde und Seiten anzeigen, wäre das wenig attraktiv – deshalb wählt der Algorithmus aus, was in den Newsfeed kommt. Er lernt, was den User zur höchsten Interaktion und Zeit auf Facebook verleitet – und gibt ihm mehr davon. So entstehen Filterblasen. Wer sich für Katzen interessiert, wird sich innerhalb weniger Tage auf Facebook in einer Welt mit Myriaden verschiedener Katzen wiederfinden und mit Hundethemen keinerlei Berührung haben. Wer sich für Briefmarken interessiert, der wird den Eindruck haben, dass die ganze Welt sein Hobby teilt (aber kaum mehr mit Hobbykonditoren Kontakt pflegen).

Und wer öfters auf Nachrichten von Rechtsextremen reagiert, wird die Welt vorgeführt bekommen, wie Rechtsextreme sie sehen – und sonst kaum mehr etwas: Denn der Algorithmus sucht nicht nur ähnliche Postings aus, auf die man schon mal geklickt hat – er belohnt noch dazu Postings, auf die auch viele andere reagieren, und je wütender etwas macht, umso mehr Reaktionen zieht es nach sich. „Angry people click more". Wütende Menschen klicken öfter. Das Ergebnis sind Filterblasen voller Wut, die ein düsteres Zerrbild der Realität liefern.

Diese Welt sehe ich auf dem Laptop von Thomas S. Nachdem er zehn Minuten mit mir durch seinen Newsfeed gescrollt ist, merke ich selbst den Einfluss des Nachrichtenstroms auf meine Stimmung. Man könnte meinen, dass draußen auf der Straße gleich ein Bürgerkrieg ausbricht: Raub. Messerstecherei. Raub. Mord. Radikaler Prediger. „Merkel muss weg." Mord. „Deutschland erwache". Massenschlägerei. 80 Prozent der Postings drehen sich um Verbrechen von Ausländern, der Rest um „Islamisierung", die Unfähigkeit der Regierungen (vor allem von Angela Merkel) und Kritik an Medien, die mit der Politik unter einer Decke stecken sollen. Dazwischen ein paar deutschnationale und ein paar österreich-patriotische Parolen, wehende Fahnen auf Berggipfeln, Frauen mit blonden Zöpfen, Nachrichten aus dem Universum von FPÖ und AfD, Wahlwerbung für den FP-Präsidentschaftskandidaten Norbert Hofer, aber auch das eine oder andere Hakenkreuz, bei dem S. verschämt schneller scrollt.

Es ist ein Newsfeed wie eine Propaganda-Postille eines Rechtsextremen – auf dem Laptop eines Familienvaters, der so gar nicht wirkt wie ein ideologisch gefestigter Neonazi. Nach mehreren hundert Meldungen findet Thomas S. das Posting, das Anlass seiner unfreundlichen Nachricht an mich war: Es ist ein Screenshot einer Zeitungsmeldung. Eine junge Frau wurde am Bahnhof von einem Nigerianer vergewaltigt, zu sehen ist ein Symbolbild. Geteilt wurde das Foto von einer Frau namens Isabella Huber in einer geschlossenen Gruppe, versehen mit einer Reihe zorniger Emojis und dem Text: „Mitten in Floridsdorf! Jetzt vergewaltigen die Eindringlinge vor unseren Haustüren unsere Frauen und keiner berichtet darüber!" Darunter wütende Kommentare.

Einer der Kommentatoren hat bei einer Tageszeitung nachgefragt, die nichts gehört hatte. Eine zweite beschließt, jetzt nicht mehr U-Bahn zu fahren, der Bahnhof Floridsdorf sei nicht mehr sicher. Ein anderer will wissen, dass die Polizei aus „Political Correctness" eine Nachrichtensperre über den Fall verhängt hätte, und dass „die Medien" ihn verheimlichen.

Mir kommt als Erstes seltsam vor, dass eine Frau die Formulierung „unsere Frauen" verwendet. Thomas S. kennt die Frau, sagt er, sie sei aus dem Nachbarbezirk – er habe sie zwar noch nie außerhalb von Facebook gesehen, aber sie teile immer wieder Dinge aus der Nähe, er vertraue ihr. Das Profil zeigt nur ein paar Urlaubs- und Hundefotos, der Name ist zu häufig, Google spuckt nichts Relevantes aus – als wir aber ihr Profilfoto in eine umgekehrte Bildersuche eingeben, landen wir auf einem russischen Dating-Portal und fünf weiteren Seiten, die dasselbe Foto verwenden. Das Facebook-Profil wurde erst im Februar 2016 erstellt. Es ist ganz offensichtlich ein Fake-Profil. Thomas S. ist irritiert. Als nächstes googeln wir den Text der Nachricht – der erste Treffer zeigt: Die Vergewaltigung hat tatsächlich stattgefunden – aber nicht in Wien Floridsdorf, sondern in Augsburg.

Das Verbrechen in seiner Nachbarschaft, von dem Thomas S. zutiefst überzeugt war, dass Polizei und Medien es böswillig verschwiegen hätten, hat hier nicht stattgefunden. Die vermeintlichen Vertrauenspersonen, die davon und von der Polizeisperre berichtet hatten, waren nicht echt. Zu den Entschuldigungen gesellt sich nun bei Thomas S. ein gewisser Schock über sich selbst. Ich empfehle ihm, sein Nachrichtenuniversum etwas zu erweitern und wieder auf Profis zu vertrauen, die die Fakten überprüfen, bevor sie sie veröffentlichen. Der Besuch endet zumindest freundschaftlicher, als er mit der Nachricht begonnen hat.

Wir haben Thomas S. nun, eineinhalb Jahre später, noch einmal kontaktiert. Für ihn war das Erlebnis einschneidend: Er folgte zunächst meinem Rat, auch ein paar Seiten aus anderen politischen Richtungen und ein paar Medien zu abonnieren. Er begann, Meldungen in seinem Newsfeed zu überprüfen und stieß auf immer mehr Fälschungen und Verdrehungen. Einige Tage lang versuchte er, in seinen Facebook-Gruppen und Freundeskreisen auf die Fehler hinzuweisen. „Ich bin dann selbst Opfer von Angriffen geworden, die nicht mehr lustig waren", erzählt er uns. „Und als ich gemerkt habe, wie sehr mich das trifft, war es mir noch unangenehmer, dass ich wegen des Fakes damals mit der Vergewaltigung in Floridsdorf mehrere Journalisten und Politiker beschimpft habe – mit meinem ganzen Namen und mit voller Überzeugung. Ich habe mich dann nach zwei, drei Monaten von Facebook abgemeldet. Ich habe es nicht mehr ausgehalten. Meine Frau war sehr dankbar – ich bin wieder ein umgänglicher Mensch geworden." Was wäre passiert, wenn ich nicht persönlich bei ihm aufgetaucht wäre? „Ich hätte Ihnen nicht geglaubt. Ich bin da dermaßen dringesteckt, dass es wie eine eigene Welt war."

Social Media, die enttäuschte Hoffnung

Eine Lüge, verbreitet von einem Fake-Profil, um politische Stimmung zu machen. Ein Newsfeed voller Hass. Ein unauffälliger Familienvater, der sich berufen fühlt, Politikern und Journalisten persönlich den Tod zu wünschen: Die Begegnung mit Thomas S. erzählt viel darüber, wie Facebook und YouTube politische Kommunikation verändert haben. Beide gehören zu den wichtigsten Informationsmedien für politische Entscheidungen – und beide halten sich nicht an die Regeln, die wir für Massenmedien geschaffen haben. Das hat Auswirkungen weit über einzelne Fälle hinaus: Es formt den demokratischen Diskurs und beeinflusst politische Entscheidungen. Wir möchten fünf Punkte herausgreifen, in denen die Weigerung, Verantwortung als Medium zu übernehmen – und die Weigerung der Politik, sie einzufordern – Auswirkungen auf den demokratischen Prozess hat:

Problem 1: Filterblasen

Eine eigene Welt voller Gleichgesinnter: Was für seltene Hobbys praktisch sein mag, wird im Politischen höchst bedenklich. Denn die Filterblasen zerstören den gemeinsamen Boden, auf dem Diskussionen über Politik stattfinden. Es lohnt sich, das Experiment nachzumachen, das das *Wallstreet Journal* im US-Wahlkampf startete: Die Redaktion erstellte ein demokratisch gesinntes Facebook-Profil und ein republikanisch gesinntes Profil, ließ die beiden jeweils ein paar passende Seiten abonnieren – und beobachtete die beiden Newsfeeds, die sich daraus ergaben. Das Ergebnis: Der „Blue Feed" und der „Red Feed" lieferten nicht nur unterschiedliche Sichtweisen auf denselben Wahlkampf. Man hatte eher den Eindruck, dass es um zwei unterschiedliche Länder ging. Es entwickelten sich zwei völlig getrennte Erzählungen darüber, was im Land passierte. Sie können dasselbe Experiment in Ihrem Land nachmachen – das Ergebnis ist verblüffend. Und das ist ein Problem.

Demokratie funktioniert nur mit einem öffentlichen Raum, in dem Argumente ausgetauscht werden können. Im alten Griechenland, der Wiege der Demokratie, war das die Agora – der öffentliche Platz, auf dem die Bürger zusammenkamen, um zu diskutieren. In modernen Gesellschaften ist es die Aufgabe der Massenmedien, die unterschiedlichen Standpunkte zu erläutern und Raum für den Diskurs zu schaffen. Das tun nicht alle Medien so, wie sie sollten: Boulevardmedien können die Pressefreiheit auch nützen, um rein auf Emotionen zu setzen und ebenfalls eine eingeschränkte Sicht der Welt zu servieren – doch es ist für eine große Anzahl von Menschen dieselbe Botschaft, was Kritik und Widerspruch ermöglicht. Und im Konzert der Medienvielfalt sollten Massenmedien in einer entwickelten Demokratie einen zuverlässigen Eindruck verschiedener Standpunkte liefern – Qualitätsmedien verpflichten sich dazu, öffentlich-rechtliche Medien sind sogar gesetzlich dazu verpflichtet. So sorgen sie für einen Überblick und die Möglichkeit, dass sich Bürger aufgrund von Informationen eine Meinung bilden können. Zudem können diese selbst an die Öffentlichkeit gehen, nicht umsonst ist das Demonstrationsrecht eines der wichtigsten Grundrechte. Jeder hat das Recht, seine Meinung fast jederzeit dort kundzutun, wo er gehört werden will – der Staat muss dafür sorgen, dass Demonstrationen stattfinden können und darf sie nur aus gravierenden Gründen verlegen. Wenn Passanten in einer Einkaufsstraße oder Beamte in einem Ministerium mit dem Thema der Demonstration überhaupt nicht einverstanden sind, dann ist der Sinn des Demonstrationsrechtes erfüllt: andere im öffentlichen Raum mit der eigenen Meinung zu konfrontieren.[46]

Das Internet schien zunächst das Potenzial zu haben, diesen öffentlichen Raum zu erweitern und noch viel mehr und besseren demokratischen Diskurs zu ermöglichen. Massenmedien sind „Gatekeeper": Sie wählen aus, welche Informationen sie am relevantesten für ihre Nutzer halten – und sie haben bei dieser Auswahl natürlich auch blinde Flecken, sei es aus weltanschaulichen oder wirtschaftlichen Gründen oder schlicht aus Ignoranz: Manche Standpunkte von Minderheiten oder kritischen Gruppen fanden wenig Raum. Das Internet korrigierte das. Die Möglichkeit, auf Plattformen und in Blogs fast kostenlos Information zu verbreiten, ergänzte und korrigierte die Massenmedien. Themen kamen auf, die bisher von den Chefredaktionen als irrelevant eingestuft wurden. In autoritären Staaten umgingen Aktivisten per Internet die Zensur.

Social Media schien das demokratiefördernde Potenzial des Internets zunächst noch zu befeuern: 2009 wurde Twitter zur Plattform der „grünen Revolution" im Iran. 2011 begann der Arabische Frühling auf Facebook – erst in Tunesien, dann in Ägypten.

Dort war der Polizeimord am 29-jährigen Khaled Said der Funke, der die Revolution auslöste. Der Ort aber, an dem sich dieser Funke verbreitete, war Facebook. Wael Ghonim, der damals in Ägypten für Google arbeitete, sah das Foto der gefolterten Leiche und dachte sich: „Das könnte ich sein."

Was dann geschah, schildert Wael Ghonim heute so: „In dieser Nacht konnte ich nicht schlafen. Ich entschied mich, etwas dagegen zu tun. Anonym erstellte ich eine Facebook-Seite. Sie hieß: ‚Wir alle sind Khaled Said.' In nur 3 Tagen hatte die Seite über 100 000 Follower – alles Ägypter mit den gleichen Sorgen. Was auch immer da passierte, es musste enden. Die Seite wurde zur meistbesuchten Seite der arabischen Welt. Sie hatte mehr Anhänger als etablierte Medien-Organisationen oder hochkarätige Prominente. Am 14. Januar 2011 floh Ben Ali aus Tunesien, wegen wachsender Proteste gegen seine Regierung. Ich sah einen Funken Hoffnung. In den sozialen Netzwerken fragten sich die Ägypter: ‚Wenn Tunesien das kann, warum nicht wir?' Ich nannte das Ereignis auf Facebook: ‚Eine Revolution gegen Korruption, Ungerechtigkeit und Diktaturen.' Ich stellte den aktuell 300 000 Usern eine Frage: ‚Heute ist der 14. Januar. Der 25. Januar ist der Tag der Polizei. Es ist ein nationaler Feiertag. Wenn 100 000 von uns die Straßen von Kairo einnehmen, kann uns keiner stoppen. Schauen wir mal, ob das geht.'" Es ging. Wael Ghonim löste damit den Beginn der Proteste auf dem Tahrir-Platz aus, die schließlich zum Fall des autoritären Regimes von Hosni Mubarak führten.

Doch nach der Hoffnung kam die große Ernüchterung. Wael Ghonim: „Der politische Kampf führte zu einer großen Polarisierung. Die sozialen Netzwerke verstärkten diesen Zustand: Sie verbreiteten Gerüchte und Fehlinformationen, wirkten als Echoräume für Hassreden. Das Umfeld war hoch vergiftet. Meine Onlinewelt mutierte zu einem Schlachtfeld aus Lügen und Hass." 2013 war der Arabische Frühling in Ägypten endgültig vorbei: Die Armee setzte den ersten demokratisch gewählten Präsidenten ab. Wael Ghonim zog sich zurück, um nachzudenken, was schiefgelaufen ist. Heute hält er wieder Vorträge – und zwar über Social Media. Facebook, das die Revolution ermöglicht hatte, sei einer der Hauptfaktoren für das Scheitern von Demokratie, sagt Ghonim heute: Die extreme Polarisierung durch die Filterblasen, der Turboboost für Falschmeldungen, der Hass zerstörten den demokratischen Prozess. In seinen Vorträgen plädiert Ghonim heute dafür, andere, bessere soziale Medien zu entwickeln. In seinem TED-Talk in Genf trägt er ein rotes T-Shirt. Er hat immer noch die Dringlichkeit eines junge Revoluzzers, doch seine Botschaft richtet sich nun gegen Facebook und Co.[47]

Die Wurzel dieses Problems: Facebook und Google sind eben keine reinen Plattformen, auf denen man sich in Nischen informieren kann – ihr Newsfeed und ihre Video-Empfehlungen machen sie zu Medien. Sie stellen nicht nur Raum für politische Äußerungen zur Verfügung, sondern sie entscheiden, welche davon massenhaft verbreitet werden. Sie schaffen nicht nur Filterblasen, indem sie nur Nachrichten ausspielen, die Meinungen bestätigen. Statt ein viel breiteres Spektrum an Ideen und Standpunkten zu liefern, engen ihre Algorithmen die Auswahl ein. Mit Facebook und YouTube verfolgen zwei der wichtigsten Politik-Medien nicht mehr das Ziel, alle Standpunkte einer Debatte darzustellen, Fakten zu überprüfen und moderierend (also beschwichtigend) zu wirken, sondern das genaue Gegenteil: Sie liefern möglichst einseitige, möglichst emotionale und nicht überprüfte Inhalte und streben an, maximal zu polarisieren. Dazu kommt, dass Facebook und YouTube die Bildung von Gruppen erleichtern und fördern. Damit leisten sie zusätzlich dem digitalen Tribalismus – also der Bildung „digitaler Stämme" – Vorschub, zusammengesetzt aus Personen, die sich zwar nicht persönlich kennen, aber sich zugehörig fühlen und bereit sind, nur jene Nachrichten weiterzuleiten, die dem eigenen „Stammesdenken" entsprechen.[48]

Das hat zwei klare, nachvollziehbare Gründe: Spätestens seit dem Börsengang sind beide Unternehmen verpflichtet, Gewinn zu liefern – und die einzige Währung, die sie bieten, ist die Aufmerksamkeit ihrer User, die durch Extreme besser gebunden wird. Und zweitens wollen beide Firmen entgegen aller Evidenz den Anschein vermeiden, inhaltlich einzugreifen, um das Host-Provider-Privileg nicht zu verlieren. Würde man sie nämlich für den Inhalt verantwortlich machen, wäre das empfindlich teurer. Die Folgen dieser Weigerung, Verantwortung als Medium zu übernehmen, sind dramatisch: Alle negativen Seiten von unregulierter Massenkommunikation, die wie in Kapitel 1 beschrieben schon bei der Etablierung des Buchdrucks auftauchten, sind wieder da.

Problem 2: Die Belohnung der Extreme
Demokratie braucht nüchterne Debatten. Qualitätsmedien setzen daher in ihren Informationsformaten traditionell auf das nüchterne Berichten von Fakten, auf emotionslose Sprache und haben den Anspruch, zwischen Bericht und Meinung zu unterscheiden. Facebook und YouTube machen das Gegenteil.

Den Test kann jeder selbst durchführen: Was bekommt mehr Reaktionen auf Facebook – eine differenzierte Analyse oder ein emotionales Posting? Natürlich zweiteres. Und welches Posting bekommt mehr Likes – ein positives oder ein wütendes? Natürlich wieder zweiteres. Angry people click more. Die Autorin Ingrid Brodnig weist diese Mechanismen in ihren beiden Büchern *Hass im Netz* und *Lügen im Netz* ausführlich nach. Ein Geschäftsmodell, das auch Boulevardmedien anwenden – die darin durch Gesetze aber beschränkt werden. Die Algorithmen reihen ohne Beschränkung reaktionsreichere Postings nach oben. Der Effekt ist zweifach: User sehen mehr Postings, die wütend machen, als Differenziertes. Und sie formulieren ihre eigenen Postings und Videos eher so, dass sie wütend machen, um selbst mehr

Reaktionen zu bekommen. Das schlägt auf den Umgangston in der Politik selbst: Ein simpler Vergleich zwischen Presseaussendungen und Facebook-Postings von Parteien zeigt den enormen Einfluss, den soziale Medien auf die Sprache in der Politik haben.

Auch der YouTube-Algorithmus belohnt Extreme. Sucht man nach vegetarischen Rezepten, landet man bald bei Veganismus. Sucht man etwas über Joggen, bekommt man nach ein paar Videos Tipps für einen Ultramarathon. Suchen Sie ein politisches Thema auf YouTube – und Sie werden in Windeseile in einem Tunnel von wilden Verschwörungstheorien landen. Nehmen wir an, Sie interessieren sich für die deutsche Bundeskanzlerin: Die Suche nach „Merkel" liefert im Februar 2018 erst ein Video über eine Verschwörung mit Merkel im Zentrum, dann zwei Videos über die Verwandtschaft von Angela Merkel mit Hitler. Erst das fünfte Ergebnis ist eine Rede der deutschen Bundeskanzlerin. Unter den ersten zehn Videos sind nur zwei mit originalen Reden oder Interviews, 80 Prozent liefern Verschwörungstheorien. Auch wenn Sie nun mit einem seriösen Video starten, landen Sie in einer Spirale aus immer stärkeren Emotionen: Der erste seriöse Treffer zu Merkel ist ihre Bundestagsrede „Keine neuen Schulden" aus dem Jahr 2015. Lässt man YouTube einfach per Autoplay-Modus laufen, folgt danach eine Bundestagsrede von Gregor Gysi. Das nächste Video heißt „Gregor Gysis Rundumschlag! Genial!". Das nächste „Gysi macht Merkel zur Schnecke!", dann Sarah Wagenknecht: „Die Bürger wollen Sie nicht mehr, Frau Merkel!". Wir befinden uns immer noch im Bundestag, allerdings ist der Ton schon wesentlich emotionaler geworden. YouTube nimmt uns weiter mit in eine Talkshow, in der AfD-Politiker Alexander Gauland einen Wutanfall bekommt. Fünf Videos später landet man bei einem rechtsextremen Video mit dem Titel „Angela Fatma Merkel islamisiert und zerstört Deutschland."

„YouTube könnte das mächtigste Radikalisierungsinstrument des 21. Jahrhunderts sein", sagt Zeynep Tufekci von der University of Columbia.[49] Die These wird von einem ehemaligen YouTube-Mitarbeiter bestätigt: Guillaume Chaslot arbeitete am Algorithmus, der die „empfohlenen Videos" auf YouTube aussucht – also jene Videos, die seitlich von dem auftauchen, das Sie gerade ansehen, und die im Autoplay-Modus als nächstes eingereiht werden. YouTube kündigte Chaslot 2013 aus Performance-Gründen. Er selbst vermutet andere Gründe: Er habe zu massiv gefordert, dass der Algorithmus weniger gewinnorientiert, sondern verantwortungsvoller programmiert werde. Die Taktiken, die YouTube verwendete, damit User auf der Seite landen, beunruhigten ihn.

Wie genau YouTube und Facebook diese Radikalisierungs-Spirale antreiben, kann nicht untersucht werden – die Algorithmen und ihre Vorgaben sind geheim, die Blattlinie der größten Medien der Welt ist nicht veröffentlicht. Im amerikanischen Wahlkampf 2016 untersuchte Chaslot allerdings mit einem eigenen Programm, wie YouTube politische Information reihte, und stellte die Daten dem *Guardian* zur Verfügung.[50] Chaslot ließ künstlich programmierte User auf YouTube nach „Clinton" und „Trump" suchen und untersuchte, welche Videos YouTube empfahl. Die künstlichen User speicherten keine Chronik – so wurden nur Empfehlungen ohne Personalisierung ausgespielt. Der *Guardian* analysierte die Empfehlungen: Zwei Drittel der empfohlenen Videos waren parteiisch für einen der Kandidaten – und davon über 80 Prozent für Trump. Interessanterweise lieferte die Suche nach Clinton mit 88 Prozent sogar mehr Pro-Trump-Videos als jene nach Trump selbst (81 Prozent). YouTube empfahl also sechs Mal eher ein Pro-Trump-Video als eines, das Clinton bevorzugte.

Besonders intensiv dreht sich die Radikalisierungsspirale von YouTube beim Thema des politischen Islam. Ein beträchtlicher Anteil an der Radikalisierung von muslimischen Jugendlichen und Konvertiten in den vergangenen Jahren geht auf das Konto von Hasspredigern, die ihre Botschaften fast ausschließlich per YouTube verbreiten. Islamistische Gruppen rekrutieren stark über

YouTube und rufen zum Cyber-Dschihad auf, dem sich Jugend-liche und gerade auch Frauen in Europa anschließen.[51] Sogar ein Gutteil der mehreren tausend „Foreign Fighters", die nach Syrien fuhren, um sich den Terrormilizen des „Islamischen Staates" (IS) anzuschließen, wurden erst über YouTube auf radikalen Islamis-mus aufmerksam: Der IS betreibt eigene, hochprofessionelle Pro-duktionseinheiten, die ihre Propaganda für YouTube aufbereiten, die Vorteile des Kalifats schildern, zum Dschihad aufrufen und Exekutionen zeigen. „Schwer verwundete, leidende oder tote Menschen sind häufig Bestandteil salafistischer Internet-Propa-ganda. Bilder und Videos brutalster Szenen werden von salafisti-schen Gruppierungen im Social Web via YouTube, Facebook und Twitter eingesetzt, um bei Rezipienten starke Emotionen hervor-zurufen. Die Darstellungen sind oft äußerst grausam und scho-ckierend. Insbesondere auf junge Menschen können sie negativ wirken und zum Beispiel Ängste auslösen beziehungsweise eine emotionale Überbelastung erzeugen. Maßgeblich ist der Kontext, in den sie eingebettet sind: Indem die visuellen Eindrücke von extremistischen Narrativen flankiert werden, sollen die Zuschauer für die salafistische Ideologie empfänglich werden", erklärt die deutsche Bundeszentrale Politische Bildung.

Auch manche islamistischen Attentäter in Europa hatten nie echte Berührungspunkte mit Predigern oder politischen Gruppen, sondern wurden ausschließlich über YouTube und Facebook radikalisiert. Ein Beispiel ist der Kosovare Arid Uka, der 2011 zum Frankfurter Flughafen fuhr und zwei amerikanische Soldaten tötete. Vor Gericht gab er an, dass ein Video einer Al-Qaeda-nahen Gruppe den Ausschlag gegeben hatte. Darin war zu sehen, wie eine muslimische Frau von amerikanischen Soldaten vergewaltigt wird. Die Szenen waren nicht echt – sie stammten aus einem Spielfilm. Die Gruppe verwendete sie für den Aufruf, im Namen des Islam die Frau zu rächen – einen Aufruf, den Uka tödlich ernst nahm.

Dass die Terrormilizen des „Islamischen Staats" YouTube und Facebook als ihre wichtigsten Propagandamedien nützten, wurde für die Unternehmen schließlich doch zum Problem: Nach einem Gespräch mit der US-Regierung verbannten alle sozialen Medien die Propaganda des IS von einem Tag auf den anderen von ihren Kanälen. Das bewies, dass sie technisch sehr leicht eingreifen konnten – und dass sie dabei nicht sehr weit gehen wollten: Sie beschränkten sich nur auf den „Islamischen Staat". Millionen anderer radikaler Predigten und Aufrufe zum Dschihad sind nach wie vor online.

Diese absichtliche und extreme Polarisierung führt aber nicht nur zur Radikalisierung von politischen Gruppen – sie wird spätestens jetzt auch für den gesamten demokratischen Prozess zum Problem, da Facebook und YouTube zu wichtigen Informationsquellen für politische Entscheidungen werden. Autor Sascha Lobo beschreibt den Unterschied: „Der wichtigste Wert in der bürgerlichen Öffentlichkeit des 20. Jahrhunderts ist die Mäßigung. Man erkennt das bei Nachrichtensendungen am nüchternen Ton des Moderators – des Mäßigers –, der die Nachrichten möglichst emotionslos spricht. Man hört da: Beirut. Eine Autobombe forderte 52 Opfer, es waren auch Minderjährige unter den Opfern. Man sagt absichtlich nicht: Da wurden Kinder zerfetzt, ihre Organe hingen an den Bäumen. Demokratie entsteht durch Debatte, und Debatte braucht Entemotionalisierung für einen nüchternen Austausch von Argumenten." Es ist das Wesen des demokratischen Staates, von Emotionen Abstand zu nehmen, und das Wesen des Rechtsstaates, nicht nach Gefühlen wie Wut zu entscheiden. Schon Boulevardmedien versagen oft dabei, mäßigend zu wirken, und stacheln stattdessen auf. Die Neuen Medien drehen die Emotionsspirale noch ein großes Stück weiter.

Die Folgen sind dabei sehr real: Facebook und YouTube verändern nicht nur die Art, wie Politik kommuniziert wird – sie bevorzugen sogar eine bestimmte politische Richtung: Populisten, und darunter vor allem Rechte und rechtsextreme politische Positionen, passen im politischen Spektrum am besten zu den Mechanismen der Algorithmen. Positionen der Mitte, Konstruktives und Differenziertes wird bestraft, Vereinfachungen, Wut und Polarisierung belohnt. Rechtsextreme sind wütend, emotional, polarisierend und schockieren. Das belohnen die maschinellen Redaktionen von YouTube und Facebook. Der Aufstieg rechtspopulistischer und rechtsextremer Parteien und Gruppen in Europa und den USA ist untrennbar verknüpft mit dem Aufstieg dieser Medien.

Problem 3: Freie Bahn für Hass
Zur Belohnung von Extremen und Wut kommt die Tatsache, dass sich Facebook und YouTube nicht an das Medienrecht halten und Verleumdungen, Drohungen und Hetze veröffentlichen. Erst nach Meldung werden Hasspostings manchmal (selten) entfernt, und dabei halten sich Facebook und YouTube ausschließlich an die eigenen Regeln, die sie sich selbst gegeben haben – und nicht etwa an verbindliche Leitlinien wie Medienrecht, Verbotsgesetz und das Verbot, den Holocaust zu leugnen oder gegen Minderheiten zu hetzen. All diese Verbote wurden für Massenmedien entwickelt, weil es notwendig war. Dass Hass in sozialen Medien Einzelne in den Selbstmord treiben kann, wurde in Kapitel 5 gezeigt, das Auftreten und der Umgang mit Hasspostings stehen deshalb auch an der Spitze der Bedenken gegen Facebook. Aber auch die Auswirkungen auf den demokratischen Diskurs sind enorm: Anstatt tatsächlich als Plattform zu wirken und einen öffentlichen Raum zu bieten, in dem sich alle ausdrücken können, reihen die Silicon-Valley-Medien Hasspostings nach oben, beeinflussen so die Debatten und drängen Betroffene aus dem Diskursraum.

 „Früher, im dezentralen Internet, haben sich solche extremen Hassbotschaften in Nischen abgespielt, die man ignorieren konnte", sagt Medienanwältin Maria Windhager, die im Auftrag der ehemaligen Grünen Bundessprecherin Eva Glawischnig

Facebook wegen der Verbreitung von Beschimpfungen geklagt hat. „Auf Facebook und YouTube aber kommt dieser Hass in die Mitte der Gesellschaft. Man kann ihn nicht ignorieren, weil er so massiv verbreitet wird, und das hat Auswirkungen." Das Argument, dass Facebook und YouTube nur sichtbar machen würden, was ohnehin am Stammtisch geredet würde, geht da ins Leere – denn eben dieses Sichtbar-Machen ist das Problem: „Es ist unerfreulich, aber wirkungslos, wenn jemand alleine in seinem Keller rassistische Parolen skandiert. Erst mit der Öffentlichkeit werden solche Parolen wirksam und so zum Problem. Facebook und YouTube bieten diese Öffentlichkeit", sagt Autor und Kolumnist Sascha Lobo. „Sie erlauben den Hass nicht nur, sondern sie befeuern und belohnen die Emotion."

Die Folge: Brutale Schreihälse bekommen mehr Raum, wer anderer Meinung ist, räumt irgendwann das Feld. Das führt zu einer Verdrängung ganzer Gruppen aus den Diskussionen in sozialen Medien: Frauen, Angehörige von Minderheiten, Menschen mit ausländisch klingenden Namen oder dunkler Hautfarbe und alle, die sich für deren Anliegen einsetzen, sind so vielen Angriffen ausgesetzt, dass ihnen oft nichts anderes übrigbleibt, als sich zurückzuziehen. Das war die größte Lehre aus unserem Engagement gegen Hasspostings: Es trifft Menschen hart, die in der Öffentlichkeit stehen – aber bei solchen, die das nicht tun, ist der Hass noch viel effektiver.

2016 veröffentlichte ich in der Stadtzeitung *Falter* einen Kommentar unter dem Titel „Uns reicht's". Er war Teil einer Titelgeschichte, in der vier Journalistinnen – Ingrid Thurnher vom ORF, Hanna Herbst von *Vice*, die freie Journalistin Barbara Kaufmann und ich – ihre Erfahrungen mit Beschimpfungen im Internet beschrieben. Es war kein Zufall, dass vier Frauen schrieben: Wir sind zum Schluss gekommen, dass Frauen von Hass auf Social Media anders betroffen sind als Männer. Nach einer Studie des *Guardian*, der die Kommentare auf der eigenen Seite analysierte, kommen über 80 Prozent der Hasspostings von Männern – und sie greifen Frauen anders an als Männer. Männer werden von Hasspostern als satisfaktionsfähig gesehen: Typischerweise wünscht man ihnen halbwegs ehrenhafte Todesformen wie Erschießen oder Hängen. So eine Drohung ist scheußlich, aber man kann darüber sprechen. Frauen hingegen werden in den Drohungen und Hassbotschaften meist sexuell erniedrigt: Man wünscht ihnen Vergewaltigungen, kommentiert auf herabwürdigende Weise ihr Äußeres oder beschreibt detailliert, wie sie sexuell behandelt werden sollen. Das führt dazu, dass Frauen viel seltener über Hassbotschaften sprechen und sich viel schneller zurückziehen: Es ist ein uraltes Prinzip, dass sexuelle Gewalt die Opfer „schändet" – die Schande also am Opfer klebt, nicht am Täter. Die Vergewaltigung der Frauen des Gegners, um sie zu entwerten, ist bis heute eine Praxis in Kriegen – und dieselbe Entwertung von Frauen findet mit der virtuellen sexuellen Gewalt in Hasskommentaren statt. So wie Frauen seit jeher durch verbale und tätliche sexuelle Belästigung an Bahnhöfen und Plätzen aus der Öffentlichkeit verdrängt werden, werden sie mit sexuellen Anspielungen und Drohungen aus Facebook und YouTube gedrängt. Es ist ein einfaches, probates Mittel.

Es war deshalb auch nicht leicht, die Beschimpfungen und Herabwürdigungen noch einmal in einer Zeitung zu veröffentlichen. Doch die Reaktionen waren erstaunlich und für uns völlig unerwartet: Auf einer Petitionsseite wurde eine Unterschriftenliste mit dem simplen Text „Wir stehen hinter euch" veröffentlicht, und binnen weniger Tage unterschrieben über 10 000 Menschen, die meisten davon mit einem ermutigenden Kommentar. Zugleich quollen unsere Postfächer über vor Nachrichten von Frauen, denen es ähnlich ergangen war. Unsere Erkenntnis dabei war: Frauen, die in der Öffentlichkeit stehen, haben zwar mit einer größeren Flut an organisiertem Hass zu kämpfen – aber Frauen, die es nur einmal trifft, sind davon mindestens ebenso beeinträchtigt.

Mehrere Frauen schrieben etwa, dass sie auf den Seiten von sozialdemokratischen oder grünen Politikerinnen einen positiven Kommentar hinterlassen hatten – und daraufhin sofort öffentlich beschimpft wurden und teils sogar ein bis zwei Vergewaltigungsdrohungen erhielten. Paula T. etwa schreibt: „Ich habe auf der Seite von Gesundheitsministerin Sabine Oberhauser geschrieben, dass ich sie für eine sympathische, kompetente Politikerin halte. Daraufhin wurde ich direkt dort aggressiv angepöbelt und bekam eine private Nachricht, in der mich ein Mann damit bedrohte, mich vor der Tür abzupassen. Ich bin mit meinem echten Namen auf Facebook, meine Adresse kann man finden, ich habe Kinder. Ich kann seither nicht mehr ruhig schlafen, obwohl ich Kameras installiert habe. Mich hat dieser Angriff so schockiert, dass ich nie wieder auf Facebook etwas geschrieben habe, ich werde mich nie wieder politisch äußern, das ist es nicht wert."

Dieselben Mechanismen wenden auch Rassisten an, wenn sie gegen Menschen anderer Religion, Herkunft, Hautfarbe hetzen – und gegen alle, die sie unterstützen. Im schlimmsten Fall bleibt der Hass nicht im virtuellen Raum. „Der Hass im Netz bereitet den Boden für die Gewalt in der realen Welt", sagt Willi Mernyi, der Vorsitzende des Mauthausen-Komitees in Österreich, das Betroffene bei der Meldung von Hassbotschaften unterstützt. „Facebook hält sich nicht an Gesetze, aber es hält sich nicht einmal an die eigenen Regeln: Facebook löscht Hetze und Hass nicht, weil es doppelt an Hass verdient: Erstens bringt Hass Aufmerksamkeit, zweitens spart es Ressourcen, wenn man ihn nicht löscht." Doch der Hass hat Konsequenzen: Die Zunahme rassistischer Gewalttaten ist nicht abgekoppelt vom massiven Hass auf Facebook und YouTube. „Die Grenze des Sagbaren verschiebt sich, und damit wird es auch einfacher, real Gewalt anzuwenden", sagt Mernyi.

Für den demokratischen Diskurs und die Politik bedeutet das: Wer eine Frau ist, einer Minderheit angehört oder sich für Minderheiten einsetzt – kurz: wer Gefahr läuft, dem rechten Mob nicht genehm zu sein –, braucht eine verdammt dicke Haut, um nicht unterzugehen. Immer wieder ziehen sich auch Frauen, die in der Öffentlichkeit arbeiten, deshalb aus dem Diskursraum der sozialen Medien zurück: Journalistinnen, Moderatorinnen, Politikerinnen oder sozial engagierte Frauen löschen ihre Facebook-Accounts oder wechseln auf anonyme Profile. Damit sind die Stimmen dieser Frauen im öffentlichen Raum, den soziale Medien bieten wollen, nicht mehr hörbar, die Schreihälse und Hassposter gewinnen an Raum.

Der Kampf, Frauen aus der Öffentlichkeit zu verdrängen, schlägt aber auch auf die ganz reale Politik durch. In Österreich hatten Hasspostings großen Einfluss auf die Entscheidung der grünen Front-Frau Eva Glawischnig, sich aus der Politik zurückzuziehen. In Italien wurde die Vorsitzende der Abgeordnetenkammer Laura Boldrini zur Zielscheibe: Sie war fünfzehn Jahre lang Sprecherin des UN-Flüchtlingshochkommissariats, bevor sie in die Politik wechselte, und setzte sich ein Leben lang für Frauenrechte ein – beides Themen, die die rechten Facebook-Mobs zu höchstem Hass aufstacheln konnten. „Sie ist eine wortreiche Vorkämpferin für die Schwachen, für Minderheiten, für Flüchtlinge und für die Rechte der Frauen. Sie könnte eine Ikone sein, eine Heilige dieser Zeit. Wenn nur die Zeit eine andere wäre", schreibt der *Tagesanzeiger* über sie.[52] Ihre Amtszeit als Abgeordnete wurde im Internet zu einem Spießrutenlauf: Boldrini wurde in „diesem Wilden Westen", wie sie das Internet nennt, so massiv beschimpft, ihr wurden so viele qualvolle Todesarten gewünscht, dass der Hass auf sie zum Gegenstand soziologischer Arbeiten wurde. Als sie im September 2017 ankündigt, von nun an zu klagen, und Facebook zu einem verantwortungsvolleren Umgang aufruft, ist das wie ein Brandbeschleuniger für den Hass: Den Wahlkampf im Winter 2018 muss die Politikerin versteckt an geheimen Orten verbringen. „Ich selbst habe keine Angst, ich habe so viele gefährliche Situationen in meinen früheren Jobs überlebt – was soll mir noch Angst machen?", sagt Boldrini. Weniger locker nimmt sie die Effekte auf ihre 24-jährige Tochter: „Ihrer Mutter wird gedroht, dass man sie köpfen will, oder einer Gruppenvergewaltigung aussetzen. Können Sie sich vorstellen, was das für eine Tochter bedeutet?"[53] Boldrini muss wegen den permanenten Onlinedrohungen unter Polizeischutz wahlkämpfen, sie schafft den Wiedereinzug knapp.

Die britische Parlamentarierin Jo Cox erlebte keinen Wahlkampf mehr. Sie war Boldrini ähnlich: eine Kämpferin für eine gerechtere Welt, die lange Zeit in internationalen Organisationen verbracht hatte. Wir kannten sie aus ihrer Zeit bei Oxfam in Brüssel, wo sie sich für gerechteren Welthandel einsetzte. Jo Cox war ein Energiebündel von 1,55 Meter Größe mit riesigen, strahlenden Augen, die die Gabe hatte, in allen das Gute zu sehen – und das Beste herauszuholen. 2015 ging sie in die Politik, wurde Abgeordnete der britischen Labour-Partei. Ihr Motto war „More in Common": „Wir haben so viel mehr gemeinsam, als uns trennt." Sie setzte sich für Frauenrechte und Flüchtlinge ein und kämpfte für den Verbleib Großbritanniens in der EU. Auf Facebook baute sich eine unglaubliche Menge an organisierten Hass-Meldungen gegen Jo Cox auf. Die rechten und rechtsextremen Facebook-Mobs erkoren die junge Frau mit ihrem Einsatz für Flüchtlinge, Frauen und die EU zum Hassobjekt Nummer eins.

Jo Cox ließ den virtuellen Hass nicht in ihren Alltag. Sie wohnte weiterhin in London in einem Hausboot. Am 15. Juni 2016, wenige Tage vor dem Brexit-Referendum, fuhr sie mit ihren zwei kleinen Kindern und ihrem Mann Simon Cox mit einem Motorboot über die Themse, in der Hand ein Transparent mit der Aufschrift „Remain" – für den Verbleib in der EU. Es sind die letzten Fotos, die es von ihr gibt. Am 16. Juni besuchte sie ihren Wahlbezirk West Yorkshire. Vor der Bibliothek von Birstall endete ihr Leben: Der 52-jährige Rechtsextreme Thomas Alexander Mair schoss sie mit einem abgesägten Gewehr nieder und erstach sie zusätzlich mit einem Messer. Sie starb auf der Straße.

Mair bekräftigte im Gerichtssaal, dass er „für Großbritannien" getötet habe und Cox für eine Verräterin hielt. So wird der Online-Hass real: Wenn eine Person ins Zentrum des Hasses rückt, genügt ein Extremist, der sich aufgerufen fühlt, ihn umzusetzen. Facebook stellte sich der Verantwortung auf seine eigene Weise: Es engagiere den Witwer, Simon Cox, für eine Initiative gegen Hass. Die Online Civil Courage Initiative arbeitet aber nicht etwa daran, dass keine Hass- und Morddrohungen in den Newsfeeds erscheinen – sondern ermutigt dazu, ihnen zu widersprechen. Auf Facebook, versteht sich.[54] So verdiente Facebook nicht nur am Hass, der gegen Cox verbreitet wurde und zu ihrem Tod beitrug. Sondern auch noch an denen, die trauern und sich gegen diesen Hass wehren wollen.

Noch fataler sind die Folgen des ungebremsten Hasses, wenn er sich gegen Minderheiten richtet – und wenn Facebook das wichtigste Medium des Landes ist. Diese Kombination fand sich in Myanmar (Burma) bei den Kampagnen gegen die Rohingya, die muslimische Minderheit im Land. Das Internet ist dort relativ neu: 2010 gab es erst 130 000, stark von der Regierung überwachte User. Binnen sieben Jahren fiel der Preis einer SIM-Karte von 3000 Dollar auf einen Dollar, und 30 Millionen Burmesen bekamen Zugang zu Facebook. Facebook ist so dominant, dass es für den Großteil der Burmesen „das Internet" ist. Diese neue Vernetzung ohne Kontrolle führte innerhalb kürzester Zeit zu einer unfassbaren Welle an Hass.

Als die Regierung 2016 dem radikal nationalistischen und anti-muslimischen Mönch Ashin Wirathu wegen seiner Hasspredigten das öffentliche Predigen untersagte, wendete er sich Facebook zu – und trat eine Kampagne los, die in einem der schlimmsten Genozide der Neuzeit endete. Seine Facebookseiten sammelten Hunderttausende Follower, und er nützte sie, um die Rohingya als ausländische Aggressoren darzustellen. Er postete Fotos von angeblichen Mordopfern der Rohingya, Fotos von brennenden Häusern, die sie selbst angezündet hätten, und eine Unzahl von Legenden, wie sie die „wahren Burmesen" angreifen, töten und erobern wollen. Hunderte ähnliche Seiten entstanden, ein Online-Sturm gegen die Rohingya brandete auf, der sich bis in die Regierung zog. In einem Land, in dem es bis dahin so gut wie keine Spannungen mit der muslimischen Minderheit gegeben hatte, wurde es plötzlich ein Massenphänomen, die Rohingya vernichten zu wollen. So entstand die Stimmung, die zum Genozid im Land und zur Vertreibung von 600 000 Rohingya nach Bangladesch führte. Der General, der die Offensive anführte – Min Aung Hlaing – hat selbst über eine Million Follower auf Facebook und ließ sich für die Grausamkeit der Vertreibung feiern.[55]

Facebook selbst reagiert trotz hundertfacher Appelle von internationalen Organisationen kaum: Das Profil des hetzenden Mönchs ist nach wie vor online. Die Seiten von Rohingya, die über die Grausamkeiten berichteten, wurden hingegen schnell gelöscht – sie waren von zu vielen gemeldet worden: Denn die Rohingya sind eine Minderheit, und wer sich nur nach Zahlen richtet, löscht sie auch im virtuellen Raum aus.[56]

„Facebook zwingt zu Spaltung, rivalisierenden Realitäten und verhindert gegenseitiges Verständnis. Auf Facebook ist Fiktion Realität, und Lügen können als Wahrheitsbeweis gelten", stellen die Forscher Robert Huish und Patrick Balazo fest, die die Rolle von Facebook im Genozid wissenschaftlich untersuchten. [57]

Problem 4: Vorrang für Lügen
Demokratischer Diskurs braucht Fakten. Massenmedien haben daher traditionell die Aufgabe, Fakten zu überprüfen, Lügen zu enttarnen und einseitige Darstellungen einzuordnen. Qualitätsmedien tun das, selbst Boulevardmedien wollen zumindest den Anschein wahren, es zu tun. Facebook und YouTube vermeiden – um der Klassifizierung als Medium zu entgehen – sogar diesen Anschein: Sie verbreiten Lügen ungeprüft und löschen sie meist

auch dann nicht, wenn sie darauf aufmerksam gemacht werden. Und dank des Vorrangs für Postings und Videos, die wütend machen, reihen sie Lügen sogar nach oben.

Lügen haben es im Internet ohnehin leichter, sich zu verbreiten, als die Wahrheit – selbst ohne verstärkende Algorithmen. Das Massachusetts Institute of Technology (MIT) etwa untersuchte 2018 die Verbreitung von Lügen und Wahrheit auf Twitter und forschte dazu umfassender als je zuvor: Die Studie untersuchte, wie 126 000 Ereignisse über zehn Jahre auf Twitter behandelt wurden. Die Studienautoren nahmen dafür Geschichten, die von Fact-Checking-Seiten als wahr bestätigt oder als falsch entlarvt worden waren, und untersuchten, wie weit sie sich durch Twitter verbreiteten. Das Ergebnis: Lügen verbreiten sich schneller, weiter und durchdringen mehr Netzwerke als wahre Nachrichten. Sie erreichten nicht nur mehr Menschen – sie wurden auch öfter „weitererzählt", also retweetet: Während eine wahre Geschichte im Schnitt nicht über mehr als zehn Personen hinweg weitergegeben wird, wird eine Lüge im Schnitt durch eine Kette von neunzehn Personen weitergeleitet, bevor sie verebbt. „Teils hat das schlicht mit der menschlichen Natur zu tun", sagt Studienautor Soroush Vosoughi. Eine Lüge erreicht sechs Mal schneller 1500 Leser als eine wahre Geschichte, ergibt die Studie – und zwar unabhängig vom Thema.[58]

Besonders wirkungsvoll sind Lügen, die mit einem Bild versehen sind: Bilder von Gewalttaten mit einer falschen Schlagzeile oder Bilder von Personen mit einem falschen Zitat können auf jedem Smartphone hergestellt werden, wirken extrem glaubwürdig und verbreiten sich besonders schnell. Durchschlagend wird die Wirkung von Fake-Videos sein: Es gibt jetzt schon Software, mit der man Gesicht und Stimme so gut nachmachen kann, dass man Videos von Interviews und Reden so täuschend echt fälschen kann, dass kein Unterschied mehr zu einer echten Rede erkennbar ist. Derzeit wird die Software eher dafür verwendet, prominente

Gesichter auf Pornostars zu montieren. Einer dieser Fake-Pornos, der Michelle Obama täuschend echt in Action zeigt, vermittelt einen Eindruck davon, wie gefährlich Video-Manipulation in Zukunft sein wird. Selbst Fake-Live-Interviews werden bald möglich sein: Man könnte dann den US-Präsidenten LIVE sagen lassen „Einen Cheeseburger mit Pommes bitte." Oder auch: „Wir werfen morgen die Bombe." Stimme und Mimik werden dabei so perfekt simuliert, dass ein Zuseher nicht erkennen kann, ob das Video echt ist – oder eine Lüge.

Facebook und YouTube verschärfen dieses Problem noch weiter durch ihren Algorithmus, der – wie oben beschrieben – Extreme und Emotionales verstärkt, was Lügen noch mehr Reichweite verschafft. Der Effekt ist so durchschlagend, dass ihn im Jahr 2016 ein paar mazedonische Jugendliche zu einem Geschäftsmodell machten. Die Geschichte ist ein Lehrbeispiel für die unselige Verknüpfung von automatisierten Google-Anzeigen, die pro Klick Geld bringen, und der Drama-Maschine Facebook, die Extreme und Lügen am effektivsten verbreitet.[59]

Die Geschichte beginnt mit einem Gymnasiasten in der kleinen Stadt Veles in Mazedonien. Die Stadt hat 55 000 Einwohner, das monatliche Durchschnittsgehalt liegt unter 400 Dollar. Boris (nicht sein echter Name) betreibt ein paar englischsprachige Wordpress-Blogs, um Taschengeld mit Google-Anzeigen zu verdienen. Er interessiert sich nicht für US-amerikanische Politik, er kann nicht einmal gut Englisch – aber ein Klick auf einer englischsprachigen Website bringt wesentlich mehr Geld als einer auf einer mazedonischen. Im Februar 2016 kopiert Boris einen Artikel über Trump auf eine seiner Seiten: Trump habe, wird darin behauptet, auf einer Wahlveranstaltung einen Mann geschlagen. Boris postet den Link in ein paar Facebook-Gruppen. Ein paar Tage später ist er 150 Dollar reicher: Der Link wurde über 800 Mal geteilt. Es ist der Anfang einer absurden Geschichte, mit der Boris an die 20 000 Dollar verdienen wird: In den letzten Monaten vor der US-Präsidentschaftswahl 2016 werden aus der mazedonischen Kleinstadt über 100 Pro-Trump-Seiten betrieben, die täglich fünf bis zehn Falschmeldungen rund um Trump veröffentlichen. Sie haben Namen wie „USAPolitics.co" oder „VeryInterestingThings" und verbreiten einige der beliebtesten Gerüchte des US-Wahlkampfs, zusammengemixt aus Versatzstücken der amerikanischen Alt-Right-Blogs: Die Falschmeldung, dass der Papst Trump unterstützt, hat ihren Ursprung in Veles. Hunderte Artikel über eine bevorstehende Festnahme Hillary Clintons kamen aus den mazedonischen Bergen. Boris blieb nicht der einzige: Binnen Wochen hatte jeder seiner Freunde ebenfalls Websites mit Falschnachrichten online. Keiner von ihnen hatte das geringste Interesse am US-Wahlkampf. Es gab nur einen einzigen Grund, warum ihre Falschnachrichten für Trump und gegen Clinton gerichtet waren: Facebook spielt Lügen über Trump am weitesten aus – und daher bringen sie mehr Geld.

Doch in den meisten Fällen von Lügen in Social Media geht es nicht um Geld, sondern um Politik und Propaganda. Lügen schaffen ein Meinungsklima, sie verunsichern, sie diskreditieren politische Gegner. In den schlimmsten Fällen werden sie in den Filterblasen zu hermetischen Verschwörungstheorien, die dann via Google, YouTube und Facebook an die breite Masse gespült werden.

Im Winter 2018 waren davon ausgerechnet Jugendliche betroffen, die knapp dem Tod entkommen waren. Am 14. Februar schoss ein Schüler in der Stoneman Douglas High School um sich, tötete siebzehn Menschen und verwundete weitere siebzehn. In den Tagen nach dem Schulmassaker gingen Jugendliche, die die Schießerei überlebt hatten, an die Öffentlichkeit, um strengere Gesetze gegen Waffenbesitz zu fordern. Es dauerte nur wenige Stunden, bis Waffenfans die ersten Verschwörungstheorien ins Netz stellten. Die gängigste: Die Schüler, die hier um ihre toten Freunde trauerten und die Politik zum Handeln aufforderten, seien nicht echt – sondern „Krisenschauspieler", eingesetzt von den Demokraten, dem FBI oder von George Soros, um den Amerikanern die Waffen leichter wegnehmen zu können.

Diese kruden, durchsichtigen Verschwörungstheorien gegen traumatisierte Kinder hätten eine Randerscheinung in einer rechtsextremen Nische des Internets bleiben können – wären da nicht die Massenmedien Facebook und YouTube und ihre Weigerung, ihre Verantwortung als Medien wahrzunehmen. Dank der beiden Medien verbreiteten sich die Verschwörungstheorien schneller als die Wahrheit. YouTube promotete sie noch extra unter den „Trending Videos", die auf der Startseite als besonders sehenswert angezeigt werden. Eine Woche nach dem Massaker war das Top Trending Video Nr. 1 auf YouTube ein Beitrag, der den überlebenden Schüler David Hogg als „Krisenschauspieler" diskreditierte. Auch als YouTube das Video aus den Trending Videos entfernte, blieben die Verschwörungsvideos ganz oben: Suchte man an diesem Tag nach David Hogg, waren zwei der drei ersten Treffer Verschwörungstheorien. Das ist besonders bedenklich, da YouTube gerade bei Jugendlichen in den USA die erste Quelle für Bewegtbilder ist: Teenager sind die einzige Altersgruppe, bei der YouTube Fernsehen überholt hat. YouTube-Chefin Susan Wojcicki kündigte im Interview mit *Wired*-Chefredakteur Nicholas Thompson auf der SXSW-Konferenz im März 2018 die Lösung für das Problem an: Künftig soll bei den Videos zu den verbreitetsten Verschwörungstheorien ein Link zu Wikipedia stehen – also etwa ein Link zum Wikipedia-Artikel über die Mondlandung neben einem Video, das die Mondlandung als Fake enttarnt. „Doch das löst das Problem nicht. Es ist erst der YouTube-Empfehlungs-Algorithmus, der Menschen überhaupt zu den Verschwörungstheorien bringt. Wenn man sich etwa ein Video über den Holocaust ansieht, bekommt man als nächstes ein Video empfohlen, das ihn als Erfindung ‚enttarnt'", schreibt dazu *Wired*.[60] „YouTubes Algorithmus radikalisiert die User, und bis das repariert ist, wird das

Unternehmen weiterhin unter Skandalen zu Desinformation und Lügen leiden."

Problem 5: Manipulation durch Bots und Troll-Armeen
Wie bildet sich eine Meinung – etwa eine Wahlentscheidung oder eine Meinung zu einem bestimmten Thema? Wichtige Faktoren sind die eigene Lebenslage, Fakten, die Meinungen von Vertrauten und die persönlichen Grundsätze. Doch ein Faktor ist noch entscheidender: Wer sich eine Meinung bildet, versucht immer herauszufinden, wie die allgemeine Stimmungslage in der größeren Bevölkerung ist – das Stimmungsbild. Wie groß der Einfluss des Stimmungsbildes auf die Meinung ist, kann man bei jeder Podiumsdiskussion testen: Es genügen drei bis vier Personen im Publikum, die sich authentisch, engagiert und unabhängig voneinander in eine Richtung äußern, um die Stimmung im ganzen Saal in diese Richtung kippen zu lassen. Politische Gruppen nützen das gerne aus und verteilen ein paar ihrer eigenen Leute im Saal, die bei den Publikumsfragen so tun, als wären sie jeweils einzelne engagierte – oder besorgte – Bürger. Dem Meinungsbild, das dadurch entsteht, kann sich niemand entziehen: Wer derselben Meinung ist, fühlt sich eher bestärkt, sie auszusprechen. Wer anderer Meinung ist, traut sich nun weniger, sich zu äußern. Wer schwankte, wird sich eher der gefühlten Mehrheit anschließen – auch wenn die in einem Saal mit 300 Leuten von nur drei oder vier vertreten wurde.

Das ist bei der Entscheidungsfindung von Wählern nicht anders. Menschen haben bei ihrer politischen Meinungsbildung ein großes Bedürfnis danach, dieses Meinungsbild – die Stimmung – zu spüren und sich danach zu richten. In modernen Gesellschaften, in denen die Stimmung nicht mehr am Stammtisch nach der Kirche erspürt werden kann, versuchen Massenmedien, dieses Bedürfnis zu befriedigen: Die hohe Beliebtheit von Umfragen, Leserbriefen und Straßenbefragungen geht darauf zurück. Der Soziologe Heinz Bude sagt zu Stimmungen: „Sie bilden als Grundton oder Gesamtfärbung des Auffassens und Erlebens eine Objektivität, die das Ich zu sich selbst herausfordert. Die Stimmung gibt die Frage auf, die diese oder jene Antwort provoziert."[61] Die allgemeine Stimmung formt die Art, wie man die Welt wahrnimmt, welche Probleme man sieht und welche Antworten man darauf einfordert. Politiker widmen dem Erforschen von Stimmung viel Zeit und Energie – durch Umfragen, Fokusgruppen, Stammtischbesuche – Gespräche „mit den Menschen da draußen" – und richten sich sehr stark nach den Ergebnissen. Wer also beeinflussen kann, welche Stimmung Politiker und Wähler wahrnehmen, kann Politik ändern.

Soziale Medien bieten die Illusion, Stimmung einfach feststellen zu können. Es genügen ein paar Dutzend Kommentare von vermeintlich authentischen Bürgern unter einem Posting auf Facebook, um ein Stimmungsbild zu vermitteln. Das formt Meinung sehr wirkungsvoll, zeigen erste Studien zum Thema.[62] Nun ist dieses Bild schon ohne jede Manipulation falsch. Kommentare und Postings auf Facebook spiegeln nicht die Meinung „der Bevölkerung", sondern die eines sehr kleinen Ausschnittes: Ein winziger Bruchteil der Facebook- und YouTube-User schreibt das Gros der Kommentare. Das Recherche-Kollektiv Mokant etwa untersuchte die vierzig meinungsrelevantesten Facebook-Seiten aus Medien und Politik im österreichischen Wahlkampf 2017: Insgesamt wurden auf diesen Seiten während des Wahlkampfes 2,9 Millionen Kommentare gepostet, die von insgesamt 400 000 Usern stammen. Das vermittelt den Eindruck einer lebendigen Beteiligung, von der man auf die Stimmung schließen könnte. Doch der Eindruck trügt: Die meisten User hinterließen einen oder ganz wenige Kommentare. Die Hälfte der Kommentare stammte von nur 8900 Usern. Anders ausgedrückt: Nur zwei Prozent der User lieferten die Hälfte der Kommentare und bestimmten damit den Diskurs. Ein Tausendstel der User war für 12 Prozent der Kommentare verantwortlich. Einige wenige User posteten jeweils mehrere tausend Kommentare – und hinter keinem dieser Profile stand eine echte Person.[63]

Politischen Gruppen, die das Stimmungsbild nicht nur beeinflussen, sondern manipulieren wollen, stehen in den sozialen Medien alle Tore offen. Besonders auf Twitter machen sich Botnets breit – Netzwerke von maschinell gesteuerten Accounts, die bestimmte Tweets re-tweeten oder kommentieren. Der Einfluss von Bots auf normale User auf Twitter ist umstritten – Twitter-Nutzer sehen die Postings hauptsächlich dann, wenn sie Ereignissen per Hashtag folgen. Die Stimmung während TV-Diskussionen kann also damit etwa beeinflusst werden, und das versuchten die Kandidaten auch: In den USA etwa stammte ein Fünftel der Tweets während der ersten beiden TV-Debatten pro Clinton und sogar ein Drittel der Tweets, die Trump favorisierten, von Bots – also Meinungsmaschinen, die einander in Social Media bekriegen und mit ihrer Frequenz auch die Berichte von Massenmedien über die „Stimmung in der Bevölkerung" beeinflussen.[64] [65]

Noch einflussreicher sind allerdings Troll-Armeen: Netzwerke von politisch motivierten oder auch bezahlten Usern, die mit einer Vielzahl von Accounts nach geheimer Absprache die Diskussionen in eine Richtung lenken – oder auch einfach zerstören.

Die älteste und bekannteste „Troll-Fabrik" wurde schon 2003 erstmals beschrieben: Die „Agentur für Internet-Forschung" mit Sitz in St. Petersburg beeinflusste bereits ab den späten 1990er-Jahren im Auftrag der russischen Regierung die Debatten im Netz. Die Agentur gehört einem Vertrauten des russischen Präsidenten Wladimir Putin. Heute soll das Unternehmen 800 Mitarbeiter beschäftigen, die nichts anderes tun, als politische Diskussionen in sozialen Medien zu manipulieren. 2015 klagten die ehemaligen Mitarbeiterinnen Ljudmila Sawtschuk und Marat Burkhard das Unternehmen wegen Lohnstreitigkeiten und brachten es damit an die Öffentlichkeit. Sie schilderten ihre Aufgaben: Jeder Mitarbeiter muss demnach mehrere Facebook-Profile betreiben, auf jedem mehrmals täglich posten und weitere 150 Kommentare pro Tag auf anderen Seiten hinterlassen – darunter rassistische Beschimpfungen des US-Präsidenten, Sorge um Verwandte in Westeuropa ob der Sanktionen gegen Russland, Lob für Wladimir Putin. In einem zweiten Schritt übernehmen Bots – also maschinengesteuerte Accounts – das Liken der Kommentare und Postings, damit die Facebook-Algorithmen sie nach oben reihen. In Estland etwa stammten bei Diskussionen um die Nato – einem Thema, bei dem Russland massive Interessen verfolgt – neunmal mehr Tweets von Robotern als von Menschen.

Ein ehemaliger Mitarbeiter, der von 2014 bis 2015 in der Agentur arbeitete, beschreibt seine Tätigkeit in einem Interview mit der *Washington Post* so: „Ich fühlte mich wie eine Figur in George Orwells Roman *1984*. Es ist ein Platz, an dem du schreiben musst, dass schwarz weiß ist und weiß schwarz. Man fühlte sich wie in einer riesigen Fabrik, die das Lügen in eine industrielle Tätigkeit verwandelt hat. Es war eine riesige Anzahl von Menschen dort beschäftigt – 300 oder 400 –, und sie schrieben den ganzen Tag absolute Unwahrheiten. Ich war dafür zuständig, Kommentare zu posten. Niemand fragte nach meiner Meinung, meine Meinung war schon vorgegeben, ich musste sie nur in eigenen Worten formulieren. (…) Es gab zwei Schichten zu 12 Stunden: Von 9 Uhr bis 21 Uhr und von 21 bis 9 Uhr. Es gab Produktionsvorgaben – etwa 135 Kommentare zu 200 Zeichen. Es war eher eine Fabrik als ein kreativer Ort. Wir bekamen eine Liste von Themen, zu denen wir kommentieren sollten. Jeder Artikel wurde von drei Trollen kommentiert. Wir mussten darauf achten, wie normale Menschen zu wirken. Einer der drei schrieb etwas Negatives, die anderen beiden korrigierten ihn, und schließlich zeigte sich der Kritiker einsichtig. Das war die Art von Schauspiel, die wir aufführten."[66]

Die „Internet Research Agency" war in Westeuropa beson-
ders während des Ukraine-Konflikts aktiv und versuchte, die
Stimmung gegen die Ukraine und für Russland zu drehen. Ihre
Rolle im amerikanischen Wahlkampf 2017 wird im nächsten
Kapitel beschrieben.

In Deutschland ist ein anderes Troll-Netzwerk unterwegs,
das nicht von einer Regierung gesteuert wird, sondern von
Rechtsextremen: Die Gruppe „Reconquista Germanica" gründete
sich im Sommer 2017 mit dem Ziel, die deutsche rechte Partei AfD
im Wahlkampf um die Bundestagswahl zu stärken. Sie betreibt
einen YouTube-Kanal mit 33 000 Abonnenten – vor allem aber
beeinflusst sie Debatten durch Kommentare. Mehrere Leaks und
Undercover-Aktionen geben ein recht genaues Bild über die Vorgangsweise: Das Netzwerk – das zwischen 5000 und 7000 Mitglieder haben soll – ist über einen Server bei Discord organisiert,
wo sich normalerweise Gamer treffen. Die Struktur ist streng
hierarchisch, an der Spitze steht ein Oberbefehlshaber, darunter
Paladine, Generäle, Offiziere, Gefreite und Rekruten. Den Aufstieg
kann man sich durch Aktionen verdienen.

Im Januar 2018 tauchte ein Handbuch mit Anleitungen auf:
Jeder Aktivist sollte sich mehrere Accounts zulegen und dabei in
die Filterblasen des Mainstreams eindringen: „Mach dir unauffäl-
lige Accounts – Tiere, Reisen, Sommer, Sonne." Bei Angriffen sollen
sich die Aktivisten vorab organisieren und „im Rudel" auftauchen.
Junge Frauen werden als „klassische Opfer" bezeichnet – das
Handbuch rät deshalb, Unternehmens-Accounts anzugreifen, da
diese oft von jungen Frauen betrieben werden. „Schwacher Punkt
ist immer die Familie" wird außerdem geraten. Bei Kritik solle man
„großzügig die Nazikeule einsetzen und die systemtreuen Lakaien
als Rassisten und Antisemiten diffamieren: Schlagt den Gegner mit
seinen eigenen Waffen." Die Aktivisten legten sich auch Accounts
mit türkischen Namen an oder behaupteten als angebliche syrische
Flüchtlinge, dass der Krieg in Syrien vorbei sei.

Welche Aktionen zu setzen sind, befiehlt der „General" und die „Paladine". So wurde etwa das TV-Duell zur Bundestagswahl auf Twitter mit dem Hashtag „Verräterduell" geflutet. Nach einem Bericht des Nachrichtenmagazins *Der Spiegel* über das Netzwerk landete der Hashtag #LügenSpiegel dank 7000 Tweets stündlich in den Twitter-Trends. Im Wahlkampf griff das Netzwerk die Politikerin Sarah Rambatz von der Linksjugend Solid an, die für die Linke in Hamburg auf der Liste stand – mit Erfolg: Nach Tausenden Mord- und Vergewaltigungsdrohungen zog sich Rambatz zurück und verzichtete auf ihren Listenplatz. Til Schweiger wurde wegen seines Engagements für Flüchtlinge zur Zielscheibe. Auch Journalisten wurden angegriffen und bedroht.

Wären Facebook und Google mit YouTube nur Plattformen, wären solche Angriffe ebenso handelbar wie rechtsextreme Foren, die es gibt, solange es das Internet gibt: Solange die Angriffe in Nischen bleiben, haben sie wenig Effekt auf die angegriffenen Personen. Doch Facebook und YouTube erlauben es, dass Troll-Armeen den Algorithmus verwenden, um Lügen und Hass ganz nach oben zu spielen und direkt in die Welt der Betroffenen einzudringen, bis diese sich zurückziehen müssen. Sie ermöglichen damit Manipulation: Mit wenigen sehr engagierten Menschen mit vielen Profilen, die koordiniert vorgehen, kann eine Stimmung in der Bevölkerung vorgetäuscht werden. Im Bundestagswahlkampf bestimmten die Trolle der „Reconquista Germanica" drei der Top-20-Trending-Topics auf Social Media.

Welche Auswirkungen diese Möglichkeit zur ungebremsten Stimmungsmache mit Bots und Fake-Profilen hat, können wir abschätzen, wenn wir die Auswirkungen auf Wahlen ansehen.

7. DESINFORMATION, SPALTUNG, MANIPULATION VON WAHLEN
Wie „soziale" Medien die Demokratie unterwandern

In den Tagen vor dem 21. Mai 2016 tauchte in den Facebook-Newsfeeds der Bewohner von Texas eine beunruhigende Kombination von Facebook-Veranstaltungen auf. Beide waren promoted, also mit Geld beworben, und so in die Newsfeeds befördert. Beide fanden am 21. Mai zu Mittag statt. Und beide hatten denselben Ort: das Islamische Zentrum Da'Wah in Houston. Die nationalistische Facebook-Seite „Heart of Texas" mobilisierte zu einer Demonstration unter dem Motto „Stoppt die Islamisierung von Texas". Die Facebook-Seite „Muslims in America" rief zu einer Gegendemonstration am selben Ort zur selben Zeit auf – unter dem Titel „Save Islamic Knowledge". Die USA standen ein halbes Jahr vor einer entscheidenden Wahl, die Stimmung im Land war aufgeheizt, das Thema Muslime und Einwanderung stark umstritten. In den Kommentaren zu beiden Veranstaltungen liefen die Gemüter heiß, es wurde zu Gewalt aufgerufen. Wer die beiden Veranstaltungen in seinem Facebook-Newsfeed sah, hatte allen Grund, sich Sorgen zu machen.[67]

Doch noch beunruhigender als drohende Zusammenstöße zwischen Nationalisten und Muslimen vor einer Moschee in der eigenen Stadt war die Wahrheit hinter den Veranstaltungen, die damals niemand wissen konnte: Beide Facebook-Veranstaltungen waren von einem Büro in Sankt Petersburg aus organisiert, die Werbung mit Geld aus Russland bezahlt. Zur antimuslimischen Demonstration von „Heart of Texas" tauchten zwar ein paar Nationalisten auf, aber niemand von „Heart of Texas" selbst: Die Gruppe gab es nicht, sie war eine Erfindung der russischen Internet Research Agency (siehe Kapitel 6) – auch bekannt als „Troll-Fabrik" – die mit über 100 Leuten in zwei Schichten täglich daran arbeitete, die

Wahlkampagnen zur US-Präsidentschaftswahl 2016 zu unterwandern. Bekannt wurde das erst mehr als ein Jahr später durch eine Untersuchung des US-Senats.

Der Vorgang, der wie aus einem absurden Theaterstück klingt, ist nur ein Beispiel für die Möglichkeiten, die Facebook und YouTube für die Manipulation von demokratischen Diskursen eröffnen. Der Vorrang für Hass, Lügen, Propaganda und Extreme wird zur Überlebensfrage von Demokratie, wenn er sich mit Wahlkampagnen kreuzt. Die Vorteile der Meinungsfreiheit, die Social Media für zivilgesellschaftliche Bewegungen und Oppositionelle bietet, treten in den Hintergrund, wenn man sich die Wirkungen von Facebook und YouTube in den letzten großen Wahlkampagnen seit 2015 ansieht: Die Weigerung, sich als Medien zu klassifizieren und die Verantwortung von Herausgebern über die eigenen Feeds und Streams zu übernehmen, öffnete der Manipulation und Spaltung Tür und Tor. Lügen über politische Gegner, Verschwörungstheorien, gezielte Wahlwerbungen an immer kleinere Gruppen ohne jegliche Möglichkeit von Faktenchecks und demokratischem Diskurs, Hetze bis hin zur Demobilisierung von Wählern und dem Provozieren eines grundlegenden Vertrauensverlustes in das System und die Demokratie an sich waren die bestimmenden Themen auf Facebook und YouTube in den Kampagnen zum italienischen Referendum über die Verfassungsreform 2016, der Brexit-Kampagne und den US-Präsidentschaftswahlen 2016, aber auch in weniger beachteten Wahlen in Europa und Afrika. Facebook und YouTube stellten dafür nicht nur die Tools zur Verfügung und verdienten an der Werbung, sie tolerierten und befeuerten Manipulation und Lügen in einem Ausmaß, das – wenn man an die immer besser werdende künstliche Intelligenz der Algorithmen denkt – ein düsteres Bild von der Zukunft von Demokratie zeichnet.

Politik in der Facebook-Falle

Wahlkampagnen waren für Facebook und YouTube immer schon eine Goldmine: Die Diskussionen und Kampagnen bedeuten hohes Engagement auf ihren Seiten, die Wahlwerbung direktes Einkommen. Der erste US-Präsidentschaftskandidat, der in hohem Maße auf Social Media setzte, war Barack Obama in seinem Wahlkampf 2008. Er formte die Art, wie Facebook mit Politik umgeht: Da er einen Ex-Facebook-Manager im Team hatte, wurden aufkommende Probleme schnell gelöst. Barack Obamas Kampagne machte es möglich, dem Kandidaten zu „folgen" und nicht nur sein „Freund" zu werden – eine Anforderung, die sein Social-Media-Team stellte, das mit der Überprüfung der Freundschaftsanfragen nicht mehr nachkam (man wollte vermeiden, dass der Senator mit Waffennarren oder Exhibitionisten „befreundet" war). Die Flut an rassistischen Kommentaren auf Obamas Facebook-Wall führte dazu, dass Facebook es ermöglichte, Kommentare vor der Veröffentlichung zu prüfen. Auf der Seite von Facebook war Randi Zuckerberg, die Schwester des Gründers Mark Zuckerberg, die erste, die das Potenzial vor den US-Wahlen 2008 erkannte – und in die Hand nahm. Ihr Plan war damals, Facebook zu einem wichtigen Player in der Wahl-Berichterstattung zu machen, und sie erzählt auch heute noch stolz davon, wie sehr ihr das gelungen ist. Am 4Gamechangers Festival 2017 in Wien schilderte sie, wie sie die Abteilung für Politik-News aufbaute: Sie erfand „Facebook Live" als Konkurrenz zu TV-Live-Übertragungen und übertrug damit ein Town-Hall-Meeting von Barack Obama in voller Länge. Sie kooperierte mit ABC bei der Übertragung einer Wahlkampfdebatte auf Facebook (und moderierte die Sendungen auch teilweise).

Facebook sah auch nach Randi Zuckerbergs Austritt 2011 den Einfluss auf Wahlen als einen der wichtigen Spielplätze und eine relevante Einkommensquelle des Unternehmens: 2011 publizierte

Facebook ein Whitepaper, in dem es angab, die Wahlen in Florida beeinflussen zu können. 2012 veröffentlichte die Forschungsabteilung von Facebook, dass der Button „Ich habe gewählt" die Wahlbeteiligung in Kalifornien um 300 000 Stimmen steigerte. Im selben Jahr – einem Wahljahr in den USA, beim zweiten Antreten von Barack Obama – setzte sich Facebook auf das Thema „Social Engineering" – also Beeinflussung (oder Manipulation) durch Technik: Im Januar 2012 nahm Facebook eine Woche lang kleine Änderungen am Newsfeed von 700 000 Usern vor – ohne sie zu informieren – und beobachtete ihre Stimmung. Die dazugehörige Studie wurde 2014 veröffentlicht und sorgte für Empörung: Facebook wies darin nach, dass es durch Anpassungen im Newsfeed die Stimmung der User erfolgreich gelenkt hatte, Einfluss auf ihre Entscheidungen nehmen konnte – und sogar künftige Entscheidungen vorhersagen konnte.[68] Facebook-Managerin Sheryl Sandberg entschuldigte sich später für das Experiment, in dem erstmals nicht einfach gemessen wurde, was der Newsfeed mit Usern macht – sondern die User gezielt und absichtlich manipuliert wurden.[69]

Vor den nächsten Wahlen 2016 setzte Facebook weiter darauf, das wichtigste News-Medium zu werden. Um verlässlichere Nachrichten zu liefern, wurde eine eigene Abteilung namens „Trending Topics" gegründet: Facebook reagierte damit auf die Erkenntnis, dass der eigene Algorithmus die Wirklichkeit nicht abbildete, sondern Wut und Lügen Vorrang gab. Ein Team von 25 Journalisten sollte dort die vom Algorithmus ausgesuchten relevantesten News überprüfen und redaktionell auswählen, welche Facebook in einem eigenen Bereich anzeigen sollte: Fake News und Satire sollten aussortiert werden, und die Nachrichten, die der Algorithmus hochreihte, auf Relevanz geprüft werden. Wenn alle vom Algorithmus hochgereihten Nachrichten solche über Donald Trump waren, sollte auch die Gegenseite hochgereiht werden, um ausgeglichenere News zu bringen. Wenn der

Algorithmus für Breaking News wie einen Terroranschlag zu langsam war, sollten die Journalisten selbst die Geschichte in die Trending Topics bringen. Damit war nicht nur klar, dass der Facebook-Algorithmus, programmiert nach den Vorstellungen der „Chefredaktion", eine Medium gestaltete – damit hatte Facebook auch die Schwelle zu einer echten journalistischen Redaktion überschritten. Trotzdem bestand es auf dem Host-Provider-Privileg und lehnte Verantwortung für Inhalte weiter ab.

Das versetzte die Republikaner – und da insbesondere das Team von Donald Trump – sofort in Alarmbereitschaft: Mark Zuckerberg gilt als demokratisch, auch wenn er an beide Parteien gespendet hat, ging deutlich mehr von seinem Geld an die Demokraten. Peter Thiel war der einzige ausgesprochene Trump-Unterstützer in den Leitungsgremien von Facebook, und die Mitarbeiter gelten als mehrheitlich liberal. Die Befürchtung der Republikaner schien sich bald zu bestätigen: Für Facebooks interne Meetings konnte man Fragen an die Geschäftsführung stellen und mit Hilfe eines Programms Punkte vergeben. Die Frage eines Mitarbeiters, die ganz nach oben gereiht wurde, lautete im Februar 2016: „Welche Verantwortung hat Facebook, dabei zu helfen, einen Präsidenten Trump zu verhindern?" Ein Mitarbeiter der „Trending Topics" leitete einen Screenshot davon nach außen weiter. Der Blog Gizmodo berichtete über die Anti-Trump-Stimmung bei Facebook,[70] zwei Mitarbeiter bei „Trending Topics" wurden entlassen.

Im Mai 2016 erschien der nächste Artikel auf Gizmodo: Ein weiterer ehemaliger „Trending Topics"-Mitarbeiter berichtete darin, dass das Team konservative News hinunterreihte und liberale News eingestreut wurden.[71] Das war zwar angesichts der Bevorzugung des Algorithmus für die emotionalen Trump-News genau die Aufgabe des Teams – doch der Artikel verbreitete sich millionenfach um die Welt, erzürnte die Konservativen und brachte Facebook in einen Erklärungsnotstand: Denn das gesamte Geschäftsmodell hängt davon ab, dass Facebook das

Host-Provider-Privileg (in den USA Sektion 230 des Communications Decency Act) in Anspruch nimmt. Das setzt voraus, dass es zumindest so tut, als wäre es eine Plattform, die in den Inhalt nicht eingreift – was, wie in den vorigen Kapiteln ausgeführt wurde, eine Lüge ist. Und dass die Konservativen in den USA dieses Privileg nun in Frage stellten, wurde für Facebook zu einer Milliardenfrage.

Die Angst vor den Konservativen und insbesondere der Trump-Kampagne war folgenreich: Facebook lud eine Gruppe Republikaner in die Firmenzentrale ein und versuchte, die Wogen zu glätten und jeden Anschein, sie zu benachteiligen, zu beseitigen.[72] Im August löste Zuckerberg das „Trending Topics"-Team auf und beschwor die alte, hinreichend widerlegte Mär, dass Facebook selbst in die Reihung der Inhalte nicht eingreife.

Aus Angst, das Plattformprivileg zu verlieren, ließ Facebook der algorithmischen Bevorzugung von Wut, Hass und Lügen freien Lauf. Es reagierte nicht, als seltsame Anzeigen und Memes den Wahlkampf durchdrangen, es bemerkte angeblich nicht, dass US-Wahlkampf-Postings in Rubel bezahlt wurden. Es zuckte die Schulter, als sieben von zehn der meistgeteilten News rund um das Italien-Referendum 2016 Lügen waren. Es ließ zu, dass Lügen und Hass die Kampagne rund um den Brexit begleiteten, und schaute weg, als Lügen den US-Wahlkampf dermaßen zu dominieren begannen, dass zwei Monate vor der Wahl die Fake News in den Trends die echten Nachrichten überholten.[73] Als die Wahlen in Kenia in einem Meer von Manipulation und Falschmeldungen untergingen, bot Facebook nichts als eine Möglichkeit, Falschmeldungen zu kennzeichnen – ein bitterer Witz, der sofort nach hinten losging.[74] Facebook – und im Gefolge auch YouTube – wurde zu einem Zentrum von Manipulation und Desinformation. Die beiden Unternehmen spielten genau die große Rolle bei Wahlen, die sie selbst vorausgesagt hatten – doch nicht auf die Art, die sie sich gewünscht hätten: Auf beiden Seiten des Atlantik

laufen politische Untersuchungen, ob Facebook die illegale Manipulation wissentlich geduldet habe oder gar selbst an der Manipulation beteiligt gewesen war.

Gespaltene Gesellschaft

Filterblasen sind, wie im vorigen Kapitel ausgeführt wurde, schon
im alltäglichen politischen Diskurs ein großes Problem. In Kombination mit Wahlwerbung aber unterminieren sie das Fundament von Demokratie, denn Demokratie baut auf Öffentlichkeit
auf. Wenn Politiker vor der Öffentlichkeit sprechen, können ihre
Aussagen überprüft und diskutiert werden, sie können zur
Rechenschaft gezogen werden. Nun hatten Politiker immer schon
die Angewohnheit, zielgruppengerecht zu formulieren und etwa
auf einer Bauerntagung die Landwirtschaft mehr in den Vordergrund zu rücken, als es ihrer tatsächlichen Agenda entsprach
– doch zunächst wurde das mit der Allgegenwart von Kameras
und Smartphones eher schwieriger: Politiker konnten überall
aufgenommen werden, ihre Aussagen wurden auch von anderen
Gruppen überprüft. Nun bietet die Möglichkeit, in Filterblasen
hineinzuwerben, die Chance auf das Gegenteil.

Das genaue Wissen beispielsweise von Facebook über die
Interessen seiner User erlaubt es, ihnen genau das zu zeigen, was
sie wollen. Das beginnt bei den Themen: Stellen Sie sich zwei
Wähler vor. Der eine lebt ökologisch bewusst, fährt Rad und will
einen Politiker wählen, der Umweltthemen ganz oben auf der
Agenda hat. Der andere fürchtet um den Wirtschaftsstandort, will
ungehindert Autofahren und interessiert sich nur insofern für
Umweltschutz, als der dem Wirtschaftswachstum nicht im Weg
stehen soll. Mit zielgerichteter Wahlwerbung kann ein Politiker
nun dem einen Wähler ausschließlich sein Engagement FÜR die
Umwelt mitteilen – und dem anderen versichern, dass Autos und

Wirtschaftswachstum wichtiger sein müssen als ein paar Frösche. Mit der Möglichkeit von „Dark Posts", die nur die direkt angesprochenen Personen sehen, erfährt sonst niemand von diesen Versprechen. Weder die anderen Parteien noch Journalisten können sie auf ihren Wahrheitsgehalt abklopfen – sie wissen ja nicht einmal davon. Somit werden beide angesprochenen Wähler denken, dass dieser eine Politiker ihre Interessen am besten vertritt.

Das führte zu sehr gezielten, für andere unsichtbare Werbeeinschaltungen in den vergangenen Wahlkämpfen – und das nicht nur in den USA, wo solche Methoden schon länger üblich sind. Dort arbeitete die Kampagne von Barack Obama schon 2012 intensiv mit Microtargeting – also gezielt angepasster Werbung bei sehr kleinen Zielgruppen – auf Facebook, ebenso wie 2016 Hillary Clinton und – am erfolgreichsten – Donald Trump, der Tausende unterschiedliche Botschaften aussendete, um genau die richtigen Wähler mit der richtigen Botschaft zu erreichen. Mit Hilfe der Datenmenge der Firma Cambridge Analytica (dazu unten mehr) segmentierte die Trump-Kampagne nicht nur nach Alter, Geschlecht, Wohnort, Einkommen und politischer Einstellung, sondern ging immer gezielter in kleinere Gruppen.

Dazu sind Datenspezialisten notwendig. David Wilkinson – der Datenspezialist, der die Trump-Kampagne für Cambridge Analytica designte – erklärte die Vorgangsweise auf dem 4Gamechangers Festival 2017 in einer Keynote zum Panel „Social Media Hack Democracy": „Bei einer US-Wahl geht es im Endeffekt darum, 50 Prozent plus eine Stimme zu gewinnen. Wir konzentrierten uns also ausschließlich auf die Battle-Grounds und filterten mit Hilfe von Daten, die man in den USA kaufen kann, heraus, wer unentschieden war. Diesen Personen spielten wir gezielt Werbung aus, die sie interessierte. Dabei gingen wir tief ins Detail und filterten nicht nur nach Ort, Geschlecht oder Einkommen, sondern auch nach Einstellungen: Wer ein ängstlicher Typ war, bekam eine andere Law-and-Order-Werbung als ein zuversichtlicher Mensch.

Im letzten Monat vor der Wahl geht es dann darum, die eigenen Anhänger, die nicht sicher sind, ob sie zur Wahl gehen, zu motivieren, wählen zu gehen – da spielten wir etwa gezielte Informationen über die eigenen Wahllokale aus."

Aber auch in Europa verwendeten in den vergangenen Wahlkämpfen alle Parteien Microtargeting und Dark Posts: Die CSU etwa warb im Wahlkampf 2017 mit einem Sujet in russischer Sprache, das nur für Russland-Deutsche sichtbar war und in dem zu lesen stand: „Wir wollen keine Republik, in der linke Kräfte und der Multikulturalismus die Vorherrschaft haben." Eine Rhetorik, die man eher von der AfD kannte, die bei Russland-Deutschen überproportional stark war, aber nicht zur Wahlkampflinie der CDU-CSU passte. Die Grünen wandten sich im Wahlkampf 2017 gezielt an Menschen, die Facebook als an Yoga interessiert gekennzeichnet hatte. Die Liste Pilz spielte in Österreich gezielt Tierschutz-Wahlwerbung an Menschen mit Haustieren aus. Die SPÖ schaltete ein Inserat auf Arabisch, das nur für Arabisch sprechende Österreicher sichtbar war.

Der Informatiker und Unternehmensberater Tom Thaler, der für eine große österreichische Partei das Online-Targeting erledigte, hielt darüber 2017 auf der „Privacy Week" in Wien einen Vortrag, den er so begann: „Ich bin eines der Feindbilder von Datenschützern, ich aggregiere Daten auf Facebook." Thaler erklärte, dass in seiner Arbeit täglich ein fünfstelliger Betrag in die Facebook-Werbung geflossen sei – auf kleinste Zielgruppen zugeschnitten, und immer als Dark Posts. Facebook erlaube dabei, die Zielgruppe quer durchs Internet zu verfolgen: „Ich selektiere eine Zielgruppe, und die verfolge ich auf jeder Plattform. Egal wo. Wenn jemand gerade auf Tinder ist, dann halt dort. Sich auf nur eine Plattform zu konzentrieren, ist Neunzigerjahre-Style. Ich mache eine Kampagne und erreiche eine Person dort, wo sie sich gerade aufhält", meint Thaler. Dazu wird ein Marketing-Tool namens „Facebook-Pixel" eingesetzt. „Der Pixel ist eigentlich ein

JavaScript-Code und wird auf den Websites der Parteien eingebaut. Dadurch wissen wir nicht nur die IP-Adresse eines Besuchers der Website, sondern Facebook kann ihn auch seinem Profil zuordnen. Man muss dazu Facebook gar nicht offen haben – es reicht, die App am Smartphone installiert und konfiguriert zu haben", beschreibt Thaler das Feature. „So können wir zum Beispiel eine Werbung nur an die weiblichen Besucher eines bestimmten Teils unserer Website ausspielen, die zwischen 20 und 30 Jahre alt sind und ein Baby haben, das jünger als ein Jahr ist."[75]

Das klingt noch nützlich – doch es wird zum Problem, wenn Politiker Turbo-Stammtisch spielen – und Tausenden unterschiedlichen Stammtischen zugleich etwas Unterschiedliches versprechen, ohne dass es jemand überprüfen kann. Das gezielte Ansprechen bestimmter Gruppen ist nicht neu – doch vor Facebook war die Werbung erkennbar, und sie war limitiert: Kampagnen mussten aus ökonomischen Gründen eine gewisse Menge von Menschen zugleich erreichen und schufen damit eine gewisse Öffentlichkeit. Microtargeting auf Facebook erlaubt hingegen, mit einem Knopfdruck Tausende unterschiedliche Botschaften zu senden und dabei direkt im intimsten persönlichen Hauptmedium der Wähler zu landen – dem Newsfeed. Noch bedenklicher wird diese zielgerichtete Werbung, wenn sie nicht mehr der Werbung für den eigenen Kandidaten dient, sondern der Demobilisierung und der Zerstörung von Vertrauen.

Die Trump-Kampagne fand etwa heraus, dass der Sieg von Hillary Clinton in großem Maße von zwei Gruppen abhing: Frauen und Afro-Amerikaner. Die weniger gebildeten dieser beiden Gruppen wurden von der Trump-Kampagne in den Wochen vor der Wahl mit einer Flut von haarsträubenden Anschuldigungen gegen Hillary Clinton überflutet, die nicht aussahen wie Werbung für Trump – sondern wie Nachrichten oder Aufrufe Gleichgesinnter. Sie sollten die Zielgruppen gar nicht dazu bringen, Trump statt Clinton zu wählen: Der einzige Zweck war, das Vertrauen in die Kandidatin und in das System an sich so nachhaltig zu stören, dass diese Wähler am Wahltag zu Hause blieben. Ob es diese Kampagnen waren, die Trump den Sieg brachten, wird man mangels Parallel-Versuch ohne solche Kampagnen nie feststellen können – doch Tatsache ist, dass die mangelnde Wahlbeteiligung dieser Gruppen Hillary Clinton um wenige tausend Stimmen pro Staat schließlich den Sieg kostete.

Dass Facebook und YouTube mit ihrer Art, Nachrichten zusammenzustellen, diese Methoden nicht nur ermöglichen, sondern sogar fördern, macht auch Politikern Sorge, die sonst alles für die Freiheit des Marktes und von Unternehmen tun. Die liberale EU-Kommissarin Margrethe Vestager – sonst keine Freundin allzu strenger Regulierung – zeigt sich im Gespräch für dieses Buch zutiefst besorgt, wenn sie von den Effekten auf die Demokratie spricht: „Personalisierte Werbung wird nun in der Politik eingesetzt. Aber die Grundlage von Demokratie ist, Dinge im öffentlichen Raum zu diskutieren. Dazu braucht es Transparenz, damit die Fakten überprüft werden können, die Vorschläge in Medien diskutiert werden können und andere widersprechen können. Wenn eine politische Information aber nur in Ihrem Newsfeed ist, dann checkt niemand die Fakten, dann kann niemand widersprechen. Sie wissen nicht, ob es sich um ein echtes Versprechen handelt oder um etwas, das nur Ihnen persönlich gesagt wird und mit der Realität nichts zu tun hat. Das ist die Privatisierung von Demokratie, und das funktioniert nicht. Wir haben demokratische Regeln aufgestellt, damit der Markt den Bürgern dient. Unsere Gesellschaft ist nicht dazu da, diesen Unternehmen zu dienen."

Cambridge Analytica: Die Datensauger

Nun ist es schon beunruhigend genug, wie genau man auf Facebook Wahlwerbung ausspielen und vor anderen verbergen kann. Noch beunruhigender wird es, wenn die Daten, die Facebook über jeden seiner über zwei Milliarden User sammelt, nach außen dringen. Genau das geschah jedoch – und zwar Tausende Male: Von 2010 bis 2014/2015 bot Facebook Entwicklern an, sich über eine Programmierschnittstelle in Facebook einzuloggen und mit Hilfe von Apps Daten von Usern abzugreifen. Der Hintergrund war, dass Facebook damals – 2010 – sein Geschäftsmodell noch nicht klar definiert hatte und dachte, es könnte sich für Apps öffnen und an deren Erlösen 30 Prozent mitschneiden. Der Plan ging nicht auf, Facebook wurde zu einem reinen Verkäufer von Werbung – doch fünf Jahre lang blieb die Schnittstelle offen. Jeder, der sich auf Facebook bewegt, kennt die Spiele und Tests: Welcher Filmstar bist du? Wie wirst du mit siebzig aussehen? Wie alt ist dein Gesicht? Welche Persönlichkeit bist du? Die meisten dieser Apps waren dazu da, Daten abzusaugen – und zwar, bis 2015, nicht nur die Daten des Users, der die App benützte und mit einem Klick der Verwendung seiner Daten zustimmte, sondern auch die Daten aller seiner Facebook-Freunde. Kontakte, Bewegungsprofile, oft das gesamte Adressbuch, Telefon-Metadaten und sogar die Inhalte der Nachrichten aus dem Messenger – dem Facebook-eigenen Nachrichtendienst: Das alles konnte sich ein Entwickler holen und damit arbeiten. Mehrere tausend nahmen die Gelegenheit wahr.[76]

Als David Wilkinson von Cambridge Analytica auf dem 4Gamechangers-Festival die Rolle von Daten in der Trump-Kampagne präsentierte, fehlte ein entscheidender Baustein: Wilkinson hatte beschrieben, wie die Firma mit Hilfe gekaufter Daten Facebook für gezielte Wahlwerbung nützte. Er hatte allerdings nicht erwähnt, dass die Firma auch mit Daten VON Facebook arbeitete. Auch der CEO von Cambridge Analytica, Alexander Nix, trat gerne auf großen Konferenzen wie „Online Marketing Rockstars" auf und prahlte mit den Psychogrammen und den Datenmengen, mit denen er Wahlen gewonnen hatte. Als er vor dem Untersuchungsausschuss des britischen Parlaments zu seiner Rolle in der Brexit-Kampagne befragt wurde, stritt er allerdings rundweg ab, mit Daten VON Facebook gearbeitet zu haben.

Das widersprach Berichten, die seit Ende 2015 über Cambridge Analytica kursierten. Durch die Aussagen von drei Whistleblowern – einem Forscher, dem ehemaligen Forschungsdirektor der Firma, Christopher Wylie, und der ehemaligen kaufmännischen Leiterin Brittany Kaiser – wissen wir mittlerweile: Cambridge Analytica arbeitete mit Facebook-Daten – und zwar mit einer unfassbar hohen Zahl.

Am Anfang dieser Geschichte standen erstens ein Psychologe, der an den Universitäten Cambridge und St. Petersburg darüber forschte, wie man aus dem Verhalten auf Social Media Psychogramme entwickeln konnte. Aleksandr Kogan gab an, dass er mit der Auswertung von ein paar hundert Likes einen Menschen besser kennen würde als dessen eigene Familie (eine Einschätzung, die er später revidierte). Kogan war auf der Suche nach mehr Daten für seine Forschung. Zweitens: ein junger kanadischer Datenspezialist namens Christopher Wylie, der den Liberalen in England anhand von Daten zu erklären versuchte, warum sie bei Wahlen scheiterten, dort aber recht wenig Gehör fand – und auf der Suche nach einer Aufgabe war. Drittens: eine Firma namens SCL, die als eine Art privater Geheimdienst plus Wahlkampfberater auftrat und deren CEO Alexander Nix, Typ Aufschneider-Salesman, den lukrativen Markt des US-Wahlkampfes anpeilte. Und viertens: Steve Bannon. Bannon – später Donald Trumps Strategiechef im Weißen Haus – war damals der Chef des rechtsextremen Portals Breitband News. „Bannon glaubte an die Doktrin, dass man Kultur ändern muss, wenn man Politik ändern will", erzählt Christopher Wylie vom ersten Treffen. Wylie war bereit, ihm dafür die psychologische Kriegswaffe in die Hand zu geben: die Analyse von Daten. Bannon wollte die Waffe haben.

Mit Geld des Multi-Milliardärs Robert Mercer, der sein Vermögen für die Förderung rechter Politik in den USA verwendet, gründeten Bannon und Nix eine eigene Firma: Cambridge Analytica (CA). Der Psychologe Aleksandr Kogan bekam eine Million Dollar, um Facebook-Daten zu sammeln. Er entwickelte eine App mit einem kleinen Psychotest namens „My Digital Life" und zahlte Facebook-Usern ein bis zwei Dollar dafür, diese Anwendung herunterzuladen. Die Ergebnisse des Tests waren irrelevant – das Ziel waren die Daten: 320 000 User machten den Test. Kogan lud ihre Daten und die all ihrer Freunde herunter. Nach einer Bereinigung und einem Abgleich mit dem Wählerverzeichnis hatte Cambridge Analytica die Facebook- und Messenger-Daten von 83 Millionen amerikanischer Wähler. Das ist eine enorme Zahl: fast ein Achtel der Bevölkerung. Sie entspricht fast einem Viertel der Zahl von Personen, die normalerweise zur Wahl geht. Postings, Freunde, Beziehungen, der Inhalt von Nachrichten, Aufenthaltsorte, Telefonprotokolle. Ein unglaublicher Schatz für einen Daten-Wahlkämpfer. Wylie, der Daten-Zauberer, durchforstete die Daten und erstellte psychologische Profile und Zielgruppen.

Facebook spricht nun von einem großangelegten Betrug und versuchte, als Wylie mit der Geschichte an die Öffentlichkeit ging, sogar selbst – und noch vor der Polizei – die Büros von Cambridge Analytica zu durchsuchen. Doch der Psychologe Kogan hatte nur getan, was Facebook ihm ganz offiziell erlaubt hatte: Daten für seine Forschung heruntergeladen, allein die Weitergabe an Cambridge Analytica entsprach nicht der Vereinbarung. Facebook selbst nahm das aber offenbar ohnehin nicht sehr ernst: Als die Firma im Sommer 2015 davon erfuhr, schickte sie Wylie – der schon gar nicht mehr bei CA arbeitete – ein Formular, in dem er bestätigen sollte, dass er die Daten gelöscht hätte. Eine Überprüfung fand nicht statt. Facebook fragte bis zum öffentlichen Skandal nie nach.[77] Cambridge Analytica selbst allerdings sammelte auch nach Wylies Ausscheiden Daten mit weiteren Apps, erklärte die ehemalige kaufmännische Leiterin Brittany Kaiser, die eine Woche nach Wylie an die Öffentlichkeit ging.[78]

Cambridge Analytica arbeitete nicht nur für den erfolgreichen Wahlkampf von Donald Trump und die Brexit-Kampagne. Dank eines Undercover-Berichts von Channel 4 wissen wir von Ex-CEO Alexander Nix persönlich, dass die Firma auch in einer ganzen Reihe von weniger entwickelten Demokratien Wahlkämpfe führte. Ein Reporter gab sich für eine Undercover-Reportage von Channel 4 als Geschäftsmann aus Sri Lanka aus, der die dortigen Wahlen beeinflussen wollte und dafür einen Partner suchte. Nix kommt beim dritten Treffen in einem Londoner Hotel dazu und versucht, das Geschäft abzuschließen – und prahlt vor der versteckten Kamera damit, in Malaysia, bei den Wahlen in Kenia und in Nigeria gearbeitet zu haben.

Cambridge-Analytica-Mitarbeiter Mark Turnbull erklärt in dem Meeting vor der versteckten Kamera: „Wir schicken Information in den Blutkreislauf des Internets, wir sehen zu, wie sie wächst, geben ihr hin und wieder einen kleinen Schubs – wie mit einer Fernbedienung. Es muss so geschehen, dass sich niemand denkt ‚Das ist Propaganda‘. Weil in dem Moment, in dem du denkst ‚Das ist Propaganda‘, fragst du dich: ‚Wer hat das veröffentlicht?‘"

Und Nix selbst präzisiert bei dem Treffen mit dem falschen Geschäftsmann in einem Londoner Hotel: „Wir können ein paar Mädchen zum Haus des Kandidaten schicken." Oder: „Wir bieten dem Kandidaten eine hohe Geldsumme für seine Kampagne im Tausch etwa für Land, wir filmen das Ganze und posten es im Internet. Diese Taktik ist sehr effektiv. Ein Instant-Beweis für Korruption, das auf Kamera zu haben, und es ins Internet zu stellen."

Es entbehrt nicht einer gewissen Ironie, dass Nix diese Sätze vor einer versteckten Kamera von Channel 4 sagte und damit seine Karriere beendete.[79]

Im Rückblick klingt es einleuchtend, dass Nix in diesem Gespräch angab, nicht nur den US-Wahlkampf und die Brexit-Kampagne beeinflusst zu haben – zwei Kampagnen, die gespaltene Gesellschaften hinterließen –, sondern auch in den wahrhaft toxischen Wahlkämpfen in Nigeria 2015 und in Kenia 2013 und 2017 mitgearbeitet zu haben. Die Wahlen in Kenia 2017 spalteten das Land dermaßen, dass es (wie schon bei der Wahl 2013) an den Rand eines Bürgerkriegs geriet. Kenia ist eines der Länder der Welt mit der höchsten Dichte an Mobiltelefonen. 50 Prozent der Bevölkerung geben an, ihre Nachrichten über Social Media zu beziehen. Und diese Nachrichten waren im vergangenen Wahlkampf einer Studie zufolge zu unglaublichen 90 Prozent Lügen.[80] Der amtierende Präsident Uhuru Kenyatta überzog seinen Herausforderer mit einer dermaßen dichten Verleumdungskampagne auf Facebook und in WhatsApp-Gruppen, dass Facebook sich gezwungen sah, Stellung zu beziehen: In ganzseitigen Zeitungsinseraten warnte das Unternehmen vor Fake News. Doch statt seine Verantwortung wahrzunehmen und Lügen nicht mehr zu verbreiten, überließ es die Aufgabe den Usern und richtete einen eigenen Meldemechanismus für Lügen ein. In der aufgeheizten Wahlkampfstimmung, in der jede Seite die andere bei jeder Gelegenheit der Lüge bezichtigt, ein Schuss, der nach hinten losging.

Doch auch Österreich scheint im vergangenen Wahlkampf etwas abbekommen zu haben – wenn auch nicht von Cambridge Analytica selbst, sondern von einem hoffnungsvollen Nachahmer: Die Kanzlerpartei SPÖ engagierte den israelischen Berater Tal Silberstein für ihren Wahlkampf. Neben dem Installieren von Fokusgruppen und der Erstellung der Wahlkampflinie baute sich Tal Silberstein im Rahmen der Wahlkampagne ein eigenes Seitenprojekt: Ein bis zu achtköpfiges Team arbeitete getrennt von der Partei, in einem eigens angemieteten Büro, an einer speziellen Form eines Social-Media-Wahlkampfs: Tal Silbersteins Team

erstellte zwei Fake-Facebook-Seiten rund um den Hauptkonkurrenten – den Chef der ÖVP, Sebastian Kurz. Eine der Seiten war
eine Negativ-Seite, die angebliche Skandale rund um Sebastian
Kurz „aufdeckte" und wirkte, als wäre sie von Rechten erstellt. Eine
doppelt perfide Strategie – schwärzte sie doch beide Hauptkonkurrenten an: Die FPÖ geriet in Verdacht, die Seite zu betreiben,
und die ÖVP musste gegen die darauf verbreiteten Verleumdungen ankämpfen. Die zweite Seite war eine Fan-Seite, die Kurz
bejubelte, dabei aber etwas autoritärer dastehen ließ, als er war –
und dabei oft genug Silbersteins eigenen Auftraggeber, die SPÖ,
anschwärzte. Diese Seite wollte Silberstein, so Insider, mit einer
guten Fanbase ausbauen und in der Endphase des Wahlkampfs
nützen, um empört erfundene Anschuldigungen abzustreiten–
in der Hoffnung, diese Verleumdungen so erst ins Gespräch zu
bringen.

Selbst als Tal Silberstein in Israel verhaftet wurde und das
Mandat verlor, arbeitete die Truppe weiter und sponserte sogar
weiter Postings, bezahlt mit Tal Silbersteins persönlicher Kreditkarte. Das Kalkül Silberstein, sagen Eingeweihte, hatte mit den
österreichischen Wahlen gar nichts zu tun: Er wollte ein Portfolio
aufbauen, um künftigen Auftraggebern zu beweisen, dass er mit
Fake-Facebook-Seiten die Wahlen in einem mitteleuropäischen
Land manipuliert habe. So weit kam es nicht: Die Operation flog
wenige Tage vor der Wahl auf, zog den Rücktritt des SPÖ-Bundes-
geschäftsführers nach sich und verlieh dem Wahlkampf im Finish
eine absurde Note. Doch bei aller unfreiwilligen Komik blieb ein
bitterer Nachgeschmack: Immerhin hatte der Wahlkampfberater der damals größten Partei Österreichs die Möglichkeiten von
Facebook genützt, um gezielt Lügen und Desinformation zu verbreiten. Die betroffene ÖVP konnte sich dagegen nicht wehren:
Sie war bei Facebook mit ihren Anträgen, die Seiten zu löschen
und die Betreiber zu erfahren, abgeblitzt. Facebook nahm also
nicht nur keine Verantwortung für den Inhalt wahr – sondern

löschte nicht einmal nach Aufforderungen einer Regierungspartei Seiten, die den Außenminister eines Landes mit Fakes und Falschmeldungen diskreditierten.

Russland und die US-Wahlen: Das Ende jeglicher Sicherheit

Auf einem völlig anderen Niveau bewegt sich Russland bei seinen Desinformationskampagnen im Westen. Das ist nicht neu: Präsident Wladimir Putin kommt aus dem KGB, jenem Dienst, der das Wort Desinformation erfunden hat und dafür schon in der UdSSR zuständig war: 15 000 Agenten waren im KGB damit beschäftigt, Entscheidungsprozesse im Westen zu beeinflussen, Information zu verzerren und „psychologische Kriegsführung" zu betreiben. Eine Reihe von Verschwörungstheorien, die die Öffentlichkeit in den USA beschäftigten, kamen in Wahrheit aus dem KGB: Beispielsweise die Geschichte, dass Präsident Carter einen geheimen Plan entwickle, um Afrikaner und schwarze Amerikaner gegeneinander auszuspielen, oder die These, dass AIDS von der CIA als Waffe entwickelt worden war. Während der KGB noch enorme Anstrengungen unternehmen musste, um seine Gerüchte, Verleumdungen und Verschwörungstheorien in westlichen Massenmedien zu lancieren, stehen dem Kreml heute Facebook und YouTube weit offen. Und der Drang zu psychologischer Kriegsführung hat sich nicht gemindert. Der russische Generalstabschef Waleri Gerassimow schrieb 2013: „Zur Durchsetzung politischer und strategischer Ziele gewinnen nichtmilitärische Mittel an Bedeutung und sind oft wirksamer als die Macht der Waffengewalt. Der Schwerpunkt der Konfliktmethoden verlagert sich hin zum breiten Einsatz politischer, wirtschaftlicher, informatorischer, humanitärer und anderer nichtmilitärischer Mittel. All das wird flankiert von militärischen Mitteln verdeckter Natur wie Informationskonflikten und Sonderkommandoeinsätzen."[81]

Wladimir Putin hat die Desinformation (eine Wortschöpfung des KGB) auf eine neue Ebene gehoben. Mit Hilfe seines genialen Beraters Wladislav Surkov, der ursprünglich aus der Konzeptkunst kommt, hat er im Land selbst die russische Politik in eine Art ständiges Theater verwandelt. Der in der Sowjetunion geborene britische Journalist Peter Pomerantsev beschreibt das so: „Im heutigen Russland ändert sich – anders als in der alten UdSSR oder im heutigen Nordkorea – die Bühne ständig: Das Land ist morgens eine Diktatur, zu Mittag eine Demokratie, eine Oligarchie zum Abendessen, während hinter der Bühne Ölfirmen enteignet, Journalisten ermordet und Milliarden abgezogen werden. Surkov steht in der Mitte der Show, er sponsort in einem Moment nationalistische Skinheads und im nächsten Menschenrechtsgruppen. Es ist eine Machtstrategie, die jede Opposition, die da auftauchen könnte, ständig verwirrt."

Facebook und YouTube eignen sich perfekt, um diese Strategie nach außen zu tragen. Dank der US-Behörden haben wir einen Einblick, wie das funktioniert: In den USA wird seit 2017 intensiv ermittelt, ob es rund um die Kampagne von Donald Trump Einfluss aus Russland gegeben hat. Für die Öffentlichkeit außerhalb der USA ist an den Ermittlungsergebnissen des Spezialgesandten Robert Mueller vor allem eines interessant: Wie Russland in den zwei Jahren vor der US-Präsidentschaftswahl Facebook und YouTube einsetzte, um die Glaubwürdigkeit eines ganzen Systems zu untergraben. Der 39-seitige Report, den Mueller im Februar 2018 vorlegte, zeichnet minutiös nach, welche Accounts aus der Internet Research Agency (IRA) – der im vorigen Kapitel beschriebenen Troll-Fabrik – kamen und wie sie mit der amerikanischen Öffentlichkeit spielten.

Der Einsatz Russlands in der US-Wahl war demnach massiv. Schon 2014 reisten drei Angestellte der Troll-Fabrik Internet Research Agency in die USA, um Infrastruktur aus Computern und SIM-Karten aufzubauen, die die Spuren nach Russland verwischen sollte. In den folgenden Monaten baute die Truppe Profile und Facebook-Seiten auf, die teils aus komplett unterschiedlichen Richtungen stammten: Eine Seite namens „Blacktivist", die schließlich 360 000 Follower sammelte, setzte sich für Schwarze ein. Die Seite „Secured Borders" kämpfte gegen Einwanderung. „United Muslims for America" wurde ebenso gegründet wie die „Army of Jesus" oder „Being Patriotic", dazu kamen Twitter- und Instagram-Accounts. Die durchgehende Linie aller dieser Seiten war offenbar: für maximale Verwirrung sorgen und gegen Hillary Clinton Stimmung machen. Anfangs bedeutete das Support für Bernie Sanders, später unterstützte das Fake-Netzwerk vor allem Donald Trump und demotivierte Clinton-Wähler.

Das Ausmaß an Aktivitäten ist beeindruckend: In der Schlussphase investierte die russische Troll-Fabrik Internet Research Agency 1,2 Millionen Dollar pro Monat für Werbung auf Facebook. 80 000 Postings erschienen auf Facebook, die von 126 Millionen Amerikanern gesehen wurden. Tausende Videos wurden für YouTube produziert.[82]

Im Sommer vor der Wahl bewegte sich die Kampagne – immer von russischen Computern aus gesteuert – auf die Straßen der USA. Die Fake-Accounts riefen zu Veranstaltungen auf und taten dabei so, als wollten sie selbst gerne teilnehmen, seien aber verhindert, während sie aus St. Petersburg mit Updates gefüllt wurden. Sie zahlten aber durchaus „echte Amerikaner" für die Vorbereitung und Teilnahme an den Demos. Am 25. Juni organisierten die Russen in New York einen „March For Trump". Am 9. Juli bezahlten sie einem Trump-Unterstützer, der auf einer Anti-Clinton-Demo ein Schild mit einem Fake-Zitat der Kandidatin zur Scharia hochhielt. Am 23. Juli organisierten sie eine Demo mit dem Motto „Down with Hillary" und verschickten dafür dreißig Presseaussendungen. Im August fanden quer durch Florida Pro-Trump-Flashmobs statt, die alle von russischen Computern aus organisiert waren – aber es waren echte Amerikaner, die auf die Straßen gingen und die teils sogar Geld aus Russland dafür bekamen. Möglich wurde das durch die Fake-Accounts auf Facebook, mit denen russische Angestellte der IRA glaubhaft vortäuschen konnten, Nachbarn und politisch Gleichgesinnte zu sein.

In den Wochen vor der Wahl verlegten sich die russischen Truppen – wie von David Wilkinson von Cambridge Analytica beschrieben – auf die Demotivation von Wählern, die Clinton wählen könnten. Die Seite „Blacktivist" etwa rief zur Wahl von Jill Stein, der grünen Kandidatin, auf. Noch am Wahltag postete der Instagram-Account „Woke Black" von einem Computer in St. Petersburg aus: „Ein besonderer Hass auf Trump verführt das Volk und besonders Schwarze, Hillary zu wählen. Wir können nicht den kleineren von zwei Teufeln wählen. Dann wären wir sicher besser dran, wenn wir gar nicht wählen." Und die Internet-Seite „United Muslims of America" postete einen Aufruf, die Wahl zu boykottieren – weil „die meisten amerikanischen Muslime sich weigern, Hillary Clinton zu wählen."

Doch schon am Tag nach der Wahl erkaltete die Liebe der russischen Social-Media-Aktivisten zu Donald Trump schlagartig. Am 12. November organisierten Seiten, die von der IRA betrieben wurden, zwei Demos in New York: eine für Donald Trump, eine gegen ihn. Sie waren zu ihrem Ziel der allgemeinen Verwirrung und Verunsicherung zurückgekehrt. Und diesem Ziel der Verwirrung diente selbst die Aufklärung der Kampagne: Nach der Veröffentlichung des Mueller-Reports über die russische Kampagne suchte CNN betroffene Amerikaner, die an Aktivitäten teilgenommen hatten, die in Wahrheit von Russland aus organisiert waren. Manche wussten bereits Bescheid – Harry Miller etwa hatte aus Russland 1000 Dollar bekommen, um für eine der Demos in Florida einen Käfig zu bauen, in dem er Puppen von Hillary & Bill Clinton durch die Stadt führte, um die Forderung zu illustrieren, dass sie ins Gefängnis gehörten. Erst als das FBI vor seiner Tür stand, erfuhr er, von wem das Geld wirklich war. „Wie hätte ich es ahnen können? Ein Typ ruft an und man telefoniert immer wieder, man baut über die Zeit eine Beziehung auf, man ist nett zu ihm, weil er einen Akzent hat und man denkt, er sei neu im Land. Sie hatten eine schöne Website und haben den Kandidaten (Trump) sehr unterstützt. Es war nichts, das darauf hinwies, dass sie etwas anderes waren als normale Unterstützer", sagte er gegenüber CNN. Andere wollten CNN einfach nicht glauben. Florine Gruen Goldfarb etwa. Die Dame mittleren Alters betreibt eine Facebook-Seite, die zahlreiche Events der Russen teilte, und nahm selbst an Flashmobs für Trump in Florida teil, die aus Russland organisiert waren. Als CNN vor ihrem kleinen einstöckigen Haus auftaucht, reagiert sie misstrauisch. Sie hält Abstand zur Kamera, will erst nicht antworten. Als der Reporter sie nach ihrer Reaktion auf die Enthüllung fragt, dass sie zum russischen Propaganda-Werkzeug wurde, sieht man ihr die Verwirrung an: „Ich geh doch nicht mit Russen", sagt sie, „ich kannte die Leute dort, das waren Leute, die in meinen Meetings waren. Es waren alles Trump Supporter." Und damit hat sie recht: Denn die Seiten, das Geld, die Organisatoren kamen aus Russland. Aber die Teilnehmer an den Flashmobs waren echte amerikanische Trump-Unterstützer. Goldfarb bricht das Interview ab, sie will sich nicht mit der Möglichkeit befassen, betrogen worden zu sein. Einfacher ist das Narrativ, das ihr ihr Präsident täglich auf Social Media serviert: Die Untersuchung und die Vorwürfe, ist sie überzeugt, sind ein Plot des FBI und von CNN gegen ihren Präsidenten.

Micah White, ein Begründer der Occupy-Wall-Street-Bewegung, sieht in dieser Verunsicherung die größte Gefahr. Auch er wurde Opfer der russischen Kampagne – er hatte der Facebook-Seite „Blacktivist" ein Interview gegeben. „Wenn es stimmt, dass eine Aktivisten-Gruppe, die aus Russland organisiert ist, nicht mehr unterscheidbar ist von einer, die hier in Amerika gestartet wird, dann wird das eine negative Wirkung auf unsere Fähigkeit haben, positive soziale Bewegungen zu gründen, die uns selbst nützen und nicht einer ausländischen Regierung."[83]

Mit diesem Zweifel ist der Zweck der Kampagne erreicht. „Russische Akteure wollen die Demokratie gegen sich selbst ausspielen", sagt die Autorin Ingrid Brodnig, die sich in ihren Büchern *Hass im Netz* und *Lügen im Netz* intensiv mit den Phänomenen auseinandergesetzt hat, im Gespräch für dieses Buch. „Die Gefahr ist Polemisierung, Spaltung, Vertrauensverlust – und ein Land, in dem der demokratische Diskurs zerstört ist."

Medien, die nicht als solche behandelt wurden

Die russischen Kampagnen in den USA und in Großbritannien zum Brexit werfen ein weiteres erschreckendes Schlaglicht auf die demokratiepolitisch fatalen Folgen des Umstands, dass trotz der gelenkten Nachrichtenanzeige im Facebook-Newsfeed und dem Autoplay- und Recommendations-Modus von YouTube zwei der größten Medienunternehmen der Welt, Facebook und Google, nicht als Medien gelten.

In den USA ist aus dem Ausland finanzierte Wahlwerbung ebenso verboten wie in Großbritannien. Das soll sicherstellen, dass Wahlen tatsächlich vom eigenen Wahlvolk ausgehen, und nicht von einer fremden Macht manipuliert werden. Das US-Recht sieht außerdem vor, dass politische Werbung im Fernsehen einen Absender haben muss, denn die USA sind die Hochburg der negativen Wahlwerbung. Milliarden fließen in TV-Spots, die nicht den eigenen Kandidaten loben, sondern den Gegner schlechtmachen – oft mit aus dem Zusammenhang gerissenen Zitaten. Damit die Wähler nicht denken, sie seien mit einem Nachrichtenbeitrag oder einer Werbung der anderen Seite konfrontiert, müssen politische Werbungen immer einen Absender haben. „Stand by your Ad" heißt diese Regel: Steh zu deiner Werbung. Diese Transparenz ist für die demokratische Willensbildung, so sah es der Gesetzgeber, unerlässlich.

Doch die Regeln gelten nur für Medienunternehmen. Facebook und YouTube bestehen darauf, keine Medienunternehmen zu sein. Barack Obama – der selbst den ersten Social-Media-Wahlkampf der US-Geschichte geschlagen hatte – war ein großer Unterstützer des Silicon Valley, und er folgte ihren Ansichten: Das Internet solle ein Ort der freien Rede sein. Zu viel Regulierung in den Händen eines Verwaltungsapparates, der mit den technologischen Innovationen nicht Schritt halten kann, würde die Dynamik der Tech-Lokomotive zerstören, die eben erst die USA wieder an die Spitze der Weltwirtschaft gehievt hatte. Obama und seine Regierung folgten der Forderung nach „Light Touch Regulation" – nach einer Regulierung mit leichter Hand, wie die Silicon-Valley-Lobbyisten ihren Widerstand gegen Gesetze freundlich umschrieben.

Im Zuge der Wahl 2016 wurde den Gesetzgebern allerdings klar, was für eine Revolution sie übersehen hatten: Facebook und Google waren unter dem harmlosen Banner der „Plattform" und des „Netzwerks" zu den größten Medienunternehmen des Planeten geworden. Die einstigen Medientitanen wie NBC oder Fox sahen daneben aus wie Zwerge mit schwindenden Reichweiten, die Zitatfetzen aus ihren Sendungen in die Facebook-Newsfeeds und YouTube-Playlists lieferten.

Mit der unklaren Rolle Russlands im US-Präsidentschaftswahlkampf 2016 wurde das Versäumnis schlagend. Hätte der Fernsehsender CBS etwa russisch oder chinesisch finanzierte politische Werbung gegen oder für einen Kandidaten ausgestrahlt, wäre die Regulierungsbehörde FCC auf der Stelle in einer Weise eingeschritten, die die Medienwelt erzittern lassen hätte – und zwar völlig unabhängig davon, ob es sich um einen Fehler oder um eine bewusste Entscheidung des Mediums gehandelt hätte. Ähnlich ist die Lage in Großbritannien: Auch dort ist ausländisch finanzierte Wahlwerbung verboten. Und auch dort ist unklar, welche Rolle russisches Geld und russische Auftraggeber bei der Kampagne für den Austritt Großbritanniens aus der EU gespielt haben.

Doch Facebook und YouTube behaupten, die Regeln gelten für sie nicht – und so konnte Russland auf den größten Medien ungehindert und illegal ungekennzeichnete Werbung für den US-Wahlkampf und die „Vote Leave"-Kampagne in Großbritannien ausspielen und bezahlen.

Für Facebook und Google endete das Jahr 2017 deshalb vor dem Komitee zu russischen Wahlbeeinflussung des US-Senats und das Jahr 2018 begann vor dem Untersuchungskomitee zur Brexit-Kampagne im britischen Unterhaus. Die Abgeordneten wollten wissen, wie dermaßen ausgedehnte, in den USA illegale Aktivitäten von Russland aus möglich waren. Das Verhalten der beiden Firmen war ein Lehrbeispiel für den Umgang des Silicon Valley mit Gesetzgebern: immer freundlich, aber immer nur die zweite Reihe schicken. Möglichst lange warten lassen. Wenn es eng wird, Regulierung ausweichen, indem man eigene Regeln verspricht.

Nach langen Monaten des Abstreitens gaben schließlich beide Firmen zu, dass sie Fake-Accounts und Wahlwerbung aus Russland zugelassen hatten. Beim Hearing im US-Senat erschienen nicht die CEOs, wie das die Abgeordneten erwartet hatten: Nur die Anwälte der Firmen ließen sich grillen. Ob russische Wahlwerbung nur aus Nachlässigkeit zugelassen wurde, blieb offen.

Senator Al Franken stellte beim Hearing mit den großen Tech-Firmen im November 2017 die Frage so: „Ich verstehe nicht, wie niemand die russischen Bemühungen früher bemerken konnte. Wie konnte Facebook, das stolz darauf ist, Milliarden Datenpunkte zu prozessieren und sie in persönliche Erlebnisse für die User zu verwandeln, nicht die Verbindung sehen zwischen Wahlwerbung, die in Rubel bezahlt wurde und aus Russland kam – zwei Datenpunkte: amerikanische Wahlwerbung und russisches Geld, Rubel –, wie konnten Sie diese zwei Punkte nicht verbinden?"

Der Facebook-Anwalt antwortete: „Senator, Sie haben einen Aspekt der russischen Bedrohung erwähnt – nämlich Accounts, die kompromittierende Inhalte stehlen und sie verbreiten. Das ist eine Bedrohung, die unser Sicherheitsteam sehr ernst genommen hat. Im Rückblick hätten wir eine breitere Sicht der Dinge einnehmen sollen, wir haben Dinge übersehen."

Senator Franken: „Leute haben Werbung auf Facebook in Rubel gezahlt. Es sind Wahlwerbungen. Sie verbinden die ganze Zeit Milliarden von Datenpunkten. Ich höre dauernd, dass Ihre Unternehmen die fortgeschrittenste Sache sind, die die Menschheit jemals erfunden hat. Dass Google alles Wissen der Menschheit hat. Und Sie können die zwei Datenpunkte ‚Rubel' und ‚Wahlwerbung' nicht zusammenbringen und sich denken ‚Hm, da läuft etwas schief?'"

„Senator, wir hätten das sehen sollen, im Rückblick", antwortete der Facebook-Anwalt.

Für die Anhörung vor dem zuständigen Ausschuss im Britischen Parlament, der den Einfluss Russlands auf die Brexit-Kampagne 2016 untersuchte, begaben sich Facebook und Google gar nicht erst nach Großbritannien – und im Gegensatz zu ihren US-amerikanischen Kollegen haben die britischen Abgeordneten nicht die Macht, Facebook und Google vorzuladen. So flogen im Februar 2018 elf Parlamentarier nach Washington DC und luden die CEOs zu einem Hearing im Ballsaal der George Washington University. Sie kamen nicht – auch hier sahen sich die Gesetzgeber nur Mitarbeitern der zweiten Reihe und Anwälten gegenüber.

Die Vertreter von Google und Facebook nutzten das Hearing, um immer wieder zu betonen, was für ein großes Anliegen ihnen der Kampf gegen Fake News sei. Dem britischen Abgeordneten Damian Collins genügte das nicht: „Wenn Facebook eine Bank wäre und jemand Geldwäsche über diese Bank betreiben würde, dann würde die Antwort nicht sein: Wir sind nur die Plattform, durch die dieses Geld fließt. Die Bank würde geschlossen werden und die Verantwortlichen würden vor Gericht stehen."

Besonders aufschlussreich war in diesem Hearing der Austausch zwischen Ian Lucas, einem Abgeordneten der Labour-Party, und Simon Milner von Facebook, der auf Video festgehalten ist. Lucas ist mittleren Alters, nicht schlank, sein dunkler Anzug sitzt nicht gut. Sein Gesicht ist gerötet. Er ist gewählter Abgeordneter. Seine Aufgabe ist es, die Wähler zu vertreten und das Beste für das Land zu tun. Ihm gegenüber Simon Milner. Er war früher bei der BBC in der Buchhaltung und ist seit 2012 bei Facebook. Seine Aufgabe ist es, Facebook in den wachsenden Diskussionen über Sicherheit und mangelnden Datenschutz zu vertreten. Er klingt dabei ein bisschen wie jemand, der seiner Oma das erste Mal einen Facebook-Account einrichtet.

Lucas steigt nicht darauf ein; „Ihr habt einfach nicht nachgesehen. Ihr habt nicht nachgesehen, oder?", fragt der Abgeordnete. Drauf folgt folgender aufschlussreicher Dialog:[84]

IAN LUCAS: „Meine Gegner können auf Facebook Werbung gegen mich schalten. Es ist illegal, für solche Werbung von außerhalb des Landes zu zahlen. Es ist für mich als Kandidaten aber unmöglich nachzuvollziehen, von wo aus die Werbung gebucht wurde. Können Sie uns versichern, dass ausländische Spender nicht für Wahlwerbung zahlen, die in Großbritannien gekauft wird?"
SIMON MILNER: „Nein, das kann ich Ihnen nicht versichern."
LUCAS: „Haben Sie diese Information bei Facebook?"
MILNER: „Nein. Im Sinn von – wie erkläre ich Ihnen das am besten, lassen Sie mich an ein Szenario denken ... – wenn jemand in Ihrem Wahlkreis während der Kampagne Anzeigen kauft, dann sehen wir, welcher Account für die Werbung gezahlt hat. Aber wir können nicht wissen, woher das Geld kommt, das dieser Account verwendet."
LUCAS: „Wissen Sie, ob der Account aus dem Ausland ist?"
MILNER: „Wir haben die Information, wer für die Werbung zahlt, ja."

LUCAS: „Sie wissen, dass das illegal ist? Wenn jemand von außerhalb des UK für diesen Account zahlt?"

MILNER: „Ja, das ist mir bewusst."

LUCAS: „Es ist Ihnen also bewusst. Verhindern Sie also, dass es passiert?"

MILNER: „Das tun wir derzeit nicht. Aber wir – ähm – ich verstehe es so, dass dies eine Sache für die Wahlkommission ist."

LUCAS: „Nein, das ist Ihre Sache. Es ist Ihre Sache."

MILNER: „Ist es nicht die Sache der Person, die für die Werbung zahlt? Muss nicht sie darauf achten, legal zu handeln?"

LUCAS: „Nein, Sie handeln auch illegal. Weil Sie einen illegalen Akt ermöglichen."

MILNER: „Diese Analyse habe ich noch nie gehört. Wenn Sie etwas haben, das sie mit uns teilen können, das das zeigt, dann wäre ich daran interessiert."

LUCAS: „Sehen Sie, Herr Milner, das ist das Problem: Sie haben das alles. Sie haben jede Information. Wir haben keine. Weil Sie sie uns nicht zeigen."

MILNER: „Aber wie ich erklärt habe, Herr Lucas, arbeiten wir an einer neuen Transparenz für politische Werbung, die es Ihnen ermöglichen wird, diese Informationen zu haben."

LUCAS: „Es GIBT also ein Problem?"

MILNER: „Ja."

Das Resultat des Hearings war unbefriedigend: Facebook und Google versprachen, sich die Sache weiter anzusehen und einen neuen Report anzufertigen. Gesetzliche Maßnahmen folgten nicht.

Im deutschsprachigen Raum befassten sich die Gesetzgeber bisher nicht mit der Möglichkeit, dass ausländische Einheiten die Wahlen mit Postings und Werbung beeinflusst haben könnten – trotz offizieller Kooperationsabkommen zwischen

Parteien wie der AfD und der FPÖ mit der Kreml-Partei „Einiges Russland."

Die Möglichkeit digitaler Massenkontrolle

Das Beunruhigendste an dieser Entwicklung, in der zwei der größten Medienunternehmen der Welt sich nicht an die Regeln für Medien halten, ist der Ausblick: Denn die Methoden, die in den vergangenen beiden Jahren zur Beeinflussung von Wahlen eingesetzt wurden, sind neu und noch nicht sehr ausgereift – und doch sind die Auswirkungen bereits verstörend. Einen düsteren Befund liefert François Chollet, der Leiter des Programms für künstliche Intelligenz bei Google, der dort an „Deep Learning" forscht. Wir wollen ihn hier ganz wiedergeben:

„Das Problem mit Facebook ist nicht ‚nur' der Verlust von Privatsphäre und das Faktum, dass es als totalitäres Panoptikum genützt werden kann. Das beunruhigendere Thema ist, meiner Meinung nach, der Gebrauch von digitaler Information für psychologische Kontrolle. Die Welt wird großteils von zwei Langzeit-Trends geformt: Erstens sind unsere Leben zunehmend dematerialisiert. Sie bestehen darin, Information online zu konsumieren und zu generieren, sowohl in der Arbeit als auch zu Hause. Zweitens wird künstliche Intelligenz immer besser. Diese zwei Trends überlappen sich in Algorithmen, die bestimmen, was wir digital konsumieren. Undurchsichtige Social-Media-Algorithmen entscheiden in immer größerem Ausmaß, welche Artikel wir lesen, mit wem wir in Kontakt bleiben, wessen Meinungen wir lesen, von wem wir Feedback bekommen. Über viele Jahre hinweg gibt die algorithmische Auswahl der Information, die wir konsumieren, diesem System beträchtliche Macht über unser Leben – darüber, wer wir werden. Indem wir unser Leben in die digitale Welt transferieren, werden wir angreifbar für die Künstliche-Intelligenz-Algorithmen, die diese Welt regieren. Wenn Facebook über viele Jahre hinweg entscheidet, welche Nachrichten wir sehen (ob wahre oder falsche), wessen politische Postings wir sehen und wer unsere sieht, dann kontrolliert Facebook im Effekt unsere politische Einstellung und unser Weltbild. Das ist nicht neu, da wir wissen, dass Facebook schon seit 2013 eine Serie von Experimenten durchführte, in denen sie durch Änderungen im Newsfeed die Stimmung und die Entscheidungen von ahnungslosen Usern erfolgreich kontrollierten und ihre künftigen Entscheidungen erfolgreich voraussagten. Kurz: Facebook kann zugleich alles über uns messen und die Information kontrollieren, die wir konsumieren. Wenn man aber Zugang zugleich zu Wahrnehmung und zu Aktion hat, dann hat man ein Problem mit künstlicher Intelligenz. Man kann dann einen Optimierungs-Loop für menschliches Verhalten installieren – einen Optimierungs-Loop im echten Leben. Einen Loop, in dem man den momentanen Zustand der Zielpersonen beobachtet und zugleich anpasst, welche Informationen man ihnen gibt, bis man die Meinungen und das Verhalten erhält, das man haben will.

Ein guter Teil der Forschung an künstlicher Intelligenz – besonders die Teile, in die Facebook stark investiert – dreht sich um die Entwicklung von Algorithmen, die solche Optimierungsprobleme so effizient wie möglich lösen, um den Loop zu schließen und volle Kontrolle über das jeweilige Problem zu bekommen. In diesem Fall sind das wir.

Das wird dadurch erleichtert, dass das menschliche Gehirn sehr anfällig ist für recht simple Muster sozialer Manipulation. Ich habe eine kurze Liste von psychologischen Attacken zusammengestellt, die entsetzlich effektiv wären. Einige werden seit langer Zeit in der Werbung verwendet

– wie positive und negative soziale Verstärkung – aber in einer sehr schwachen, nicht zielgerichteten Form. Aus der IT-Sicherheitsperspektive würde man das ‚Schwachstellen' nennen: bekannte Lücken, die man nützen kann, um ein System zu übernehmen. Im Fall des menschlichen Gehirns werden diese Sicherheitslücken nie geschlossen, sie machen einfach das aus, wie Menschen funktionieren. Sie stecken in unseren menschlichen Genen. Sie sind unsere Psychologie. Auf einer persönlichen Ebene haben wir keine Mittel, uns dagegen zu wehren. Das menschliche Gehirn ist ein statisches System mit Schwachstellen, das von immer intelligenteren Künstliche-Intelligenz-Algorithmen attackiert werden wird, die zugleich einen kompletten Überblick haben über alles, das wir tun und denken, und komplette Kontrolle über die Information, die wir bekommen.

Wichtig zu wissen ist, dass die Kontrolle von Massen – besonders die politische Kontrolle – durch die Platzierung von Künstliche-Intelligenz-Algorithmen, die unsere Informations-Diät kontrollieren, keine besonders fortgeschrittene künstliche Intelligenz erfordert. Man braucht keine selbst-bewusste, superintelligente KI, damit das eine fürchterliche Bedrohung wird.

Wenn Massenkontrolle also schon heute möglich ist – theoretisch – warum ist das Ende der Welt dann noch nicht da? Ich glaube, es liegt daran, dass wir bei künstlicher Intelligenz wirklich noch nicht gut sind. Aber das kann sich gerade ändern. Der Flaschenhals sind hier unsere technischen Möglichkeiten. Bis 2015 liefen alle Zielgruppen-Werbungen in der gesamten Branche in simpler logischer Regression. Das stimmt auch heute noch für einen großen Teil – nur die größten Marktteilnehmer sind auf fortgeschrittenere Systeme umgestiegen. Deshalb ist der Großteil der Werbung, die wir online sehen, dermaßen irrelevant. Sie sind nicht sophisticated. Auch die Social-Media-Bots, die verwendet werden, um öffentliche Meinung zu beeinflussen, haben keine künstliche Intelligenz in sich. Sie sind alle extrem primitiv. Derzeit noch.

Künstliche Intelligenz hat in den letzten Jahren schnelle Fortschritte gemacht, und dieser Fortschritt wird gerade erst in die Algorithmen und Social-Media-Bots eingebaut, die Werbung und Meinung zielgerichtet verteilen. Deep Learning wird erst seit Anfang 2016 in Newsfeeds und Werbenetzwerke integriert. Facebook hat massiv darin investiert.

Wer weiß, was als nächstes kommt? Es ist recht auffällig, dass Facebook riesige Summen in die Forschung und Entwicklung künstlicher Intelligenz investiert hat mit dem ausgesprochenen Ziel, auf diesem Feld führend zu sein. Was sagt uns das? Wozu will ein Unternehmen künstliche Intelligenz verwenden, dessen Produkt ein Newsfeed ist? Wir haben es mit einer mächtigen Entität zu tun, die feinkörnige psychologische Profile von zwei Millionen Menschen baut, die langfristige Verhaltens-Manipulations-Experimente durchführt und die die beste Künstliche-Intelligenz-Technologie entwickeln will, die die Welt gesehen hat. Mir persönlich macht das Angst."[85]

8. „WIR FÜTTERN DIE BESTIE, DIE UNS FRISST"
Wie europäische Medien zum eigenen Untergang beitragen

Die Beziehung zwischen Facebook und Medien war in den letzten zehn Jahren zwiespältig. Denn Facebooks Newsfeed enthält ja nicht nur ausländische Werbung, verstörende Kindervideos und Hetze, sonst würde es kaum jemand ansehen – und auch nicht nur Essensfotos und Katzenvideos: Getragen wird es auch von den Inhalten, die aus klassischen Medien kommen. Die meisten europäischen Medienhäuser hängen zur Finanzierung ihrer Onlineangebote von Werbung ab, und bis auf wenige große Marken bekamen Onlinemedien einen Großteil ihres Traffics auf ihren Seiten via Google und Facebook – wobei Facebook 2015 die Suchmaschine als Traffic-Quelle überholte. Facebook hatte dazu viel getan: Im Bemühen, die Aufmerksamkeit der User von anderen Seiten abzuziehen und auf der eigenen App zu monopolisieren, umwarb es Medienhäuser schon seit Jahren und animierte sie, ihren Content auf Facebook zu platzieren. Was anfangs wie eine bequeme Gratis-Marketing-Plattform wirkte, wurde bald zur Falle. Facebook machte die Postings attraktiver, versah sie mit einem Vorschaubild und einem einleitenden Text. Was Medienhäuser anfangs begrüßten und als Garant für mehr Klicks nahmen, führte zum Gegenteil: Wer sich im Stil von Kurznachrichten im Radio informieren wollte, musste Facebook nun gar nicht mehr verlassen, sondern fand die Schlagzeilen aller großen Medien praktisch angerichtet mit Fotos und einigen Zeilen Inhalt in seinem Newsfeed zwischen den Geburtstagsglückwünschen und den Katzenvideos.

2015 machte Facebook den nächsten Schritt und bot ausgewählten Medienhäusern an, nicht mehr Links zu posten, sondern schnell ladende „Instant Articles" auszuspielen: Also die Leser nicht über Links auf die eigenen Seiten zu holen, sondern die

Artikel direkt auf Facebook zu laden. Die Anzeigeneinnahmen wurden geteilt. Ab diesem Zeitpunkt verschwanden Links langsam aus den Newsfeeds, und Medienhäuser wurden nur noch für originalen Content belohnt, den sie auf Facebook bereitstellten: Nur wer ein Foto postete, ein Video hochlud oder einen Livestream direkt auf Facebook anbot, war für eine relevante Zahl von Usern sichtbar. 2016 änderte Facebook die Newsfeed-Einstellungen, um – dem veröffentlichten Ziel zufolge – „bessere News" anzuzeigen. Dann wurde das „Facebook Journalism Project" initiiert, mit dem Facebook gemeinsam mit Medienhäusern Journalismus-Projekte startete, aber auch Journalisten darin ausbildete, wie sie Facebook am besten nutzen konnten – und zwar indem sie ihre Arbeit AUF der Plattform machen, etwa durch Livestreams.

Nana Siebert, stellvertretende Chefredakteurin bei der Tageszeitung *Der Standard* und zuvor bei der Frauenzeitschrift *Woman*, schildert die Begegnung mit den Facebook-Vertretern im Gespräch für dieses Buch so: „Es kommt da ein Grüppchen junger, schnöseliger Marketing-Menschen und erklärt Journalisten, wie sie Facebook am besten nützen können und die maximale Reichweite erzielen. In Kürze gesagt, soll man, um dem Algorithmus zu gefallen, immer das tun, was Facebook nützt: originale Fotos hochladen, eigene Videos für Facebook produzieren, Livestreams anbieten, Instant-Artikel anbieten. Unsere Redaktionen sollen also, wird geraten, möglichst viel direkt für Facebook produzieren und dort Werke veröffentlichen, die User auf Facebook halten. Während von allem, was den Medienhäusern nützt – wie etwa Links – abgeraten wird."

Journalismus für die Konkurrenz

Die Medien zogen mit. Im Rennen um Klicks und in Verkennung der Tatsache, dass sie ihre wichtigste Ware an ihren

Hauptkonkurrenten verschenkten, investierten die meisten weit über reines Marketing hinaus in ihre Facebook-Präsenzen. Nun veröffentlichen Medienhäuser auch in anderen lokalen Medien Anzeigen und werben für ihr Programm – natürlich können und sollen sie das auch auf Facebook und YouTube machen. Doch die Zahl der Postings und Videos hat dieses Ziel der Eigenwerbung längst überholt. Medien lieferten den Stoff, den Facebook brauchte, um zur wichtigsten App zu werden: Inhalte für den Newsstream und die Sicherheit, nichts zu versäumen, wenn man keine andere Seite oder App mehr besucht. „Wir füttern die Bestie, die uns frisst", formuliert es ein Chefredakteur.

Die Initiative „NeverBlogForFree" hat im Februar 2018 eine Woche lang deutschsprachige Angebote auf Facebook gezählt. Die Einblicke sind aufschlussreich: Die Erkenntnis, dass YouTube und Facebook Konkurrenzmedien sind – und zwar für alle gleichermaßen die Hauptkonkurrenten, sowohl was die Aufmerksamkeit betrifft als auch in Bezug auf die Werbegelder –, setzt sich erst langsam durch. Trotz der Änderungen im Newsfeed, die Facebook für Medienhäuser unattraktiver macht, wird dort jede Menge journalistische Arbeit gezeigt. Bisher war es so, dass sich Unternehmen, die auf Facebook posten, über die kostenlose Marketing-Möglichkeit freuten: Anders als auf den Onlineseiten herkömmlicher Medien können sie hier gratis auf sich aufmerksam machen, eine Fanbase aufbauen, mit Lesern in Kontakt treten und ihre Produkte präsentieren. Das sind Features, die sie auf den eigenen Seiten nicht so perfekt umgesetzt haben, wie Facebook das macht. Doch warum macht Facebook das? Dazu lohnt es sich, den Blickwinkel zu ändern: Das Hauptprodukt von Facebook ist der Newsfeed – und dieser Newsfeed braucht gute, interessante Inhalte. So betrachtet machen die Medienunternehmen, die auf Facebook posten, nicht Werbung für sich selbst – sondern sie liefern die Inhalte für das wichtigste Produkt von Facebook, den Newsfeed. Und tatsächlich verdient damit nur eines der

Unternehmen Geld: Facebook verkauft die Werbung rund um die Artikel, Fotos und Videos. Und tut zugleich alles dafür, dass User auf Facebook bleiben und es nicht mit einem Klick auf einen Link verlassen.

Nehmen wir als Beispiel die *Bild*-Zeitung: Die Redaktion beschäftigt vierzehn festangestellte Redakteure allein für Social-Media-Inhalte, insgesamt sind es mehr. Die Redaktion veröffentlicht nach Zählung von „NeverBlogForFree" 23 360 Facebook-Postings in einem Jahr. Die Facebook-Seite „Bild" hat 2,5 Millionen Follower und veröffentlicht 48 Postings pro Tag, die Seite „BildSport" hat 779 000 Follower und postet im Schnitt sechzehn Beiträge pro Tag. Das sichert die Präsenz der Marke Bild auf Facebook und bringt Traffic auf Bild.de – aber es hält auch die Aufmerksamkeit der User auf Facebook und liefert Facebook wichtige Inhalte, um seinen Newsfeed zu gestalten. Wie viel Facebook an den Inhalten von *Bild* verdient, ist schwer zu sagen. Um zu berechnen, wie viel die Postings wert sind, kann man aber einen üblichen Tausender-Kontakt-Preis (TKP) für Onlinewerbung von 10 Euro mit der Reichweite der Postings multiplizieren, neben denen Facebook Werbung schaltet. Nach dieser Rechnung wären die Postings von *Bild* in der Beobachtungswoche über 650 000 Euro wert – aufs Jahr hochgerechnet sind das fast 34 Millionen Euro.

Ähnlich viel postet die *Kronen Zeitung* in Österreich. Der Chef von „Krone Online", Richard Schmitt, gibt auch gerne zu, Artikel extra für bestimmte Filterblasen zu produzieren: Artikel, die von den reichweitenstarken Seiten von FPÖ-Chef Heinz-Christian Strache oder von ÖVP-Obmann Sebastian Kurz geteilt werden, haben wesentlich mehr Reichweite als andere – und so verfasst die *Krone* ihre Titel extra so, dass sie sich für das Teilen durch Strache oder Kurz eignen. Schmitt, der in der Reichweitenmaximierung für Links auf Facebook eine gewisse Meisterschaft erreicht hat, sieht den eigenen Erfolg allerdings selbstkritisch: „Die Ressource Aufmerksamkeit ist beschränkt – je mehr wir an

Facebook liefern, umso mehr Zeit werden die Leser dort verbringen. Mittelfristig bringen wir uns damit um."

Nun ist die Facebook-Präsenz nicht nur ein Versuch, Traffic auf die eigenen Seiten zu bringen – sie ist auch als Marketing notwendig, um als Medium wahrgenommen zu werden. Hier dreht sich eine Spirale: Je mehr Medien Videos, Livestreams, Fotos und Artikel speziell für Facebook und YouTube produzieren, umso eher sehen sich auch andere gezwungen, nachzuziehen. Angetrieben wird diese Spirale ausgerechnet von Gebührengeld: Denn besonders freigiebig mit ihren Inhalten sind die öffentlich-rechtlichen Sender.

In Österreich darf der ORF seine Inhalte zwar nicht auf YouTube stellen, aber er betreibt sechzig Facebook-Seiten. In Deutschland dürfen die öffentlich-rechtlichen Sender ihre Inhalte sowohl auf Facebook als auch auf YouTube veröffentlichen – und teils sogar extra für die Silicon-Valley-Medien produzieren: Im Telemedienkonzept des MDR etwa heißt es inzwischen, zumindest „ausgewählte Inhalte" könnten „zusätzlich oder originär über Drittplattformen zugänglich gemacht werden". MDR-Intendantin Karola Wille, die bis Ende 2017 auch Vorsitzende der ARD war, argumentiert das so: „Wenn 30 Millionen Deutsche auf Facebook unterwegs sind und dort ein Meinungs- und Willensbildungsprozess stattfindet, dann greift ein Stück weit unser Auftrag." Das Ziel sei, „dort verlässliche Angebote in den Raum zu bringen und zu versuchen, die Menschen auch dort zu erreichen".[86]

Doch diese Argumentation ist zwiespältig: Das Ziel, Menschen auf Facebook unter all den Fake News mit verlässlicher Information zu versorgen, könnte nach hinten losgehen. Denn wenn hoch vertrauenswürdige Quellen zwischen Lügen erscheinen, dann nivelliert das ihre Glaubwürdigkeit – besonders im einheitlichen Facebook-Layout, das alle Nachrichten gleich aussehen lässt: Die Präsenz von öffentlich-rechtlichem Journalismus könnte dazu führen, dass Lügen eher als wahr angesehen werden. Kommunikationswissenschaftler Philipp Müller erklärt:

„Schon in den 1950ern beschrieben Sozialpsychologen den Slee-per-Effekt, wonach Menschen sich nach gewisser Zeit an den Inhalt einer Botschaft erinnern, die Quelle jedoch vergessen. Das bedeutet: Auch wenn Rezipienten eine Falschmeldung als solche identifizieren und sie daher zunächst als unglaubwürdig einstu-fen, kann es passieren, dass sie sich nach einigen Wochen noch an diese Falschmeldung erinnern, aber vergessen haben, dass sie diese ursprünglich für unwahr gehalten haben. Denn sie können die Information keiner Quelle mehr zuordnen. Aktuelle Studien zeigen, dass Rezipienten Falschnachrichten als wahrhafter und plausibler empfinden, wenn sie ihnen mehrfach ausgesetzt waren – in der Wissenschaft bekannt als Wahrheitseffekt."[87]

Dieser Effekt wird verstärkt, wenn die Fake News wieder-holt inmitten von echten, vertrauenswürdigen Nachrichten zu finden sind: Denn Menschen erinnern sich nicht an den Absender, sondern nur daran, etwas „auf Facebook" gesehen zu haben. Und die Präsenz der öffentlich-rechtlichen Sender auf Facebook macht das Medium insgesamt glaubwürdiger. „Facebook wird mit Ihren Inhalten einfach besser", hielt n-tv-Geschäftsführer Hans Demmel auf der Internetkonferenz re:publica 2017 der damaligen ARD-Vorsitzenden Karola Wille vor.

Die öffentlich-rechtlichen Anstalten versorgen Facebook und in Deutschland auch YouTube mit einer großen Menge an Content für die Newsstreams und verschaffen den Silicon-Valley-Medien damit nicht nur Werbeeinnahmen, sondern einen höheren Anteil an einer sehr begrenzten Ressource: der Aufmerksamkeit der Bevölkerung. ARD und ZDF betreiben eigene YouTube-Kanäle (etwa für das „Neo Magazin Royale" oder den „Tatort") und eine Vielzahl an Facebook-Seiten. „NeverBlogForFree" haben für eine Woche im Februar die neun wichtigsten Facebook-Seiten des ZDF, die 46 wichtigsten der ARD und die zehn wichtigsten Facebook-Seiten des ORF untersucht und die Zahlen auf ein Jahr hochgerechnet.

Das Ergebnis: Die öffentlich-rechtlichen Sender in Deutschland und Österreich veröffentlichen jährlich rund 175 000 Facebook-Postings. Wie viel Facebook damit verdient, weiß man nicht – würde man die damit erzielte Reichweite aber auf eigenen Kanälen verwerten, käme man auf einen Werbewert von rund 90 Millionen Euro (bei einem Tausender-Kontakt-Preis von 10 Euro). Im Einzelnen kommt „NeverBlogForFree" auf folgende Zahlen:

- Der ZDF veröffentlicht jährlich hochgerechnet rund 22 000 Facebook-Postings. Hätte ein europäisches Medium diese Reichweite mit einem Durchschnittspreis von 10 Euro pro tausend Kontakte vermarktet, hätte es 27 Millionen Euro eingenommen.
- Die ARD veröffentlicht jährlich rund 107 000 Facebook-Postings mit einem Werbewert von rund 36 Millionen Euro.
- Der ORF veröffentlicht jährlich rund 27 000 Facebook-Postings. Die erzielte Reichweite ergäbe für ein europäisches Medium mit einem TKP von 10 Euro rund 21 Millionen Euro an Werbeeinnahmen.[88] Das erfolgreichste Posting 2017 – die erste Hochrechnung zur Nationalratswahl – hatte eine Reichweite von über vier Millionen.

Wie verzerrt die Konkurrenzsituation wahrgenommen wird, sieht man daran, wie die Öffentlich-Rechtlichen mit Videos umgehen. Die Videos der öffentlich-rechtlichen Stationen sind mit Gebühren finanziert – sie müssen sie deshalb nicht mit Vorschalt-Werbung auf ihren Webseiten finanzieren. So können sie auf die Strategie von Facebook einsteigen, direkt Videos auf Facebook zu laden und auf diese Weise dort höhere Reichweite zu erzielen als mit Links. Damit bekommen die größten gemeinsamen Konkurrenten Facebook und YouTube wertvolle Qualitäts-Videos gratis für ihre News- und Videostreams und ihre Werbeverwertung

– während lokale TV-Sender für öffentlich-rechtliches Material etwa tausend Euro pro Minute zahlen. Legt man den Preis an, den wir als PULS 4 oder ATV für eine Minute Sendematerial vom ORF zahlen, sieht man, wie wertvoll diese Geschenke an Facebook sind: Allein in der Woche von 3. bis 7. Februar veröffentlichte der ORF 131 Videos mit insgesamt 177 Sendungsminuten auf Facebook. Würde man dieses Material für einen österreichischen Fernsehsender kaufen, würde das 177 000 Euro kosten. Aufs Jahr hochgerechnet schenkt der ORF Facebook über 153 Stunden an hochwertigen Sendungen. Ein lokaler Fernsehsender müsste dafür über 9 Millionen Euro zahlen.

Die deutschen Privatsender wollen deshalb, dass ARD und ZDF sich von Facebook und YouTube zurückziehen. „Wenn Öffentlich-Rechtliche mit ihren Clips Facebook oder YouTube fluten könnten und sich um die Finanzierung dieser Inhalte überhaupt keine Gedanken machen müssen, dann ist es für uns – und übrigens auch für die Verlage – ungleich schwerer, mit den Plattformen über eine Ökonomisierung unserer Inhalte zu verhandeln", sagt auch Claus Grewenig, früherer Chef des Privatsenderverbandes in Deutschland. „Und wir reden gerade alle mit Facebook und YouTube genau darüber, wie solche Modelle aussehen könnten."

Derzeit passiert allerdings gerade in Deutschland das Gegenteil: Mit der Plattform „Funk" wollen ARD und ZDF – ausgestattet mit einem Budget von 45 Millionen Euro aus Gebührengeldern – junge Menschen unter dreißig erreichen. Nun ist in dieser Generation die Entbündelung der Medien schon großteils vollzogen: Kaum jemand der Unter-30-Jährigen hat eine enge Bindung an einen einzelnen Fernsehkanal, der den ganzen Tag läuft. Es ist auch fast unmöglich, so einen Fernsehkanal neu zu schaffen: Junge Medienkonsumenten werden nicht ihre ganze Zeit darauf verbringen, sondern weiterhin Videos ansehen, wann sie wollen und wo sie ihnen empfohlen werden. Im Bemühen, auf diese

Entbündelung richtig zu reagieren, fördert „Funk" die Produktion von Videos, hat aber keinen eigenen Kanal aufgebaut, sondern streut sie auf verschiedenen Plattformen – allerdings nicht bei der europäischen Konkurrenz, sondern bei der amerikanischen. Mangels eines europäischen sozialen Netzwerks nützt „Funk" daher vor allem Facebook, Instagram, Snapchat und YouTube als Ausspielkanäle. „Funk" argumentiert das auf der Website so: „Wir haben einen öffentlich-rechtlichen Auftrag, das bedeutet, dass wir entsprechend dem Fernsehauftrag eindeutige Verantwortungen übernehmen. Für uns bedeutet das, dass unsere Themensetzungen tatsächlich unsere Zielgruppe erreichen. Das betrifft rund 15 Millionen Menschen zwischen 14 und 29 Jahren." Doch um Inhalte zu produzieren, die auf Facebook, Instagram oder YouTube hohe Reichweiten erzielen, muss man sich an die Mechanismen dieser privaten Monopole anpassen – und der Zugang der Algorithmen, Polarisierendes zu belohnen und differenzierte Information nach hinten zu reihen, geht auch an öffentlich-rechtlichen Produzenten nicht vorbei. Die Algorithmen von Facebook und YouTube formen auch bei „Funk" den Inhalt mit und bestimmen die Reichweiten – mit teils bedenklichen Auswirkungen. So haben die platteren Unterhaltungsvideos mit Abstand mehr Reichweite als Informations-Videos: Eines der erfolgreichsten Videos von „Funk" weist der YouTuberin Bibi nach, dass ihr Lied abgekupfert sei – ein Video, das von jedem Teenie-YouTuber ebenso produziert werden hätte können (tatsächlich haben das Dutzende Freizeit-YouTuber zum selben Thema ebenfalls gemacht). Auch die Informations-Formate haben einen Hang zu Simplifizierung: Das Format „Hochkant" etwa, das von „Funk" herausgegeben wird, bewertet jeden Freitag Schlagzeilen mit den simplen Urteilen „Liebe" oder „Scheiße".

Auch am Verhalten von Journalisten selbst kann man ablesen, wie wenig Facebook und Google als Konkurrenten wahrgenommen werden: Während wohl kaum ein Medienhaus es gutheißen würde, dass Journalisten auf den Portalen anderer Medien täglich Texte und Bilder veröffentlichen, ist es (auch für die Autorin) unter Journalisten absolut üblich, auch originäre Werke, Kommentare, Videos und Fotos auf Twitter, Facebook und YouTube zu stellen – und das nicht nur privat, sondern in der Arbeitszeit. Was zum einen Promotion für die eigenen Medien sein mag, summiert sich zu einem bedeutenden Teil jenes Contents, der Facebook, YouTube und auch Twitter für das Publikum so relevant macht: Journalisten-Accounts gehören auf Social Media zu jenen mit den meisten Followern. Journalisten erhöhen damit die Reichweite der Social-Media-Monopole und tragen dazu bei, dass die Werbeeinnahmen aus den Budgets jener Medienhäuser, die Redaktionen bezahlen, Recherchen finanzieren, Fotografen und Kameraleute beauftragen und Dokumentationen finanzieren, zu den Neuen Medien wandern, die für die Werke nicht zahlen und für europäischen Journalismus nur Brosamen in Form isolierter Forschungsprojekte übrighaben. Man könnte Aktivitäten auf Social-Media-Plattformen also durchaus unter übliche Konkurrenzverbote stellen: Aus der Treuepflicht von Angestellten ergibt sich, dass man für Mitbewerber nicht arbeiten darf – schon gar nicht in der eigenen Arbeitszeit. Das Argument der Meinungsfreiheit, das hier oft genannt wird, würde für publizistische Tätigkeiten in lokalen Konkurrenzmedien ja auch nicht gelten. Diese Argumentation läuft nicht darauf hinaus, dass Mitarbeiter klassischer Medienunternehmen das Posten auf Social-Media-Kanälen einfach einstellen sollten – schließlich handelt es sich auch um wichtige Marketing-Aktivitäten. Doch solange es keine europäischen Plattformen gibt, sollte zumindest das Bewusstsein dafür wachsen, dass es sich um Konkurrenten handelt und man sich nicht sein eigenes Grab schaufeln sollte, indem man Aufmerksamkeit und Werbegelder zu ihnen umlenkt.

Der Einstieg ins klassische Fernsehgeschäft

Dabei wäre es wesentlich nachvollziehbarer, wenn Medien-unternehmen die Großen Drei als ihre Hauptkonkurrenten wahrnehmen würden: Das sind sie nämlich nicht nur mit dem Facebook-Newsfeed und den YouTube-Kanälen für Information und Unterhaltung im Stil der Online-Versionen großer Medien, sondern zunehmend auch im ganz klassischen Mediengeschäft der Fernsehsender.

YouTube bot schon seit 2011 über hundert TV-ähnliche Kanäle an, die Zahl wächst ständig, und YouTube tritt hier nicht nur als Plattform auf, sondern auch als Produzent: Von 2007 bis 2011 schrieb es den Wettbewerb „Secret Talents" auf und hebt die Gewinner besonders prominent hervor. Ab 2012 begann YouTube, Produzenten auf Provisionsbasis zu bezahlen, investierte massiv in die Produktion und baute eigene Studios auf: Im Sommer 2012 eröffnete Google in Soho in London den ersten „YouTube Space" – ein professionelles Studio für die Aufzeichnung von Videos mit hochauflösenden Kameras, Audio-Technik und Green Screens. Ein weiterer YouTube-Space wurde in einem ehemaligen Helikopter-Hangar in Los Angeles errichtet – er ist mit 3800 Quadratmetern Studiofläche größer als die Studios von ProSieben.Sat1.PULS4. 2013 folgten Studios in Tokio, 2014 in New York und 2015 in Berlin.

2014 startete YouTube dann seinen eigenen Bezahl-Kanal mit Eigenproduktionen: YouTube Red – bisher nur in den USA, Australien, Mexiko und Korea verfügbar – liefert seinen Abonnenten werbefreies Fernsehen auf das Handy, den Computer- oder Fernsehbildschirm. YouTube produziert dafür eigene Serien: 2016 und 2017 entstanden drei Dramaserien, zwölf Comedyserien (die erfolgreichste davon – „Foursome" – läuft in der dritten Staffel), eine Kinderserie, vierzehn Realityshows, elf Spielfilme und zehn Dokumentarfilme. Der nächste Schritt ging dann direkt an die TV-Geräte: Mit YouTube TV wird YouTube in den USA von einem Anbieter einer Videoplattform und Video-Streams zu einer Art Kabelbetreiber, der neben den eigenen Kanälen auch die größten TV-Networks im Programm hat. Die Abogebühr beträgt 40 Dollar im Monat.

Damit drängt YouTube nun auch in die große Bastion des klassischen Fernsehens: in die Live-Übertragungen von großen Sportereignissen. Seit Mitte 2017 verhandelt Google um Sportrechte für YouTube und konnte sich bereits die Streaming-Rechte für die Major League Baseball, den Los Angeles Football Club und den Seattle Football Club sichern. Der größte Coup sind die Streaming-Rechte für das massenwirksame Finale der National Basketball League NBA, die Women Basketball League und die zweite Liga im Basketball.

Konkurrenz bekommt YouTube von der Firma gleich nebenan: Während 2017 vor allem Thema war, dass Facebook Snapchat nach gescheiterten Übernahmeversuchen kopiert, spielt sich der wahre Video-Kampf woanders ab. Facebook will YouTube überholen und setzt daran, die Nummer eins für Onlinevideos und TV-ähnliche Kanäle zu werden. Schon seit Längerem bot Facebook einen durchgehenden Stream an Videos an: Sieht man sich ein Video im Newsfeed an, kehrt man nach dessen Ende nicht in das Newsfeed zurück, sondern bleibt im Video-Feld, wo sofort ein neues Video startet. So stellt Facebook ähnlich wie ein TV-Sender lineares Fernsehen zusammen. Im August 2017 kündigte das Unternehmen dazu eine Neuerung an, die den Abstand zum Fernsehen noch weiter verkleinerte: Facebook Watch, das sowohl die Videos von Usern als auch eigenproduzierte Shows zu TV-ähnlichen Kanälen zusammenbaut. „Wir sind im goldenen Zeitalter des Videos", sagte Mark Zuckerberg schon 2016. „In fünf Jahren wird der Großteils des Contents, den Menschen auf Facebook sehen und teilen, Video sein."[89] Facebook gab bereits 2015 an, dass innerhalb seines Ökosystems pro Tag acht Milliarden Videos zumindest angespielt werden und täglich hundert Millionen Stunden Video gesehen werden. 2016 kamen Live-Videos dazu, deren Angebot sich innerhalb eines Jahres vervierfachte.

Für Facebook Watch geht nun auch Facebook in Eigenproduktionen und kauft Videos ein. Wie YouTube teilt Facebook die Werbeeinnahmen mit den Partner-Produzenten, wird aber darüber hinaus sowohl kurze Videos als auch Spielfilme und Serien produzieren: Das Produktionsbudget für 2018 liegt bei einer Milliarde Dollar.[90] Die Produktionskosten sollen bei 10 000 bis 70 000 Dollar für kurze Serien-Folgen und bei bis zu einer Million Dollar für Filme liegen. Zum Vergleich: Eine Hauptabend-Serie im ZDF kostet um die 400 000 Euro, eine Folge des „Auslandsjournals" 54 000 Euro. Man könnte mit dem Produktionsbudget von Facebook also 2500 Folgen einer ZDF-Hauptabend-Serie oder fast 20 000 Ausgaben des ZDF-Auslandsjournals produzieren.[91] Analysten erwarten, dass Facebook mit seinen Videos bis 2022 12 Milliarden Dollar verdienen wird.[92] Anfang 2018 steht Facebook mit seinen Eigenproduktionen bei einer Fiction-Serie, neun Sport-Serien zu verschiedenen Sportarten – eine davon mit Bill Murray –, vier Dokumentarserien, zwei Dating-Shows, in Produktion sind außerdem Koch-Shows und mehrere Drama- und Comedyserien.

Facebook Watch funktioniert dabei wie mehrere klassische lineare Fernsehkanäle, wobei man aus kuratierten Kanälen wählen kann oder Streams wie „Was Freunde ansehen" oder „Die meistkommentierten Videos" konsumieren kann. Auch Livestreams sind geplant: So streamte Facebook 2018 die Golden Globes und hat sich ebenfalls schon Sportrechte etwa im Basketball gesichert. Obwohl hier kein Unterschied mehr zu klassischen Fernsehsendern besteht, bleibt für Facebook das Plattformprivileg aufrecht – somit wird das neue Facebook-Fernsehen von der Angst begleitet, dass extremistische Videos in den Streams, die für User-Content offen sind, überhandnehmen.

Die Nase vorn unter den Großen Drei hat allerdings Amazon. Amazon tritt nicht nur bereits als Verleger und Herausgeber von geschriebenen Medien auf, sondern rollt auch den TV-Markt über Streaming auf: Amazon Video kombiniert für eine Abogebühr eine Art Kabel-Netzwerk mit Dutzenden Kanälen, Eigenproduktionen und einer riesigen Bibliothek an Hollywood-Filmen und -Serien aller Art. Seit Amazon-Prime-Kunden für ihre 99 Euro Mitgliedsgebühr auch Amazon Video dazubekommen, schleicht sich Amazon mit 63 Millionen Abonnenten an Netflix (100 Millionen) und HBO (130 Millionen Abonnenten) heran.

Amazon setzt bei den Eigenproduktionen ganz auf Serien und produzierte bis 2017 elf Dramaserien, zwölf Comedyserien, dreizehn Kinderserien und sechs Doku-Serien. Dazu kommen einige Serien auf Japanisch, Koreanisch und Hindu. Die Serien und Filme werden in den Amazon Studios produziert, die schon 2010 aufgebaut wurden und die Filme ursprünglich an TV-Stationen verkauften – nun hat sich das Geschäft umgedreht: Amazon distribuiert seine Filme und Serien nicht nur selbst, sondern sichert sich die Rechte von TV- und Kino-Filmen und -Serien, um sie in Amazon Prime anzubieten. Einer der spektakulärsten Käufe waren die weltweiten TV-Rechte an „Herr der Ringe" für eine Milliarde Dollar: 250 Millionen zahlte Amazon für die Rechte an der Filmtrilogie, weitere 750 Millionen für das Recht, eine sechsteilige TV-Serie daraus zu machen. Insgesamt gab Amazon 2017 4,5 Milliarden Dollar für die Produktion und den Einkauf von Filmen und TV-Serien aus.[93]

Nun kommen auch bei Amazon Sportrechte dazu: In den USA sicherte sich Amazon die Rechte an einigen Spielen der National Football League. In Deutschland stach Amazon den Sender Eurosport 1 bei den Audiorechten für die Bundesliga und die zweite Liga aus: Ab 2018 werden die Spiele in voller Länge inklusive Vor- und Nachberichterstattung sowie Halbzeitanalysen auf Amazons Musik-Streaming-Dienst übertragen. Amazons

Investment von geschätzten fünf Millionen Euro für die Rechte ist kein großer Deal für ein solches Multimilliarden-Unternehmen, aber zugleich mehr, als ein deutscher Anbieter zahlen konnte – und das Angebot ist werbefrei: Obwohl sich fünfzig Mitarbeiter um die Umsetzung kümmern werden und Experten wie Ex-Nationaltorhüter Timo Hildebrand oder Ex-Schiedsrichter Knut Kircher angeworben wurden, muss Amazon das Geld nicht bei der Übertragung reinholen. Es verdient daran, seine Abonnenten glücklich zu machen – denn Prime-Kunden geben im Onlineshop Amazons doppelt so viel aus wie andere. Ab 2019 bis mindestens 2020 wird mit der ATP World Tour Tennis auf Amazon zu sehen sein, für Großbritannien hat sich Amazon auch die Rechte am US Open gesichert.

Wie die Großen Drei die Onlinewerbemärkte abräumen

Auch bei den Einnahmen rollen die Großen Drei den Markt auf. Das Onlinewerbungs-Duopol Google und Facebook erzielte im Jahr 2016 laut GroupM – der größten Mediaagentur der Welt – 76 Prozent der weltweiten Onlinewerbung außerhalb Chinas und war für 96 Prozent des Wachstums im Rest der Welt verantwortlich. 2017 kontrollierten die beiden Unternehmen bereits 84 Prozent der Onlinewerbung außerhalb Chinas und sicherten sich 99 Prozent des Zuwachses.

Das bedeutet: Die Medienwanderung von Print, Radio und TV auf Online – eigentlich die vielversprechendste Etappe in der Mediengeschichte – bringt nur mehr zwei Firmen Geld. Dieses Geld fehlt klassischen Medien bei der Finanzierung von Journalismus, Filmen und Serien. Nur diese zwei Unternehmen aus demselben Ort, deren Firmenzentralen einen kurzen Spaziergang voneinander entfernt liegen, teilen sich drei Viertel des Kuchens und so gut wie alle Zuwächse. Das Wachstum im

Onlinebereich war eigentlich die Zukunftshoffnung für Medienschaffende weltweit, doch 99 Prozent davon gehen an Google und Facebook. Alle Medienunternehmen der Welt teilen sich das restliche Prozent Onlinewachstum – und das bei schrumpfenden Budgets im Print-Bereich. Und unter diesem Prozent ist auch noch Amazon, ein Unternehmen, wo man nicht nur direkt im größten Onlineshop der Welt und der größten Produkt-Suchmaschine der Welt Werbung buchen kann, sondern über das man quer durch das Internet Werbung kaufen kann. Amazons Werbeerlöse steigen massiv: 2017 um über 40 Prozent, 2018 werden sogar an die 50 Prozent Wachstum prognostiziert.

Die Großen Drei spielen bei ihrer rasanten Markteroberung nicht mit offenen Karten: Während die Reichweite traditioneller Medien nachvollziehbar und unter gegenseitiger Kontrolle gemessen wird, muss man sich bei Google und Facebook auf deren Angaben verlassen. Ein Beispiel zeigt, wie irreführend dabei die Zahlen sind: Facebook zählt jeden User, der ein Video drei Sekunden lang angesehen hat, als „View". Im Fernsehen scheint hingegen jemand, der drei Sekunden zugesehen hat, gar nicht auf. Dort ist die Währung die Durchschnittsreichweite – und die bedeutet: Jemand, der von einem hundertminütigen Film eine Minute gesehen hat, zählt als 0,01 Seher. Jemand, der fünfzig Minuten gesehen hat, als halber Seher.

Und auch wenn einem diese unterschiedliche Zählweise bewusst ist, weiß man nicht, ob die Zahl stimmt: Denn es sind ausschließlich Facebook und Google selbst, die sie ermitteln und veröffentlichen – ohne jegliche Kontrolle von außen. Manchmal geben die beiden Firmen einen Fehler zu: 2016 etwa entschuldigte sich Mark Zuckerberg dafür, dass die Verweildauer in Facebook-Videos um 60 bis 80 Prozent zu hoch angegeben wurde. Wenig später war die Reichweite von Seiten betroffen – sie wurden um 33 Prozent zu hoch angegeben, wenn man sich die letzten sieben Tage ansah, und gleich um 55 Prozent zu hoch, wenn man das letzte Monat betrachten wollte. Auch auf Instant Articles wurde die Verweildauer überhöht angegeben – um 7 bis 8 Prozent.

Dazu kommt im Fernsehen eine harte Messung mit Teletest-Geräten in Haushalten, während bei YouTube und Facebook betrogen werden kann. Eine „Klickfarm", die 2017 in Thailand aufflog, zeigte, wie man echte falsche Views generiert: In mehreren Räumen standen in eigenen Gestellen Hunderte iPhones, jedes mit einer eigenen Simkarte ausgestattet, bereit fürs Antippen. Eine Gruppe junger Männer erledigte das Klicken und das „Betrachten" der Videos. Mit solchen Klickfarmen kann man Hunderttausende Views und Sichtungen erzeugen, ohne dass je ein einziger potenzieller Kunde dabei war: Auf socialmediamarket.de etwa kosten 5000 Video-Views 11,95 Euro, für 128,95 Euro bekommt man einen viralen Hit mit 100 000 Video-Views. Auf Instagram kosten hundert neue Follower nur 3 Euro, wenn man mit inaktiven Accounts vorliebnimmt – aktive 10 000 Follower (genug für erste Werbeaufträge als Influencer) bekommt man um etwa tausend Euro.

Alan Rusbridger, früher Chef des *Guardian*, erklärte die Effekte exemplarisch auf einer Konferenz der *Financial Times* schon 2016: Der *Guardian* war damals auf dem Weg zu einem global führenden Onlinemedium, das sich ohne Paywall durch Werbung finanziert. Doch Facebook und Google durchkreuzten die Pläne. Allein Facebook hatte 27 Millionen Pfund der geplanten Werbeerlöse „aufgesaugt", sagte Rusbridger.

Ausgehungerter Journalismus

Und hier liegt das Problem: Die Dominanz der US-Medien wäre noch keine Katastrophe, wenn sich in diesem neuen Modell die Arbeit finanzieren ließe, die Demokratien so dringend brauchen: die des Journalismus, der Produktion von hochwertigen Filmen und der Finanzierung lokaler Kultur. Doch auch wenn Facebook, YouTube und Amazon beginnen, für die Produktion von Unterhaltung zu zahlen – Journalismus machen sie nicht. Niemand überprüft in den Newsfeeds und YouTube-Streams, was wahr und was falsch ist. Den alten Print-Medienhäusern, die Redaktionen finanzieren, brechen durch die Onlinedominanz von Facebook und Google die Werbegelder weg, um Journalisten zu bezahlen. Und Fernsehstationen müssen Journalismus immer auf Umwegen finanzieren – Nachrichtensendungen müssen aus gutem Grund werbefrei sein. Mit dem Vormarsch von Google, Facebook und Amazon bei Filmen, Serien und Sportübertragungen wird auch das in den nächsten Jahren schwieriger werden.

Warum haben sich Medienunternehmen überhaupt auf diese schwierige Beziehung eingelassen, bevor sie abhängig waren? Es lag wohl an einer Mischung aus Arroganz und dem Willen, technologisch den Anschluss nicht zu verlieren. Die Arroganz führte dazu, dass Medienunternehmen sich für etwas völlig anderes als die New Kids On The Block hielten. Serien von Medienmanagern haben Google, Facebook und Amazon als junge Technologie-Unternehmen zwar bewundert, sie aber als Konkurrenten im eigenen Geschäft nie ernst genommen. Andererseits führte der Wunsch, digital mitzuspielen und ebenso cool zu sein wie die Neuen, zu Fehlentscheidungen –, wie etwa der, die eigene wertvolle journalistische Arbeit gratis an die Großen Drei zu liefern – in der (arroganten) Hoffnung, aus dem Spiel als Gewinner auszusteigen.

Scott Galloway, heute Marketingprofessor an der New York University und Autor von *The Four*, schildert ein exemplarisches, frühes Beispiel anhand der *New York Times* (NYT) und Google. 2008, als der Abstand der Marktanteile zwischen der *New York Times* und Google noch nicht so extrem war wie heute, untersuchte Galloway den Wert der *NYT* anhand der journalistischen Werke, die sie produzierte – und kam zum Schluss, dass diese 5 Milliarden Dollar wert waren. Es war das Geburtsjahr des iPhones, die ersten Tablets wurden entwickelt, und die neuen Unternehmen brauchten Inhalte – und sie brauchten die Seriosität der *New York Times*. Galloway entwickelte einen kühnen Plan: Mithilfe eines Investors kaufte er sich mit 600 Millionen Dollar in die *New York Times* ein und erkämpfte Sitze im Verwaltungsrat, um die *Times* in die Zukunft zu führen. Der Plan: Galloway wollte einerseits zugestehen, dass das Silicon Valley die Nase vorn hatte, und einen der führenden Köpfe holen: Google-CEO Eric Schmidt sollte CEO der Zeitung werden. Andererseits sollte die *New York Times* aufhören, ihre Inhalte gratis an Google zu übertragen.

„Meine Idee war, dass das Unternehmen kämpfen sollte. Die *Times* sollte Google sofort die kalte Schulter zeigen – indem das Unternehmen es ablehnte, dass Google oder irgendein anderes Unternehmen seine Inhalte durchwühlt. Wenn dann Google oder ein anderer Internet-Player den Content der *New York Times* lizenzieren möchte, müsste er dafür bezahlen – und zwar mehr als alle anderen. Google, Bing, Amazon, Twitter oder Facebook könnten ihren Nutzern unbeschränkten Zugang zu unserem Content bieten. Aber nur einer von ihnen – der Höchstbietende. Dann sah mein Plan so aus, diese Strategie über die *Times* hinaus auszuweiten. Ich fasste ins Auge, ein Konsortium von Zeitungsbesitzern zu schaffen – unter anderem die Sulzbergers von der *Times*, die Grahams von der *Washington Post*, die Newhouses, Chandlers, Pearson und in Deutschland Axel Springer. Diese Gruppe würde die hochwertigsten, differenziertesten Medieninhalte der westlichen Welt repräsentieren. Das war unsere einzige Chance, den Niedergang des Printjournalismus aufzuhalten und uns Milliarden Dollar an Shareholder Value (zurück) zu holen."

Der Plan ging schief. Die Traditionszeitung hatte kein Interesse an einem CEO aus der Technologiebranche (hätten sie in die Zukunft sehen können, was Jeff Bezos aus der *Washington Post* gemacht hat, hätten sie wohl anders entschieden.) Andererseits wollte sie Google nicht verärgern. Die Suchmaschine brachte nicht nur Klicks zur *New York Times* selbst, sondern sie hielt ihr einziges relevantes Digital-Investment am Leben: Die *NYT* hatte 2005 für 400 Millionen Dollar about.com gekauft – eine Ansammlung von Seiten über alles Mögliche, deren Gewinn davon abhing, dass Google sie auf der ersten Seite der Suchergebnisse anzeigte. Galloway beschreibt das weniger schmeichelhaft: „Ähnlich wie die Vögel in Afrika, die den ganzen Tag auf dem Hintern eines Nashorns sitzen und dessen Milben und Zecken aufpicken, ritt die *Times* auf dem Rücken eines Titanen, nämlich auf einem der Vier. Die Leute von der *Times* ahnten es nicht, aber auf dem Rücken des Google-Suchalgorithmus zu leben, ist eine ziemlich riskante Sache. Ein Schwanzschlag des Nashorns genügt, um die schmarotzenden Vögel wegzuscheuchen."[94]

Galloway trat für den Verkauf von about.com ein, die Führungsriege der *New York Times* winkte ab: Der Wert von about.com war gerade auf eine Milliarde Dollar gestiegen, und es verschaffte der analogen *New York Times* einen Anstrich von cooler Digitalität. „Indes drängte ich in den Verwaltungsratssitzungen darauf, dass das Unternehmen Google den Zugang zum Content der *Times* verwehren sollte", erzählt Galloway. „Ich bekam mit, wie die Suchmaschine von Google bereits Shareholder Value vernichtete. Wenn man nichts dagegen unternahm, würde uns das langsam und systematisch ersticken. Alle anderen dachten, dies sei halt der elektrische Strom des Internetzeitalters und die Beziehung sei eine Symbiose, denn im Austausch gegen unseren Content bekamen wir ja von Google Traffic. Ich erinnere mich noch an eine ganz bestimmte Sitzung des Verwaltungsrats. Ein Reporter der *Times* wurde in Afghanistan entführt und später von britischen Kommandotruppen gerettet. Bei der Operation wurde ein tapferer Soldat getötet. Der Kommandeur der Schwadron schrieb dem Herausgeber der *New York Times* einen bewegenden Brief, in dem er ausführte, weshalb es sich lohne, diesen hohen Preis zu bezahlen – und wie wichtig Qualitätsjournalismus sei. Arthur las den Brief im Verwaltungsrat in voller Länge vor und machte regelmäßig Pausen, damit wir darüber nachdenken konnten, bevor er weiterlas. Journalismus, Opfer, Ehrerbietung, Ansehen, Geopolitik, Feierlichkeit. Das war die Giraffe im ebenen Waldland des Sudans, die sich von der lückenhaften Vegetation aus niedrigem Gras und Akazien ernährt. Arthur war in seinem Element. Doch während wir noch über die Bedeutung des Journalismus und die Opfer sinnierten, die dafür gebracht werden, drangen die Google-Crawler in unseren Keller ein und zweigten den gesamten Content von unseren Servern ab, während die Verwaltungsräte der *New York Times* 17 Stockwerke darüber im siebthöchsten Gebäude Amerikas dinierten. Google wühlte nicht nur kostenlos in unserem Content, sondern es schnitt ihn auch in passende Scheibchen und Stückchen für seine Nutzer. Wenn beispielsweise die Menschen nach einem Hotel in Paris suchten, verlinkte Google auf einen Reiseartikel der *New York Times* über Paris. Ganz oben auf der Seite platzierte es jedoch Googles eigene Werbung für das Pariser Four Seasons Hotel. Die gängige Argumentation lautete, durch dieses Arrangement erkaufe sich die *Times* ihren Traffic. Diese Zugriffe konnte sie dann an Werbekunden verkaufen, die Banner-Anzeigen kaufen würden. Das klang etwa so munter wie das Pfeifen, wenn man nachts über einen Friedhof geht. Denn jetzt kommt der Haken an der Sache: Bei der Abwicklung der Suche erfuhr Google nämlich – besser als die *Times* selbst –, was genau die Leser der Zeitung wollten und wahrscheinlich auch in der Zukunft wollen würden. Und das bedeutete, dass Google diese Leser der *Times* weitaus gezielter ansprechen und mit jeder Anzeige mehr Geld verdienen konnte. Bis zu zehnmal mehr. Wir hatten also quasi Dollarmünzen gegen 10-Cent-Münzen eingetauscht. Wir hätten auf unseren Websites unsere eigenen Anzeigen unterbringen sollen. Was waren wir nur für Idioten! Unser Vertriebsteam war durchschnittlich und das Geschäftsmodell lag im Sterben. Das einzige von Wert, was wir noch hatten, war unser Content – und die professionellen Mitarbeiter, die ihn erstellten. Doch anstatt diesen Content zu verknappen – alle digitalen Plattformen abzuschotten und die zu verklagen, die unseren Content modifizierten –, wollten wir versuchen, uns mehr Traffic zu verschaffen, indem wir unseren Content prostituierten … und zwar überall. Das war so, als würde Hermès Birkin-Taschen über walmart.com vertreiben, damit hermes.com mehr ‚Traffic‘ bekommt. Wir begingen einen der großen Fehltritte der modernen Wirtschaftsgeschichte. Wir nahmen eine Luxusmarke, verbreiteten sie über Nacht wie durch ein Abwasserrohr und ließen es zu, dass der Besitzer des Abwasserrohrs dafür weniger verlangte, als wir in unserem eigenen Laden in Form von Abogebühren dafür forderten."

Der Verwaltungsrat der *New York Times* lehnte den Plan, den Content zu schützen, ab. Die Begründung: Google könnte verärgert sein und den Algorithmus so verändern, dass about.com weniger Traffic bekam. „Google nutzte unseren Content, um Milliarden Anzeigenklicks anzulocken, und wir nutzten seinen Suchalgorithmus, um Traffic für About zu generieren", sagt Galloway. „Allerdings besaß Google sehr viel mehr Macht. Es herrschte wie ein Lehnsherr über einen entscheidenden Landstrich des Internets. Wir waren das Pendant zu den Pachtbauern auf diesem Grund. Unser Schicksal war von Anfang an besiegelt." 2011 wollte Google keine Serverfarmen wie about.com in seinen Suchergebnissen mehr und änderte mit dem „Panda-Update" den Algorithmus. About.com verlor über Nacht an Wert. „Mit nur einer Feinjustierung versetzte Google der *Times* einen vernichtenden Schlag, leitete Werbeeinnahmen in Milliardenhöhe an andere Websites um und beschnitt den Wert von About drastisch. Offenbar traf Google im Gegensatz zu uns seine geschäftlichen Entscheidungen im Sinne einer nachhaltigen Steigerung des Unternehmenswertes, ohne Angst vor unserer Reaktion zu haben. Vor dem Update war About eine Milliarde Dollar wert, am nächsten Tag weniger als die Hälfte. Ein Jahr später stieß die *Times* die Content-Farm für

300 Millionen Dollar ab, das waren 25 Prozent weniger, als man dafür bezahlt hatte."[95]

Google News: Ein Europa, zig Lösungen

Europäische Medien standen vor demselben Problem mit Google – und versuchten es, über Gesetze und Verträge zu lösen. Wie schwierig Lösungen dabei sind, zeigen die unterschiedlichen Regeln für Google News in Europa:

Die Verleger in Deutschland versuchten im Gegensatz zur *New York Times*, Google zu zwingen, für den Content zu zahlen – doch sie waren da schon zu abhängig vom Traffic, der über die Suchmaschine kam, und so ging auch dieser Plan schief. In den Forderungen rund um das „Leistungsschutzrecht" ging es um die kurzen Artikel-Vorschauen von ein paar Zeilen und um die Fotos, die Google News zu den Artikeln zeigte und daraus eigene News-Seiten bastelte. Die Bezeichnung „Snippets" für diese kurzen Vorschauen wurde zum geflügelten Wort. Wer sich nur schnell informieren wollte – wie etwa bei den Kurznachrichten im Radio zu jeder vollen Stunde –, musste gar nicht mehr auf Artikel klicken, sondern war mit Google News gut bedient. Dafür wollten die Verleger Geld von Google – und brachten die Politik auf ihre Seite, die das „Leistungsschutzrecht" entwarf und den Verlegern das Recht gab, diese Snippets zu lizensieren. Doch das Machtgefälle war zu groß: Google weigerte sich schlicht, für die Lizenzen zu zahlen, und drohte damit, gar keine Links mehr zu den Onlineseiten anzuzeigen. Als die Verleger einklagen wollten, dass Google sie sowohl listen als auch bezahlen mussten, blitzten sie erwartungsgemäß vor Gericht ab. Das Ergebnis war eine Stärkung von Google: Weil sie auf den Traffic nicht verzichten wollten, gaben die Verleger Google Gratislizenzen. Google zahlt also weiterhin nichts und zeigt weiterhin Kurzmeldungen – und wurde auch noch Konkurrenz los: Der deutsche News-Aggregator „River" etwa bekam keine Gratis-Lizenzen und verschwand.

In Frankreich klagte zunächst 2006 die Nachrichtenagentur AFP, weil Google News ihre Texte und Fotos verwendete, ohne zu zahlen. Die Klage endete mit einem Vergleich, dessen Inhalt geheim blieb. 2012 meldeten die Verleger Ansprüche an – Google zog sich schließlich aus der Affäre, indem es nach einem langwierigen Streit mit den Verlegern einen Fonds mit 60 Millionen Euro auflegte, der französische Medien bei Digitalisierungsprojekten unterstützt. In Belgien klagten die Verleger schon 2006 – das Verfahren zog sich über Jahre. 2011 verbannte Google alle belgischen Zeitungen aus Google News. 2012 folgte eine Vereinbarung, nach der Google News die Snippets verwenden darf – dafür aber wie in Frankreich Millionen an die Verlegerlandschaft für Digitalisierungsprojekte zahlen muss.

Einen anderen Ausgang nahm der Rechtsstreit um die Nachrichten-Vorschauen in Spanien: Das Gesetz, das dort am 1. Januar 2015 in Kraft trat, schreibt Aggregatoren wie Google News eine Abgabe für den verwendeten Content vor. Anders als in Deutschland können die Verlage nicht darauf verzichten. Als Konsequenz schloss Google sein News-Service für Spanien im Dezember 2014. Die Effekte sind spürbar, aber nicht so dramatisch wie befürchtet: Die nationalen und lokalen Medien erlitten bei den Onlinelesern einen Rückgang von 9 Prozent, die Sportmedien von 14 Prozent, bei Wirtschaftsmedien zeigte sich kein Effekt.[96]

Frenemy: Eine Gratwanderung

Die allermeisten europäischen Medienhäuser wählen eine Strategie, die gemeinhin „Frenemy" genannt wird: Sie behandeln die Großen Drei sowohl als Feind als auch als Freund und versuchen sie so zu nützen, dass sie nicht davon gefressen werden, sondern ihnen die Zusammenarbeit etwas bringt. Das bleibt eine Gratwanderung. Alle betreiben Facebook-Seiten – und alle überlegen derzeit wohl, wie sie mit der Tatsache umgehen, dass nur mehr bezahlte Posts sichtbar sind: Facebook ist damit gerade zu dem Zeitpunkt, als es die traditionellen Unternehmen in mehreren europäischen Ländern zu überholen droht, von einer bequemen Marketingplattform zu einem Medium geworden, in dem man gegen Geld inseriert. Viele Medienunternehmen haben Projekte mit Googles verschiedenen Programmen zur Unterstützung von Journalismus – wir bei PULS 4 etwa ein Projekt für automatisierte Recherche. Einige haben Partnerschaften mit YouTube: ProSieben.Sat1 etwa betreibt als Tochterfirma das MultiChannel-Netzwerk „Studio 71", eines der größten Netzwerke für Webstars der Welt, das aufstrebende und arrivierte Webstars mit eigenem Studio, Promotion und Vermarktung unterstützt. Ausgespielt werden die Videos vor allem auf YouTube, aber auch auf Facebook.

Ein Beispiel für die Frenemy-Strategie wollen wir aus unserem eigenen Bereich schildern: Auch bei ProSieben.Sat1.PULS 4 in Österreich arbeitet das Studio 71 mit YouTube zusammen. Das österreichische Studio 71 bietet Bootcamps und Workshops für YouTube-Creators, unterstützt sie bei der Produktion und Vermarktung ihrer Kanäle und arbeitet dafür eng mit der Google-Tochter zusammen. Zugleich ist YouTube einer der größten Konkurrenten für ein TV-Unternehmen – und es verwendet dazu auch Material, das in Österreich für das Fernsehen produziert wird. Das führt schließlich zu einer Doppelstrategie: Auf der einen Seite arbeiten wir mit YouTube, auf der anderen Seite brachten wir 2014 eine Klage gegen das Unternehmen ein.

Der Anlassfall sind mehrere Videos täglich, die von meist anonymen Usern auf YouTube hochgeladen werden: Produktionen, die uns als Fernsehsender Hunderttausende Euro kosten – produziert, um sie auf unserer eigenen Website zur Verfügung zu stellen und mit der Werbung rundherum die Produktionskosten hereinzuspielen – landen stattdessen auf YouTube. Jeden Tag. YouTube sammelt damit Hunderttausende Seher, schaltet Werbung vor die Clips, verdient Geld damit. „YouTube steht auf dem Standpunkt, dass die User jene sind, die das Recht brechen, und sie nur die Plattform dafür sind. Aber unsere Argumentation war, dass YouTube es überhaupt erst ermöglicht, unsere Inhalte hochzuladen und mit einem umfassenden Angebot (eine Suchmaschine, nach persönlichem Nutzungsverhalten zugeschnittene Vorschläge, vorgeschaltete Werbespots) auch noch Geld verdient. Das ist, salopp gesagt, Diebstahl von geistigem Eigentum, juristisch formuliert eine Verletzung unserer Urheberrechte", erklärt Medienanwalt Markus Boesch, der die Klage eingebracht hat. „YouTube leistet einen aktiven Beitrag zur Verletzung von Urheberrechten und muss dafür daher als ‚Täter' haften."

Man müsse YouTube zugutehalten, dass sie sich bemühen, dass Urheberrechtsverletzungen verhindert werden können, sagt Boesch: YouTube hat mit hohem Aufwand ein System programmiert, bei dem man als Rechteinhaber alle seine Inhalte einspielen kann – und dann automatisch abgeglichen wird, ob jemand anderer sie hochgeladen hat. Wenn ja, kann man die Videos sperren lassen oder daran mitverdienen. „Die Voraussetzung ist aber, dass du ihnen alles gibst. Jede Sekunde, die wir senden und produzieren, müssten wir dafür auf die Google-Server spielen. Das haben wir als unerträglich empfunden: Dass das geltende Urheberrecht durch die AGBs eines amerikanischen Konzerns ersetzt wird. Sie sagen uns: Du kannst zwar verhindern, dass jemand deine Werke stiehlt, aber du musst dich dafür vollständig unserem System unterwerfen. Wir haben ein Geschäftsmodell, das nicht ohne Urheberrechtsverletzungen auskommt – und wenn du sie verhindern willst, musst du uns alle deine Werke geben, ausnahmslos."

Puls4 verliert den urheberrechtlichen Anspruch in erster Instanz – Google plädiert darauf, nur Plattform, also Host-Provider zu sein, und bekommt Recht. Doch wettbewerbsrechtlich verliert YouTube: Mit Inhalten, die potenziell das Urheberrecht verletzen, auch noch Werbung zu verdienen, sei vom Host-Provider-Privileg nicht mehr gedeckt. YouTube, so das Handelsgericht Wien, stelle nicht nur die Plattform zur Verfügung, sondern es nütze die Uploads wirtschaftlich aus. Und damit verletzt es Wettbewerbsrecht.

Gegen das Urteil von 2015 legten beide Seiten erfolgreich Berufung ein. Seither steht das Verfahren wieder in der ersten Instanz. YouTube verdient weiterhin Geld mit PULS 4-Programm – und entzieht dem lokalen Sender damit die Werbeeinnahmen, die wir für die Finanzierung weiterer Programme brauchen.

Insgesamt muss man nach einigen Jahren der Frenemy-Strategie mit den Großen Drei zum Schluss kommen: Der Versuch, durch Aktivitäten auf Facebook, YouTube und Amazon europäischen Journalismus und europäische Kultur zu retten, ist nicht von großem Erfolg gekrönt – im Gegenteil. Doch trotz der beeindruckenden Wachstumszahlen haben YouTube und Facebook immer noch nur einen kleinen Teil der Aufmerksamkeit der europäischen User – Fernsehen und traditionelle Medien, die sich an europäische Regeln halten, liegen immer noch weit vorne. Noch ist Zeit, eine eigene Gegenstrategie zu entwickeln. Dazu muss sich Europa aber seiner Stellung bewusst werden.

9. „ES IST EIN GLOBALER WIRTSCHAFTS- UND MEDIENKRIEG"
Europäische Werte im Kreuzfeuer aus China und den USA

„Werden wir zu tatenlosen Zuschauern im neuen Kalten Krieg um Technologie werden? Oder kann Europa mit besseren Antworten aufwarten, um im globalen Technologiestreit zwischen USA und China nicht zerrieben zu werden?" Mit diesen Worten trat der scheidende deutsche Außenminister Sigmar Gabriel im Januar 2018 auf der DLD-Konferenz in München auf. „Die globale Kontrolle von Daten durch die Big Five, deren Überwachungskapitalismus und der auf leisen Sohlen vollzogene Import US-amerikanischer Gesetze und Werte haben Europas Bevölkerung und Politiker gleichermaßen verärgert", sagte Gabriel weiter. Er sprach damit eine grundlegende Frage an: Die geopolitische Dimension der Digital-Konzerne – und die fehlende Rolle Europas in der Forschung und Entwicklung von digitalen Lösungen.

Sieht man sich die drei großen Machtblöcke an, dann zeigt die Entwicklung in der Digitalisierung ein klares Bild: Die USA führen und haben die Voraussetzungen geschaffen, dass die größten Firmen der Welt entstanden sind. China hat seinen Markt konsequent abgeschottet und eigene Digitalunternehmen gefördert, die den US-amerikanischen bald ebenbürtig in Technologie, Börsenwert und Userzahlen sind. Das wäre in einer globalisierten digitalisierten Welt mit automatischen Übersetzungsprogrammen nicht weiter tragisch – kann man doch die Angebote aus den USA und China in Europa nützen und sich die eigene Entwicklung sparen. Doch die neuen Digitalgiganten organisieren den Alltag, den Einkauf, die Beziehungen, die Wahrnehmung der Welt. Sie tun das auf der Wertebasis ihrer Herkunftsländer. Und Europas Werte kommen hier nicht vor.

Grob vereinfacht halten die USA die Freiheit des Einzelnen hoch, während China seine Anstrengungen auf das Wohl des Staates richtet. Europa hat einen anderen Weg: In den Europäischen Verfassungen und den Grundsätzen der Europäischen Union bilden die Menschenrechte, die Grundrechte und die Freiheit eine Grundlage für ein System, in dem die freie Marktwirtschaft durch soziale, ökologische und grundrechtliche Regeln in Bahnen gelenkt wird. Wirtschaft soll der Gesellschaft dienen. Staaten haben nicht die Aufgabe, dem Einzelnen maximale Freiheit zu garantieren oder ihn zum Instrument zum Wohl des Staates zu machen, sondern sie sollen für sozialen Ausgleich in der Gesellschaft sorgen und Grundrechte einhalten. Gleichheit und gesellschaftliche Gerechtigkeit werden großgeschrieben.

Das sind grundlegende Unterschiede zu den Systemen der USA und Chinas, die sich in den Friktionen mit deren Digitalsystemen spiegeln: Die USA sehen Freiheit und vor allem Meinungsfreiheit (Freedom of Speech) als höchstes Gut. In Europa hingegen – mit seiner Erfahrung mit Faschismus und Nationalsozialismus – ist allgemein anerkannt, dass Meinungsfreiheit Grenzen haben muss, um den Schutz vor Verleumdung und Hetze zu garantieren. Und Privatsphäre hat nach den Erfahrungen mit Stasi, Gestapo und den Spitzeln Francos, Mussolinis und der osteuropäischen kommunistischen Regime einen wesentlich höheren Stellenwert als in den USA oder in China.

Dazu kommt der geopolitische Aspekt: Die großen Digitalunternehmen bewegen sich nicht im luftleeren Raum.

Die US-Regierung und das Silicon Valley: Eine schwierige, aber enge Beziehung

Bereits im dritten und vierten Kapitel wurde beschrieben, wie eng die Entstehung des Silicon Valley und des Internets an sich mit den geopolitischen Interessen des USA und da insbesondere des Militärs verknüpft war – und wie zugleich die seit den 2000er-Jahren entstandenen Unternehmen mit ihrer kalifornischen Ideologie versuchen, möglichst staatsfern zu bleiben und jeglicher Regulierung auszuweichen. Doch alle US-Regierungen seit Clinton haben die Silicon-Valley-Unternehmen nach Kräften unterstützt und damit ihre globale Machtergreifung ermöglicht. Seit den 1960er-Jahren sind es öffentliche Programme wie Arpa (heute Darpa – Defense Advanced Research Projects Agency), die die Forschung hinter den Unternehmen finanziert haben. Die Maus, das Internet, der erste digitale Computer, GPS, Mobiltelefonie, Mikrochips, Touchscreens wurden mit öffentlichem Geld entwickelt. Auch die Entwicklung von Googles Suchalgorithmus wurde von der National Science Foundation unterstützt.

Das Engagement der US-Regierung und des Militärs war nicht ganz uneigennützig und nicht ohne Folgen. Die US-Geheimdienste bedienen sich großzügig an den Daten, die Google, Facebook, Amazon über uns sammeln. Edward Snowden, ehemaliger freier Mitarbeiter beim Geheimdienst National Security Agency (NSA) hat mit seinen Enthüllungen gezeigt, dass die Bewegungsprofile, die Fotos, die Informationen wer, wann, mit wem, wie lange kommuniziert, keinesfalls in Googles und Facebooks Datenspeichern bleiben: Die NSA war direkt mit den Servern von neun Internetfirmen verbunden, darunter Google und Amazon, und verwendete sie für ihre Überwachung. Sie waren dabei im Recht: Section 702 des FISA Amendments Act heißt das Gesetz, das sie dazu berechtigt, diese Daten von ausländischen Staatsbürgern zu nützen und zu speichern. Bei der Auswertung bekommen die Geheimdienste ebenfalls Hilfe aus dem Silicon Valley, etwa durch die Firma Palantir des libertären Facebook-Investors und -Aufsichtsrats Peter Thiel. Palantir wurde vom Start-up-Fonds der CIA mitbegründet und versorgt Geheimdienste, Polizei und auch Privatfirmen mit Auswertungen aus Big Data.

Die öffentliche Hilfe bei Forschung und Entwicklung und die enge – nicht immer freiwillige – Zusammenarbeit mit den US-Geheimdiensten wurde von einer „Light Touch"-Regulierung begleitet: einer losen Regulierung mit „leichter Hand", die den neuen Unternehmen den größtmöglichen Spielraum ließ und sie traditionellen Unternehmen gegenüber weit bevorzugte. Bill Clinton unterstützte die techno-libertären Träume im Silicon Valley mit einer digitalen Freihandelszone für Internetunternehmen, in der sie so gut wie keine Steuern zahlen mussten. Bill Clinton war es auch, der die aufstrebenden Medienunternehmen aus dem Medienrecht ausnahm: Er verabschiedete das Gesetz, dass die neuen Onlinemedien nicht für die Inhalte haften, die sie veröffentlichen, und zwar selbst dann nicht, wenn sie in Maßen als „Gute Samariter" eingreifen. Barack Obama war aber vielleicht der engste Verbündete der Silicon-Valley-Giganten: Der erste Social-Media-Präsident stand in ständigem, engem Austausch mit Google, Facebook und Amazon, die auch alle seine Wahlkämpfe unterstützten.

Schwieriger ist die Beziehung zu Präsident Donald Trump. Nur Peter Thiel war ein offener Unterstützer, auch wenn alle Großen an Trump (in geringerem Ausmaß als an die Demokraten) gespendet hatten. Doch schon kurz nach der Wahl lud der neue US-Präsident die Vertreter des Silicon Valley zu einer Aussprache, und nun ist die Abneigung pragmatischem Lobbying gewichen. Nach den offiziellen Daten der US-Regierung[97] führt Googles Muttergesellschaft Alphabet das Ranking aller Firmen, die in Washington lobbyieren: Alphabet gab 18 Millionen Dollar für Lobbying aus und mietete sich dafür in Washington ein Büro im Regierungsbezirk, das in etwa die Größe des Weißen Hauses hat.[98] Amazon gab laut Daten des US-Senats 12,8 Millionen für Lobbying aus, Facebook 11 Millionen (drei Millionen mehr als 2016).

Donald Trump hält in den USA Free Speech – das Recht auf freie Meinungsäußerungen in den Internetmedien – vielleicht so hoch wie kein Präsident vor ihm: Immerhin war die Freiheit, auf Facebook und Twitter Lügen und Angriffe zu verbreiten, ein wichtiger Faktor bei seinem Wahlsieg, und der Schritt zum US-Präsidenten hat seinen Ton gegenüber Gegnern, Medien und ausländischen Regierungen kein bisschen gemäßigt. Zugleich stärkt Trump das Militär, baut die Überwachung aus und fährt geopolitisch einen massiv protektionistischen Kurs, der die eigenen Unternehmen vor der Konkurrenz aus dem Ausland schützen und vor Regulierung im Ausland bewahren will. Strafzölle auf Stahl sind eine Auswirkung in der analogen Wirtschaftswelt. Der Kurs gegenüber den Silicon-Valley-Unternehmen ist noch nicht klar.

China: Protektionismus und die totale Überwachung

China – der zweite große Machtblock – schlug einen radikal anderen Weg ein: Es schottete sich von den US-Unternehmen ab und sorgte dafür, dass eigene, chinesische Firmen entstanden. Die Einparteien-Regierung im offiziell immer noch kommunistischen Staat konnte mit der Flagge der freien Meinungsäußerung und der Anonymität, die die US-Internetkonzerne vor sich her trugen, rein gar nichts anfangen: Sie boten Dissidenten Raum und stehen im Widerspruch zum grundlegenden Zugang zu öffentlicher Meinungsäußerung in China. Die Reaktion der Regierung war die „Great Firewall": Eine virtuelle Mauer sperrt Facebook (seit 2009), Google (seit 2010), WhatsApp (seit 2016), LinkedIn, Twitter und zahlreiche weitere Seiten schlicht aus China aus.

Das bedeutete aber keineswegs, dass China sich aus dem Internet verabschiedete, im Gegenteil: 750 Millionen Chinesen sind online und offen für Innovationen, und die Unternehmen, die in China entstanden, sind in manchen Funktionen fortgeschrittener als ihre US-Pendants:[99] China ist weltweit unter den Top drei bei Investitionen in digitale Technologie – darunter Virtuelle

Realität, selbstfahrende Autos, 3D-Druck, Roboter, Drohnen und künstliche Intelligenz. China ist außerdem der größte E-Commerce-Markt der Welt – mit 40 Prozent der Onlinekäufe weltweit – und ein Vorreiter beim Zahlen mit dem Smartphone: In China wird elfmal so viel Geld per Handy überwiesen wie in den USA. 68 Prozent der Internetuser zahlen mobil (in den USA sind es 15 Prozent).

Auch in China dominieren drei große Unternehmen: Alibaba, Tencent und Baidu. Alibaba, 1999 als Plattform für Großhändler und Fabriken gegründet, hat sich zum Platzhirschen im E-Commerce entwickelt und bietet Shopping, mit Alipay einen Online-Bezahldienst und drängt – ähnlich wie Amazon – in immer weitere Geschäftsfelder vor: von echten Einkaufszentren über die Produktion von Serien und Filmen, die Veranstaltung von Konzerten bis zur Entwicklung von künstlicher Intelligenz und selbstfahrenden Autos.

Tencent dominiert mit WeChat das Messaging und hat 2017 die Grenze von einer Milliarde User durchbrochen. Auch WeChat versucht, die User innerhalb seines Ökosystems zu halten: So kann man in WeChat auch einkaufen und bezahlen – die Bezahl-App wickelte 2017 bereits über zwei Milliarden Dollar an Mobil-Transaktionen ab und rückt so an Alibaba heran. Alibaba und Tencent sind beide über 500 Milliarden Dollar wert.

Baidu dominiert mit seiner Suchmaschine – der zweitgrößten der Welt – die Internetsuche in China, arbeitet aber an Dutzenden weiteren Geschäftsfeldern und Forschungen zu selbstfahrenden Autos, digitalen persönlichen Assistenten, tragbaren Übersetzungscomputern, die beim Zuhören simultanübersetzen, bis hin zu künstlicher Intelligenz.

Die Regierung ließ den Tech-Unternehmen zwar genug Raum, um zu experimentieren, zog aber bald die Zügel an. Der chinesische Ein-Parteien-Staat baut seine Macht auf Überwachung auf, und er nützt die Datenmassen, die die großen Internetkonzerne sammeln, unbeschränkt, um seine Macht zu stärken. Die alte kommunistische Doktrin, dass man einen „Neuen Menschen" schaffen und dafür alle, die von der sozialen Norm abweichen, auf Linie bringen oder aussortieren müsse, kann in China dank der Datenflut so flächendeckend und lückenlos umgesetzt werden wie nie in der Geschichte. Der Effekt ist ein System, das wirkt wie aus einem dystopischen Science-Fiction-Film: Sozialkredite.

Das System der Sozialkredite belohnt erwünschtes Verhalten mit Punkten und bestraft Abweichler mit Punkteabzug. Es überzieht die Bewohner der 43 Städte, die es zum Zeitpunkt der Recherche testen, mit einer lückenlosen Überwachung. Dank der enormen Datenmengen bei WeChat, Alibaba und Baidu, dank der Allgegenwart von Kameras mit Gesichtserkennung, der Ortsdaten, der Handy-Kommunikation und der Bezahldaten weiß die Regierung in Echtzeit immer, was ihre Bürger tun – und bewertet diese Handlungen auch permanent. Das Ergebnis ist ein intransparent entstandener, ständig schwankender Punktestand, der über das Leben bestimmt: ob man eine Wohnung oder einen Job bekommt, sogar ob man den Zug oder ein Flugzeug besteigen darf, hängt vom Punktestand in den Sozialkrediten ab.

In der Jiangsu-Provinz wird das System seit 2010 getestet. Jeder Bürger startete mit tausend Punkten – und bekommt seither Zuschläge und Abzüge, je nachdem, wie er sich verhält. Jeder wird ständig nach fünf „Dimensionen" überwacht: Gesetzestreue, moralisches Wohlverhalten, soziales Engagement, Aktivitäten im öffentlichen Interesse und im Interesse des Umweltschutzes. 400 Faktoren fließen ein: Wer alleine in einer großen Wohnung lebt, bekommt Punkteabzüge. Gemeinsam mit vielen Bewohnern in einer kleinen Wohnung zu leben, wird hingegen besser bewertet. Wer mit einem großen Importauto allein zur Arbeit fährt, bekommt weniger Punkte als jemand, der ein Leihfahrrad nutzt. Wer an einer Ampel auch dann Fußgänger über die Straße lässt, wenn er nicht müsste, wird von der Ampelkamera beobachtet und mit zehn Punkten

Sozialkredite belohnt. Wer allerdings seine alten Eltern nicht besucht (was in China gesetzlich vorgeschrieben ist), bekommt fünfzig Punkte Abzug: Die Ortsdaten des Handys verraten den Fehltritt. Wer demonstriert, bekommt ebenfalls fünfzig Punkte abgezogen. Wer im Internet oder per SMS jemanden falsch bezichtigt, bekommt hundert Punkte abgezogen – eine Regelung, die jederzeit gegen politische Aktivisten, Blogger und Dissidenten einsetzbar ist.

In einer anderen Teststadt in der Provinz Shandong werden die Bürger in fünf Kategorien eingeteilt: Wer mehr als tausend Punkte hat gehört zu A+, wer unter sechshundert Punkten rangiert, fällt in Kategorie D. Bürger der oberen Kategorien werden bei Jobs und Wohnungssuche bevorzugt. Wer in Kategorie C oder D landet, muss mit enormen Einschränkungen leben: kein Zugang zu Wohnungen oder Arbeitsplätzen, keine Plätze in guten Schulen für Kinder, keine Aufträge für Unternehmer mit schlechter Punktezahl.

Die Auswirkungen reichen bis tief in den Alltag. Wer etwa Schulden hat oder für einen Schuldner gebürgt hat, darf keine Züge oder Flugzeuge nutzen: Bis Ende September 2017 wurde deshalb bereits 8,42 Millionen Menschen die Nutzung von Flugzeugen verwehrt, sagt der Oberste Gerichtshof in China. Aber auch in viel intimeren Bereichen haben die Sozialkredite Auswirkungen. Der Punktestand wird in Echtzeit immer neu berechnet, man kann ihn jederzeit abrufen – und er wurde zum wichtigsten Faktor etwa auf den Dating-Seiten: Wer die Liebe online sucht, braucht Sozialkredit. Welche Beobachtungen genau in die Berechnung einfließen und wie die endgültige Zahl dann ermittelt wird, ist jedoch ein Geheimnis.

Derzeit sind hundert Millionen Chinesen in der Testphase im System. Ab 2020 soll das Sozialkredit-System landesweit gelten und das System schwarzer und roter Listen ersetzen.[100]

Europa hat keine Antwort darauf

Überraschenderweise führen die so unterschiedlichen Systeme in den kapitalistischen, freiheitsbetonten USA und dem immer noch offiziell kommunistischen, kontrollierenden China zu ganz ähnlichen Ergebnissen. Wie in Kapitel 3 gezeigt, haben die Ratings durch die Algorithmen, die die riesigen Datenmengen in den USA durchforsten, und die staatlichen Sozialkredite in China ganz ähnliche Effekte auf die Betroffenen: Wer schlechte Bewertungen einfährt, erfährt nie, aufgrund welcher Daten und welcher Algorithmen diese zustande gekommen sind – sieht sich aber mit massiven Auswirkungen im Alltag konfrontiert. Auch in den USA hängen Wohnungen, Kredite und Flugbuchungen (wegen der Kreditkarte) vom Rating in den Agenturen der Datensammler ab.

Für Europa ist das keine Option. Europas Grundwerte erlauben weder dermaßen ausuferndes Verhalten von riesigen Unternehmen auf Kosten der Allgemeinheit, noch dermaßen extensive Sammlung von privaten Daten noch den Ausschluss von Bevölkerungsteilen aus grundlegenden Diensten wie Wohnen oder Zugfahren. In Europa ist weder die absolute Meinungsfreiheit wie in den USA möglich, die teils sogar Hetze und Verleumdung erlaubt, noch die totale Zensur und Kontrolle, wie sie die chinesische Regierung im Internet ausübt.

Europa ist, dem Bruttosozialprodukt nach gerechnet, der größte Wirtschaftsraum der Welt. 511 Millionen Menschen wohnen in der EU. Es gäbe also jeden Grund und jede Möglichkeit, eine Digitalwirtschaft und Digitalmedien zu entwickeln, die den eigenen Gesetzen und Werten entsprechen. Dennoch geschieht das nicht, und in dem Maß, in dem Europäer die Dienste amerikanischer (und künftig sicher auch chinesischer) Konzerne verwenden und ihnen die Kontrolle über ihre Daten, die Organisation ihres Alltags, ihre Kommunikation und Information überlassen, ziehen auch deren Grundwerte mit ein. Deshalb ist es nicht gleichgültig, ob Europa – gerade im sensiblen Mediensektor – eine eigene Strategie und eigene Unternehmen entwickelt. Denn dass sich die US-amerikanischen oder chinesischen Unternehmen an europäische Werte halten, scheint nach den bisherigen Erfahrungen unrealistisch. Sie halten sich nicht einmal an geltendes Recht.

Keine Lust auf Regeln

Europa hätte eigentlich gute Regeln, die – wenn man sie anwenden und durchsetzen würde – den Machtüberhang von Facebook, Google, Amazon und Co. eindämmen könnten. Man könnte Europäern zu ihren verbrieften Rechten verhelfen und durch faireren Wettbewerb Raum für europäische Plattformen schaffen. Eine Reihe von Faktoren verhindert das.

Da ist erstens – wie in Kapitel 3 ausführlich beschrieben – das Selbstverständnis der Silicon-Valley-Giganten als supranationale Entitäten, die ihre Regeln selbst schaffen. Sie wollen nicht auf das europäische Spielfeld, sondern sie erschaffen das Spiel mit seinen Regeln selbst. Mark Zuckerberg von Facebook erklärt das so: „Mein Ziel ist es, eine Governancestruktur rund um den Inhalt und die Community zu schaffen, die stärker das spiegelt, was die Community will, als das, was kurzfristig orientierte Aktienbesitzer anstreben könnten. Und wenn wir das gut machen, dann können wir bei der Governance für die Internet-Community bahnbrechend sein. Aber wenn wir es nicht gut machen, dann werden wir viele der Probleme, die anstehen, nicht lösen können", sagte der Facebook-Gründer in einem Interview mit Ezra Klein.[101] Facebook will, ähnlich wie auch Google und Amazon, die Regeln also selbst schaffen, es will aber auch die Regeln selbst durchsetzen und sogar einen Berufungsprozess einführen – also Legislative, Exekutive, Justiz und Oberster Gerichtshof in einem sein (siehe Kapitel 3).

Zweitens bemühen sich die Silicon-Valley-Unternehmen darum, erst gar keine Regeln entstehen zu lassen. Während die globalen Monopolisten nationale Regeln kleinerer Länder eher ignorieren können, ist die Entwicklung und Durchsetzung eigener europäischer Richtlinien zumindest lästig. Dem begegnen die Großen Drei mit intensivem Lobbying in Brüssel. 2017 gab Google 5,2 Millionen Euro für Lobbying in der EU aus (eine Steigerung von 320 Prozent im Vergleich zu 2014) und hatte 164 Lobbying-Treffen mit der EU-Kommission – das sind drei Treffen pro Woche. Facebook kam auf eine Million Euro Lobbying-Ausgaben und immerhin auf ein Treffen pro Woche mit der EU-Kommission. Daniel Freund von Transparency International beklagt das Ungleichgewicht: „Gerade im Bereich der digitalen Marktregulierung sehen wir, dass 90 Prozent der Treffen mit Technologieunternehmen stattfinden und so gut wie keine mit Datenschützern oder Verbraucherschutzorganisationen.“

Und selbst Organisationen, die man für wissenschaftliche Institute oder NGOs halten könnte, haben oft das Silicon Valley im Rücken: Die European Privacy Association etwa – eine Organisation, die vorgibt, sich im Sinne der EU-Bürger für Datenschutz einzusetzen – verbarg bis zu einer Beschwerde des Corporate Europe Observatory, dass sie in Wahrheit von Firmen wie Facebook, Google, Microsoft und Yahoo finanziert wird und in deren Interesse gegen Datenschutz kämpft. Erst 2013 wurde sie gezwungen, ihre Unterstützer im Lobbying-Register zu nennen.[102] Viele der Studien, die Politikern als Entscheidungsgrundlage zur Verfügung stehen, kommen wiederum aus einem Institut mit dem klingenden Namen „Alexander von Humboldt Institut für Internet und Gesellschaft" in Berlin, das unter anderem Medienregulierung im Internet erforscht. Das Geld für das Institut kommt allerdings von Google. „Politiker finden die Salons und Empfänge dort toll und gehen gerne hin. Das ist ein Problem, weil die, die die Regeln machen, nicht verstehen, wie das, was sie regulieren sollen, funktioniert – und nun die Expertise von Google und Facebook selbst beziehen", sagt Conrad Albert, Vorstand von ProSieben.Sat1. „In Brüssel finden viele alles, was von Google, Apple und Facebook kommt, toll. Diesen Firmen wird der rote Teppich ausgerollt. Europäische Medienunternehmen, mit ihren nationalen Zentralen, können so ein Lobbying nie auf die Füße stellen, das ist ausgeschlossen. Die kaufen sich das. Wir können uns das nicht leisten."

Der ehemalige österreichische Bundeskanzler Christian Kern, der versuchte, Regulierungen für Google, Facebook und Amazon voranzutreiben, schildert seine Erfahrungen so: „Diese Unternehmen sind riesengroß. Was in Österreich passiert, berührt sie wenig, was auf der europäischen Ebene passiert, schon mehr. Sie haben ein sorgfältiges System: Sie haben sich immer wieder bei meinen Mitarbeitern beschwert und versucht zu erklären, dass sie gar nicht so sind – das sind aber dann die Geschäftsführer der regionalen Niederlassungen und Lobbyisten. In einer sehr zurückhaltenden Form und nicht aggressiv. Sie spielen ihre Rolle herunter und bezeichnen die Kritik als überzogen. Auf die Entscheider trifft man als Bundeskanzler nicht."

Drittens setzen die Großen Drei im Umgang mit bestehenden Regeln auf eine Taktik des Sprintens und Verzögerns: Sie brechen Recht, verschaffen sich damit einen Wettbewerbsvorteil und verzögern die Verfahren so lange wie irgendwie möglich. Selbst wenn sie am Ende nach einigen Jahren verurteilt werden, haben sie in dieser Zeit ihre Marktposition so ausbauen können, dass die Strafe ein kleiner Preis für die Poleposition ist. Das prominenteste Beispiel für diese Taktik ist die Fusion von Facebook und WhatsApp: Facebook gab bei seinem Antrag an die EU-Kommission 2014 an, dass ein automatischer Datenabgleich zwischen Facebook und WhatsApp nicht möglich war. Die EU-Kommission genehmigte diese Fusion also wettbewerbsrechtlich – um 2017 festzustellen, dass Facebook gelogen hatte: Die Daten wurden automatisch abgeglichen, und das war auch schon 2014 möglich.

Die Strafe dafür war für europäische Verhältnisse hoch: Die EU-Kommission unter der Leitung von Kommissarin Margrethe Vestager verhängte im Mai 2017 eine Strafe von 110 Millionen Euro – machte die Genehmigung der Fusion aber nicht rückgängig. Für Facebook war die hohe Strafe ein Schnäppchen – es hatte für WhatsApp 19 Milliarden Dollar bezahlt. Die 110-Millionen-Euro-Strafe für die Lüge beim Antrag war also gut investiert.

Diese Taktik des Verzögerns von Gerichtsverfahren wenden die Großen Drei aber auch einzelnen Bürgern und Unternehmen gegenüber an, die versuchen, ihre in Europa verbrieften Rechte durchzusetzen.

Das Lobbying der großen US-Medien in Brüssel wirkt: Beim Kampf gegen Hass im Netz setzten sich die US-Medien in Brüssel jedenfalls bisher durch. Die EU-Kommission setzt bei diesem Thema nicht auf scharfe Regeln, sondern auf freiwillige Selbstverpflichtungen. Die US-Medien versprechen schon seit Jahren, Hasspostings spätestens 24 Stunden nach Meldung zu löschen – halten ihre Versprechen jedoch nicht. Als die EU-Kommission das feststellte, griff sie trotzdem nicht zu schärferen Regeln oder Sanktionen, sondern stieg auf die Verzögerungstaktik der säumigen Firmen ein und ließ sie die nächsten Maßnahmen sogar selbst entwickeln. 2016 präsentierte die EU-Kommission gemeinsam mit Facebook, Google, Microsoft und Twitter einen Maßnahmenkatalog. Wieder verpflichteten sich die Neuen Medien, selbst dafür zu sorgen, dass Bürger vor Hass geschützt werden. Wieder versprachen sie darin, Hassmeldungen binnen 24 Stunden nach Meldung zu löschen. Wieder geschah nichts.

Wer hat den längeren Atem vor Gericht

Dabei hätte das europäische Rechtssystem an sich gute Regeln gegen Hass in der Öffentlichkeit, gegen den Diebstahl von kreativen Werken und gegen den Missbrauch von persönlichen Daten. Doch wenn die Verfehlungen auf und durch Facebook oder Google stattfinden, sind die ausgeklügelten Gesetze in der Praxis wirkungslos: Weder halten sich die Neuen Medien an ihre losen Selbstverpflichtungen, noch stellen sie sich vor Gericht ihrer Verantwortung. Ihre Taktik gegenüber klagenden Bürgern und Unternehmen ist dieselbe wie gegenüber der Politik: nicht antworten, vertrösten, verzögern – und Gerichtsverfahren dermaßen in die Länge ziehen, dass die durchschnittlichen Kläger wegen des hohen finanziellen Risikos aufgeben müssen.

Wir haben mit drei Personen gesprochen, die versucht haben, ihre Rechte einzufordern. Hier sind ihre Geschichten:

1. Der Journalist: Von Google und Facebook an Verschwörungstheoretiker ausgeliefert

Erstens ist da die Geschichte des deutschen Journalisten Richard Gutjahr, einem Vorkämpfer für digitale Medien und das freie Internet, der durch einen Zufall zum Opfer wilder Angriffe von Verschwörungstheoretikern wurde – und sich bis heute nicht dagegen wehren kann. Die Vorgeschichte: Im Sommer 2016 urlaubte Gutjahr mit seiner Familie an der Côte d'Azur. Aus den Fenstern des Hotelzimmers in Nizza konnte man aufs Meer sehen, direkt davor lag die große berühmte Strandpromenade: die Promenade des Anglais. Am 14. Juli spätabends stand Gutjahr mit seiner Familie am Fenster und schaute auf die Menschenmenge hinunter, die sich auf dem Boulevard für das Feuerwerk zum französischen Nationalfeiertag getroffen hatte. Es war ein Freudentag, der in einem Blutbad endete: Mohamed Lahouaiej Bouhlel, der sich erst wenige Monate zuvor dem radikalen Islam zugewandt hatte, lenkte einen LKW in die Menschenmenge. 86 Menschen starben. 400 wurden verletzt. Richard Gutjahr tat, was er als Journalist tun musste: Er berichtete. Zuerst für seinen Sender ARD, doch seine Videos vom Balkon wurden in TV-Stationen auf der ganzen Welt gezeigt, er stand Dutzenden Nachrichtensendungen für Telefoninterviews zur Verfügung. Auch bei uns in Café Puls schilderte er live seine Eindrücke vom Anschlag.

Nur acht Tage später wurde Gutjahr wieder Zeuge eines Anschlags: Diesmal befand er sich in der Nähe des Olympia-Einkaufszentrums in München, als der rechtsextreme Schüler David S. dort um sich schoss. Wieder berichtete Gutjahr für die ARD. Das wurde ihm zum Verhängnis: Gutjahr wurde mit diesen beiden Berichten von zwei Anschlagsorten zum Zentrum eines wüsten Sturms von Verschwörungstheorien, die nicht mehr zu stoppen sind.

„In unzähligen YouTube-Videos, Postings auf Facebook und auf Twitter wurden meine Frau, meine Tochter und ich aufgrund meiner Berichte (und vielleicht der Tatsache geschuldet, dass meine Frau Jüdin ist) bezichtigt, Teil einer internationalen Verschwörung zu sein, der sogenannten ‚New World Order'. Ziel dieser geheimen Organisation sei, durch inszenierte Terrorakte die Weltherrschaft zu erlangen. Haben wir anfangs über diesen Irrsinn noch gelacht, ist meiner Familie und mir das Lachen nach und nach im Hals stecken geblieben. Seit 18 Monaten werden wir nun schon von Verschwörungstheoretikern, Reichsbürgern und Antisemiten im Netz attackiert, verleumdet und bedroht. Kaum eine Woche, in der nicht irgendwo ein neues Hoax-Video über uns die Runde macht. Auch wenn die Intensität der Angriffe immer wieder abklingt, mit jedem neuen Terroranschlag geht der Zirkus von vorne los. An die 800 Verschwörungsvideos über meine Familie und mich kursieren allein auf YouTube.

Unser Kampf gegen diesen Psychoterror geht nun bald ins dritte Jahr. In den zurückliegenden Monaten habe ich viel gelernt über US-Konzerne wie Facebook oder Google, über unser Rechtssystem und über die tatsächliche Strafverfolgung von Hatespeech. Vor allem aber habe ich viel über unsere Gesellschaft gelernt. Vieles davon hätte ich vor nur zwei Jahren nicht für möglich gehalten.

Unsere Gerichts- und Anwaltskosten sind gewaltig. Hinzu kommen die schlaflosen Nächte, die Tränen und die zwischenmenschlichen Konflikte, die nicht nur unser Privatleben, sondern auch das Verhältnis zu meinem Arbeitgeber auf die Probe gestellt haben", schreibt Gutjahr in seinem Blog, aus dem er uns erlaubt hat, für dieses Buch ausführlich zu zitieren.[103]

Anfangs versucht Richard Gutjahr die Angriffe zu ignorieren. Eine ganze Bewegung von „Truthern" bemüht sich – festgemacht an seiner Person – die Anschläge von Nizza und München als Inszenierungen zu „enttarnen", bezeichnet die Opfer als Schauspieler, Gutjahr selbst als Agenten. „Fütter die Trolle nicht", denkt sich Gutjahr. Als die Wortführer aber Details über seine Familie recherchieren und seine Kinder bedrohen, beschließt Gutjahr, sich zu wehren:

> „In einem ersten Anlauf begann ich damit, besonders krasse Hass-Kommentare auf Twitter und Facebook zu melden. Wie zu erwarten, geschah: nichts. In einer zweiten Welle versuchte ich, die schlimmsten Filme auf YouTube als ,hasserfüllte und beleidigende Inhalte' zu sperren. Die Prozedur war absurd: Über diverse Fragebögen wurde man von Seite zu Seite weitergeleitet. Wenn man an irgendeiner Stelle falsch abbog, sprich, das Kreuzchen an der falschen Stelle setzte, landete man in einer Sackgasse, von der aus es nicht mehr weiterging.
>
> Würde ich YouTube (= Google) nicht besser kennen, hätte man den Eindruck gewinnen können, diese alles andere als nutzerfreundliche Navigationsarchitektur sei kein Fehler, sondern extra programmiert, um lästige Beschwerden abzuwimmeln (Hinweis: Die Prozedur wurde inzwischen deutlich vereinfacht). Nach 20 Minuten Rumprobieren hatte ich den Lösungspfad raus, der mich letztlich zum eigentlichen Meldeformular führte. Dieses Formular war so umfangreich gestaltet, dass man zum kompletten Ausfüllen

etwa 10 Minuten benötigte. Pro Video. Ich wiederholte diesen Vorgang damals für 60 Videos.

Nach einigen Tagen kamen die ersten E-Mail-Reaktionen von YouTube, teils in thailändischer oder kyrillischer Schrift. Das Ergebnis: Keines der gemeldeten Videos wurde entfernt. Schlimmer noch: Die Video-Macher wurden sogar darüber in Kenntnis gesetzt, dass man versucht hatte, sie anzuschwärzen. Als ich schließlich einen dritten Anlauf unternahm, die Videos aufgrund von Copyright-Verstößen entfernen zu lassen, geschah das Unfassbare: Google sperrte einige Videos vorübergehend, schickte meinen Peinigern gleichzeitig meine E-Mail- und Wohnadresse – wir sollten uns doch bitte untereinander einigen.

Es dauerte keine 24 Stunden, da platzte mein E-Mail-Postfach aus allen Nähten. Meine Angreifer – durch die laxe Reaktion der Plattform jetzt natürlich besonders motiviert – präsentierten das Schreiben samt meinen Kontaktdaten in ihren nächsten Filmen, versehen mit dem Hinweis, man möge mir doch bitte direkt mitteilen, was man von mir halte.

In meiner … Wut? Panik? Verzweiflung? … wandte ich mich an die Pressestelle von Google-Deutschland. Eine andere Methode, Google direkt zu kontaktieren, gibt es nicht. Obwohl ich dort auf viele mir wohlgesonnene Mitarbeiter stieß (man kennt sich über die Jahre hinweg), wurde mir mitgeteilt, dass man nichts tun könne. Ich müsse Verständnis haben, Amerika, Freedom of (Hate-?) Speech, oder so. ‚Geh' zur Polizei!', so der gut gemeinte Rat."

Gutjahr wendet sich also an die Polizei, zeigt die schlimmsten Kommentare an. Monatelang geschieht nichts. Einige Anzeigen werden fallengelassen, weil die Täter nicht ausgeforscht werden können. Andere hatte ihren Wohnsitz nicht in Deutschland, erschienen einfach nicht zur Anhörung oder gaben an, jemand anderer hätte ihren Computer genützt. Gutjahr entscheidet sich, zivilrechtlich zu klagen und konzentriert sich auf die Haupttäter: Die Wortführer, die mit ihren Hass- und Verleumdungsvideos auf YouTube Geld verdienen.

„Wer diesen Weg wählt, braucht vor allem zwei Dinge: Geld und noch mehr Geduld. Mit meinem Anwalt konzentrierte ich mich vor allem auf diejenigen Personen, die ihre Verleumdungen systematisch, nicht zuletzt aus kommerziellem Interesse betreiben. Einstweilige Verfügungen, Abmahnungen, Klageschriften – die Verfahren sind aufwendig und verschlingen eine Menge Zeit und Ressourcen. Bis es letztlich zu einer Verhandlung kommt, kann schon mal ein halbes Jahr vergehen. Sollte der Gegner nach der Verurteilung in Berufung gehen, streckt sich so ein Prozess oft über mehrere Jahre hinweg. In der Zwischenzeit stehen die Verleumdungen weiter offen im Netz und werden munter kommentiert, kopiert oder dienen Trittbrettfahrern einfach nur als Blaupause. Kommt es dann endlich zu einer Verurteilung, geht der Ärger weiter: Gerichtsvollzieher, Kontenpfändung, das volle Programm. Auch hier laufen eine Menge Kosten an, die man als Kläger vorab auslegen muss. Wenn der Verurteilte am Ende kein Geld hat, bleibt man auf seinen Kosten sitzen."

Auch strafrechtlich ist der Weg schwierig. Ein Berliner, der der Tochter Richard Gutjahrs mit dem Foto einer Gewehrpatrone droht, kommt mit 281 Euro Strafe davon – weniger, als man zahlt, wenn man jemandem im Straßenverkehr den Vogel zeigt.

Das Netzwerkdurchsetzungsgesetz (NetzDG), das in Deutschland 2017 in Kraft trat und die Konzerne verpflichtet, strafbare Inhalte vorab zu löschen, hatte für Gutjahr zumindest einen positiven Effekt: Google und Facebook waren nun gezwungen, eine Adresse anzugeben. Jedoch: „Nichts, was meine

Peiniger mir und meiner Familie in den vergangenen 18 Monaten angetan haben, wäre auch ohne NetzDG erlaubt gewesen, online wie offline. Das eigentliche Problem sehe ich woanders: im Netz wird geltendes Recht einfach nicht schnell und konsequent genug angewandt. Bei meiner Odyssee durch die Institutionen hatte ich oft den Eindruck, jedes Knöllchen wird schärfer verfolgt als der gezielte Rufmord einer Person im Netz."

Auch die Konzerne reagieren verlogen:

„Auch Google und Facebook treten in der ganzen Debatte um Hate-Crime mehr als scheinheilig auf. Ausgerechnet die Konzerne, die sich selbst damit brüsten, die Welt zu einem besseren Ort machen zu wollen, scheren sich einen Dreck um Moral und Opferschutz, wenn diese den eigenen Expansionsplänen im Weg stehen. So wird der Hass billigend in Kauf genommen, solange die Zahl der aktiven Nutzer steigt. Verleumdungsopfer wie meine Familie? – Bedauerliche Kollateralschäden. Selbst nach Inkrafttreten des NetzDG zieht Google alle Register, um sich aus der Verantwortung zu stehlen. In einem Schreiben an meinen Anwalt streitet Google Deutschland sogar die Zugehörigkeit zu YouTube ab (ein Netzwerk, für das Google Deutschland bundesweit Lobby-Arbeit betreibt), verweist auf eine Adresse in Kalifornien sowie auf ihr Abwimmel-Formular im Netz. Auch wird in dem Schreiben suggeriert, dass es sich bei YouTube nicht zwingend um ein soziales Netzwerk im Sinne des NetzDG handeln müsse. Das ist – mit Verlaub – kackdreist."

2. Die Politikerin: Gegen Facebook vor den EuGH

Auch Eva Glawischnig wollte sich wehren. Die Frontfrau der österreichischen Grünen stand fast zehn Jahre lang als Parteichefin in der Öffentlichkeit. Im Mai 2017 trat sie in einer eilig einberufenen Pressekonferenz im österreichischen Parlament vor die Kameras und gab mitten im Wahljahr ihren Rücktritt bekannt. Einen ganzen Abschnitt ihrer Rücktrittsrede widmete sie einem Thema, das bei ihrem Abschied aus der Politik wohl eine gewichtige Rolle gespielt hatte: den Anwürfen und dem Hass auf Facebook und YouTube. „Ich appelliere an die Social-Media-aktiven Menschen insbesondere Anstrengungen zu unternehmen gegen Hass und Aggression im Netz, die Debatten-Kultur zu verändern, zu verbreitern. Dass nicht der Hass das dominante Element im Netz bleibt. Und ich werde daher alle meine Aktivitäten gegen Hass im Netz auch als Privatperson, alle Musterklagen mit aller Kraft fortsetzen gegen Facebook und Co. Insbesondere dann, wenn es um verbal sexualisierte Gewalt gegen Frauen im Netz geht. Das werde ich persönlich mit aller Kraft weiter betreiben."

Wie viele Politikerinnen war Glawischnig Opfer übelster Angriffe im Netz geworden – und sie hatte beschlossen, sich zu wehren. „Der Anstoß war dieses neue Phänomen: die Möglichkeit des Teilens von Inhalten", erinnert sich Anwältin Maria Windhager, die die Klagen für Glawischnig führt. „Politikerinnen haben immer schon böse, abartige Briefe bekommen, und es gab immer schon Nischen im Netz, in denen geschimpft wurde. Das war eine Randerscheinung. Aber nun konnte man in Echtzeit zusehen, wie sich Hass und Verleumdungen durch den ‚Share'-Knopf verbreiteten. Durch diese Möglichkeit, Inhalte mit Knopfdruck in Sekundenschnelle zu teilen, kamen Hasspostings in der Mitte der Gesellschaft an." Glawischnig wurde insbesondere auch Opfer einer Technik, die in Deutschland bereits verbreitet war: Hasser erstellten Fotos mit gefälschten Zitaten, die sich in Windeseile durchs Netz verbreiteten. Windhager wurde im grünen Parlamentsklub von der „Neigungsgruppe Hasspostings" unterstützt, die die Phänomene und auffällige Hassposter im Netz beobachtete und dokumentierte, und begann systematisch zu klagen, um herauszufinden, ob der Rechtsschutz funktioniert. In fast vierzig Fällen konnten die Täter ausgeforscht und überwiegend erfolgreich geklagt werden. In einem Fall konnte allerdings der Täter oder die Täterin nicht ausgeforscht werden.

Dieser Fake-Account trägt den Namen „Michael Jaskova". Das Profil war schon im Bundespräsidentschafts-Wahlkampf aufgefallen: Von dort wurden die Gerüchte verbreitet, dass Kandidat Alexander Van der Bellen an Krebs leide. Nun nahm es sich Eva Glawischnig vor und beschimpfte sie als „miese Volksverräterin" und „korrupten Trampel". Facebook löschte den Fake-Account nicht und gab auch die Userdaten nicht bekannt. Facebook beruft sich auf das Host-Provider-Privileg und prüft Inhalte nicht vorab – wenn ein Host-Provider aber auf widerrechtliche Inhalte hingewiesen wird, dann muss er diese in angemessener Zeit löschen und die Verfolgung ermöglichen. Facebook löschte aber auch die Beschimpfungen nicht. Damit war der Schritt zur direkten Klage offen: Glawischnig klagte Facebook vor einem Gericht in Wien nach dem Urheberrechtsgesetz wegen Verbreitung von Beschimpfungen im Zusammenhang mit der Veröffentlichung ihres Lichtbildes.

„Ich habe eine Ignoranz von Facebook erlebt, die mir den Atem raubt", sagt ihre Anwältin Windhager. „Die Grünen wollten das Verfahren auch nützen, um mit Facebook ins Gespräch zu kommen. Wenn Facebook also reagiert und Einsicht gezeigt hätte, wäre es gar nicht so weit gekommen – doch sie reagieren immer erst auf gerichtlichen Zwang. Sie weigern sich, selbst Verantwortung zu übernehmen, und verlangen teilweise Unmögliches: So bekamen wir die Auskunft, dass wir vor einem kalifornischen Gericht nach kalifornischem Recht eine Klage einbringen müssten, um die Userdaten zu bekommen, die wir für die Klage benötigt hätten", erzählt Windhager. Glawischnig musste also vor Gericht und erhielt 2017 zunächst eine einstweilige Verfügung, die weltweit gilt: Sie verpflichtet Facebook, die beleidigenden Postings weltweit zu löschen. Ein Erfolg. Doch wie setzt man sich mit einem österreichischen Gerichtsbeschluss gegen ein globales Unternehmen durch, das einfach nicht reagiert? Facebook löscht beanstandete Inhalte nur regional, in diesem Fall nur in Österreich.

„Ich könnte Exekution führen, doch das müsste ich dort machen, wo Facebook seinen Unternehmenssitz hat: in Irland", erklärt Windhager, „und das ist sehr aufwendig. Es ist auch sehr schwierig, eine entsprechende Rechtsvertretung in Irland zu finden." Das Fazit der Medienanwältin: Die Persönlichkeitsrechte sind in Österreich und Deutschland zwar gut geschützt – doch es ist für einen normalen Bürger schlicht unmöglich, sie gegen Google oder Facebook einzuklagen. Das könne sich niemand leisten, der nicht eine Organisation hinter sich hat.

2018 ging das Verfahren vor den Europäischen Gerichtshof. Immer noch geht es um die Beleidigungen, die vom Fake-Profil Michaela Jaskova verbreitet wurden. Wer eine Unterlassungsklage bekommt, muss grundsätzlich auch gleichlautende und sinngleiche Beleidigungen unterlassen – ansonsten wäre so ein Verbot einfach zu umgehen, indem man leicht verändert dieselbe Beleidigung noch einmal ausspricht oder veröffentlicht. Strittig ist aber nun, ob ein Host-Provider auch verpflichtet ist, dafür zu sorgen, dass sinngleiche Äußerungen unterlassen werden. Manche meinen, eine proaktive Überwachungspflicht könne Facebook nicht zugemutet werden.

Eine solche einstweilige Verfügung würde Facebook mitten ins Mark treffen: Denn Mark Zuckerberg spricht zwar stolz davon, dass Facebooks künstliche Intelligenz immer besser werde und immer mehr Hass-Postings gar nicht erst online gehen. Doch vorab Meldungen prüfen zu müssen? Das lehnt das Unternehmen striktest ab – denn es trifft sein Geschäftsmodell.

„Ich finde es an sich gut, dass der Europäische Gerichtshof sich der Sache annimmt", sagt Anwältin Windhager. „Es erstaunt mich doch, dass man als Österreicherin Facebook trotz eindeutiger Rechtslage nicht dazu bringen kann, sich an das bestehende Recht für jeden sonstigen (kleinen) Host-Provider zu halten, sondern gleich darüber nachdenkt, ob es nicht eine Sonderregelung für Facebook braucht. Facebook ist einer der größten Konzerne der Welt. Facebook hat einen enorm langen Atem und jedes Geld der Welt, um Gerichtsverfahren in die Länge zu ziehen. Wir gehen von einem Risiko von mindestens 100 000 Euro plus den Zeitaufwand aus. Wir befinden uns derzeit außerdem noch im Sicherungsverfahren, das Hauptverfahren hat noch gar nicht begonnen. Dort geht es dann auch noch um die Verpflichtung zur Herausgabe der Userdaten, um immateriellen Schadenersatz und Urteilsveröffentlichung. Das wird noch lange dauern.“

3. Der Datenschützer: Im Dickicht des irischen Justizsystems

Drittens ist da das Beispiel des Datenschützers Max Schrems, der schon seit 2011 gegen Facebook vor Gericht zieht, um europäische Regeln zum Datenschutz einzuklagen. Schrems – kurze Haare, Kapuzenpulli, scharfe Zunge – zog schon als Student gegen Facebook vor Gericht. Drei Klagen hat er bisher geführt, dabei die „Safe Harbor“-Bestimmung gekippt, die den ungehinderten Datentransfer zwischen Europa und den USA ermöglichte. Im Gegensatz zu Eva Glawischnig hat er die Herausforderung angenommen und ist vor ein irisches Gericht gezogen. Anhand seiner Erzählungen versteht man, dass es „normalen“ Betroffenen einfach unmöglich ist, ihre Rechte einzuklagen: Irland hat in seinem Bemühen, zum Digitalstandort Europas zu werden, Facebook und Google ein recht kuscheliges Nest gebaut. Dort sind die Zentralen, dort muss man sie also klagen. Doch geschützt durch ein kompliziertes Rechtssystem, kleine Armeen von spezialisierten Anwälten und geradezu komplizenhaft agierende Behörden, die die Verschleppungstaktiken der US-Konzerne zumindest nicht unterbinden, sind Google und Facebook hier für Normalbürger so gut wie unangreifbar.

Max Schrems ist Student der Rechtswissenschaften und macht ein Auslandssemester an der Universität Santa Clara in

Kalifornien, als er im Rahmen eines Seminars auf einen Vertreter von Facebook trifft. „Der hat ganz offen gesagt: Ihr könnt in
Europa alles machen. Im Silicon Valley – das habe ich damals
gelernt – hat man einen ganz anderen Zugang zum Recht: Bei uns
in Europa geht man grundsätzlich davon aus, dass man das Recht
nicht bricht. Dort waren schon die Prüfungsfragen so gestellt: Wie
wahrscheinlich ist es, dass geklagt wird? Und gemeint ist: Zahlt
es sich aus, das Recht zu brechen? Man wettet gegen Rechtssysteme – und gegen Europa kann man sehr leicht wetten." Silicon-
Valley-Unternehmen geben sich nicht die Mühe, ihr Verhalten
an europäische Gesetze anzupassen: Apple etwa verweigerte die
gesetzliche Gewährleistung von zwei Jahren und bot stattdessen sein eigenes, zahlungspflichtiges System „Apple Care" an.
Facebook, Uber, Airbnb operieren nach kalifornischem Recht,
mit denselben AGBs weltweit, egal, wie die Verbraucherregeln in
anderen Ländern lauten. „Die Taktik ist, nicht zu fragen, sondern
reinzukrachen und sich erst dann an das lokale Recht zu halten,
wenn man geklagt wird. Bis dahin kann man den Markt aufrollen und die Konkurrenten loswerden. Wenn etwa zwei Kaffeehäuser nebeneinander aufsperren und eines hält sich an alle Regeln,
während das andere ohne Lüftung, ohne Betriebsgenehmigung
und ohne Behinderten-WC einfach aufsperrt – dann wird das,
das die Regeln bricht, den Wettbewerb gewinnen, solange man es
gewähren lässt."

Max Schrems zieht drei Mal gegen Facebook vor Gericht.
2011 klagt er im Fall „Europe vs. Facebook" europäischen Datenschutz ein. Nach drei Jahren gewährt die irische Behörde immer
noch keine Akteneinsicht, Schrems zieht die Klage schließlich aus
Mangel an Erfolgsaussichten zurück.

2013 klagt er im Gefolge der Enthüllungen von Edward
Snowden über das Programm PRISM, mit dem sich die US-
Geheimdienste Zugang zu den Daten von Facebook und Google
verschafft hatten, erneut: Es sei nun bewiesen, dass die Daten

europäischer User bei Facebook nicht sicher seien. Die irische Datenschutzkommission lehnt die Klage als „frivol" ab: Das Safe-Harbor-Abkommen garantiere ja, dass Unternehmen ihre Daten zwischen Europa und den USA verschieben können. Es wird Max Schrems spektakulärster Fall: Seine folgende Klage gegen die irische Behörde landet vor dem Europäischen Gerichtshof (EuGH). 2015 kippt der EuGH tatsächlich das Safe-Harbor-Abkommen. (Es wird später durch den EU-US-Datenschutzschild „Privacy Shield" ersetzt, der sehr ähnliche Bestimmungen hat.)

2014 bringt Schrems in Wien eine Sammelklage von 25 000 Personen gegen Facebook ein. Das Wiener Gericht erklärt sich für unzuständig, der Fall wandert bis zum EuGH und zurück. Zum Zeitpunkt der Recherche ist er noch offen.

Die lange Verfahrensdauer ist, meint Schrems, kein Zufall. „Wir haben jetzt drei Jahre gebraucht, damit der EuGH überhaupt einmal feststellt, dass das Gericht in Wien zuständig ist. Inzwischen sind die AGBs, die wir eingeklagt haben, schon lange nicht mehr da. Die große Frage ist: Wie geht man mit Konzernen um, die das Geld haben, Verfahren auf unbestimmte Weise zu verzögern? Die haben Geld wie Würfelzucker. Sie machen völlig unzulässige Berufungen, die sie eine Million Dollar kosten – ihnen aber jedes Mal mehrere Monate Luft verschaffen."

Ein zentrales Problem dabei ist der Gerichtsstand Irland. Irland hat in seinem Bemühen, als „keltischer Tiger" die Zentralen der großen Digitalunternehmen anzuziehen, viel geboten: Steuererleichterungen, Förderungen, sehr wohlgesonnene Behörden – und ein Rechtssystem, das alle außer die daran verdienenden Anwälte zur Verzweiflung bringt. Zu Beginn des Verfahrens werden alle Akten verlesen – inklusive der zugrundeliegenden Texte wie der gesamten Verfassung. Auf der Seite von Facebook sitzen ein Dutzend Anwälte. „Allein die Senior Barrister verdienen fünf bis zehn Millionen Euro pro Jahr – und davon sitzen da gleich zwei", sagt Schrems. „Die haben für die erste Anhörung 45 000 Seiten an

Akten produziert." Wochenlang, bei Anwaltskosten von 20 000 bis 30 000 Euro pro Stunde, wird nur vorgelesen. Wird es eng, kann die Behörde einen Einspruch erheben – und nach irischem Recht hat die Behörde immer recht, es gibt keine Berufungsmöglichkeit: Sie kann so jedes Verfahren blockieren. Und am Ende trägt der, der das Verfahren verliert, die gesamten Kosten. Das Prozessrisiko ist enorm.

„Es ist das Businessmodell des irischen Staates, EU-Recht nicht einzuhalten", sagt Schrems. „Sogar eine Beschwerde wegen des fehlenden Impressums von Facebook hat drei Jahre gedauert bis zur Antwort: Man wisse nicht, ob ein Impressum notwendig sei, weil der Dienst gratis sei – was irrelevant ist, jeder Blog und jedes Flugblatt braucht ein Impressum", erzählt der Datenschützer. „Wenn Irland zuständig ist, dann geht nichts weiter." Selbst wenn die irische Behörde einen Bescheid gegen Facebook ausstellen sollte, ist der nicht umsetzbar: Die Behörde müsste dann Facebook klagen – was wiederum Millionen kostet. Ein Paradies für Konzerne, die keine Lust haben, sich an geltendes Recht zu halten.

Aber auch vor einem österreichischen Gericht sein Recht einzuklagen, kann dramatisch mühsam sein, wenn Facebook das Gegenüber ist: Die Richterin bei Schrems' Sammelklage versuchte auf alle möglichen Arten, sich für unzuständig zu erklären – und Schrems die Berechtigung abzusprechen, als Verbraucher klagen zu dürfen. Ganz der Argumentationslinie von Facebook folgend, warf sie ihm vor, seinen Facebook-Account 2008 nur angelegt zu haben, um 2011 Facebook zu klagen und damit Geld zu verdienen. Als Beleg diente eine Liste von (in Wahrheit unbezahlten) Vorträgen über Facebook und Datenschutz. Den Ursprung dieser Anwürfe sieht Schrems bei den Facebook-Anwälten: „Es gibt von denen eine lange Liste, von wem ich aller bezahlt sein soll – die Diskreditierung läuft da sehr offen."

Abgehängtes Europa

Die drei Fälle sind symptomatisch: Es mangelt nicht überall an den richtigen Regeln – es mangelt an deren Umsetzung: Daran, die Regeln, die für das Leben offline geschaffen wurden, auch in das Online-Leben zu übertragen. In allen diesen Fällen gibt es jeweils geltendes europäisches Recht. Europäische Gerichte entscheiden sogar – zumindest in den ersten Instanzen –, dass die Beschwerdeführer zu Recht klagen. Und trotzdem geschieht nichts: Denn auf der anderen Seite des Gerichts sitzen die Anwälte von globalen Unternehmen, die ihr Geschäftsmodell darauf aufbauen, in die Verzögerung von solchen Verfahren zu investieren. Aber auch die Gesetze selbst sind noch nicht an die neue Medienwelt angepasst.

Europa hat also ein dreifaches Problem: Es fehlen erstens Forschung und darauf aufbauende neue Unternehmen, die in die neuen, digitalen Medien investieren. Diesen Bereich hat man USA und China überlassen. Zweitens hinken die Gesetze und die Gerichtsbarkeit der Realität so hinterher, dass die eigenen Grundsätze gegenüber den neuen Playern nicht durchgesetzt werden können. Und drittens ist der europäische Medienmarkt in nationale Landschaften zersplittert, innerhalb derer lokale Medien einander einen harten Konkurrenzkampf liefern – während sie zugleich den neuen Konkurrenten freie Bahn lassen und sie sogar unterstützen.

Doch Europa hat ein paar große Hebel: Erstens ist die Europäische Union der größte Wirtschaftsraum der Welt – kein Silicon-Valley-Unternehmen kann eine Regulierung ignorieren, die aus einer geeinten Europäischen Union kommt. Zweitens hat Europa große Medienunternehmen mit hohem kreativem Potenzial: Wenn sich diese Unternehmen zusammentun, statt sich mit hohem Einsatz in zersplitterten nationalen Märkten aufzureiben, haben sie ein ähnlich großes Potenzial für innovative globale Medien wie das Silicon Valley. Und drittens hat Europa eine Tradition, die geradezu perfekt dafür geeignet ist, die negativen Auswirkungen von Medienmonopolen in den Griff zu bekommen: Das öffentlich-rechtliche System, das derzeit noch nach Regelungen aus den Vierzigerjahren des 20. Jahrhunderts funktioniert, liefert eine ausgezeichnete Basis, um wieder grundlegende europäische Werte wie Demokratie, Persönlichkeitsschutz und den Schutz der Privatsphäre in den Umgang mit Masseninformation zu bringen. Diese drei Hebel – Regulierung, Kooperation von Medien und die Modernisierung des öffentlich-rechtlichen Systems – können die Basis sein für eine Antwort auf den Medienkrieg, den wir derzeit erleben.

10. DISRUPT THE DISRUPTERS: DIE NEUEN ALLIANZEN
Eine europäische Gegenoffensive durch Kooperation statt Konkurrenz

Der Fehler von Europas Politik und Medien war vielleicht zu meinen, dass die digitalen Medien aus dem Silicon Valley sich auf dasselbe alte Spielfeld begaben, auf dem in Europa der demokratische Diskurs stattfindet und dessen Spielregeln über Jahrhunderte gewachsen sind. Es war verlockend zu denken, dass diese sympathischen Jungs gratis ihre coolen bunten Werkzeuge aufs Feld werfen, weil sie mitspielen wollen. Es war bequem zu glauben, dass sie einen im eigenen, journalistischen Kerngeschäft und in der eigenen Demokratie nicht angreifen könnten, weil sie ja gar nicht Medien machen, sondern nur Tech-Plattformen sind, und den großen alten Machthabern nicht nahekommen, sondern nur praktische, kostenlose Aufmerksamkeits-Generatoren dafür zur Verfügung stellen. Die Erkenntnis, dass sich die gut gelaunten neuen Mitspieler in aller Freundlichkeit nicht an die Regeln halten und dabei sind, die Arrivierten einfach wegzuwischen, ist hart. Denn in dieser ganzen Zeit haben die Player in Europa etwas übersehen: Die Neuen sind gar nicht auf ihr Spielfeld gekommen. Es ist nicht so, dass sie sich aus Versehen nicht an die Regeln halten würden. Sie haben ein ganz eigenes Spiel aufgebaut – und Politik und Medien fast unmerklich auf ein schiefes Spielfeld gezogen, auf dem der Ball fast von allein in ihr Tor rollt und das nach ihren eigenen Regeln funktioniert.

Dort stehen wir jetzt und wundern uns, dass wir den Kürzeren ziehen: User bemerken entsetzt, dass sie alle ihre privatesten Daten hergegeben haben und keine Ahnung haben, was damit geschieht. Politisch Interessierte finden sich plötzlich in Hassduellen und Filterblasen wieder und verlieren alte Freunde wegen politischer Diskussionen auf Facebook. Medienhäuser stellen besorgt fest, dass ihre Onlineaktivitäten plötzlich kein Geld mehr abwerfen und sie nicht mehr wissen, wie sie ihre Redaktionen bezahlen sollen. Politiker müssen sich in Wahlkämpfen voller anonymer Schattenspieler zurechtfinden.

Wie kommt man aus dieser Situation wieder heraus? Wie kommt man wieder ins Spiel – oder noch besser: Wie ändert man das Spiel so, dass es nach europäischen Grundsätzen und Werten wie Schutz der Privatsphäre und Schutz vor Hass und Hetze funktioniert? Wir sehen drei Hebel:

Die Grundbedingung: Erstens muss man in Europa das Spielfeld aus seiner Schieflage holen und für gleiche Bedingungen sorgen. Dafür bräuchte es einige neue Regeln für die Neuen Medien, die sie den alten gleichstellen, ohne ihre Innovationskraft zu bremsen und die Vorteile, die sie für die Meinungsfreiheit haben, zu beschneiden. Damit schafft man auch Raum für Innovation in europäischen Medien. Die wichtigsten Vorschläge werden im ersten Teil dieses Kapitels erklärt.

Damit würde Raum entstehen, damit – zweitens – europäische Innovationen möglich werden. Dazu müssten die europäischen Medien nationale Grenzen und die lokalen Medien Konkurrenzkämpfe überwinden und kooperieren. Ein paar Vorschläge dazu gibt es im zweiten Teil dieses Kapitels.

Drittens sollten wir uns auf ein System besinnen, das für die letzte Medienrevolution entwickelt wurde, uns aber auch diesmal aus der Sackgasse holen könnte: Die öffentlich-rechtliche Idee. Dem sind die Kapitel 11 und 12 gewidmet.

Starten wir bei der Forderung nach dem „geraden Spielfeld", dem Level Playing Field – und damit bei den Regulierungen, die der Realität der digitalen Monopole auf verschiedensten Ebenen hinterherhinken.

Da ist zunächst die Tatsache, dass wir es mit Monopolen zu tun haben – und dem stemmt sich eine Frau entgegen, die im Silicon Valley zum Schreckgespenst geworden ist: Die

EU-Wettbewerbskommissarin Margrethe Vestager besteht darauf, dass es Regeln gibt – und dass sich auch die Silicon-Valley-Newcomer daran halten müssen. Vestager trägt ein grünes Kleid aus Seide von einem dänischen Designer, ihre grauen Haare sind kurz geschnitten und sie spricht mit den gut überlegten Sätzen einer Frau, die weiß, dass ein falsches Wort aus ihrem Mund Aktienkurse stürzen und Krisen auslösen kann. Man nennt sie oft die Claire Underwood von Brüssel – doch die Zuschreibung behagt ihr nicht: Die Liberale sieht sich als Bewahrerin der Rechte europäischer Bürger. Kürzlich hat sie Google eine Strafe von 2,42 Milliarden Euro aufgebrummt, weil der Such-Monopolist eigene Angebote bei den Shopping-Resultaten bevorzugt hat, nun steht Google mit dem Smartphone-Betriebssystem Android auf dem Prüfstand – der Verdacht: Google-Apps werden bevorzugt. Der Apple-Zulieferer Qualcomm muss 997 Millionen Euro zahlen, weil er sich exklusive Verträge mit Apple erkauft und so andere Anbieter vom Markt ausgeschlossen hat. Von Amazon will sie 250 Millionen Euro Steuern, und die Iren sollen von Apple 13 Milliarden Steuern nachfordern, die sie Apple zu wenig an Abgaben verrechnet hatten, um die Zentrale im Land zu halten: Unerlaubte staatliche Beihilfe, urteilte die Kommissarin.

Wir treffen Vestager in Innsbruck auf einer Tagung von Wettbewerbsbehörden. Die deutsche Wirtschaftsministerin referiert darüber, dass Unternehmen Verantwortung für ihre Algorithmen übernehmen müssen, Wettbewerbshüter debattieren, wie sie mit digitalen Kartellen umgehen sollen. Vestager beschreibt nüchtern das Verhältnis Europas zu den Giganten aus dem Silicon Valley. „Es ist in Europa nicht verboten, Erfolg zu haben: Sie können wachsen und groß werden, und wir werden Ihnen dazu gratulieren. Aber Sie dürfen diese Größe nicht dazu nützen, anderen die Chance zum Erfolg zu nehmen. Je größer Sie sind, umso schwächer wird der Wettbewerb, der Sie kontrolliert – und deshalb haben große

Unternehmen eine besondere Verantwortung. Das ist der Hintergrund der Strafen für Google und Co."

Es geht darum, sagt Vestager, die Grundsätze zu sichern: „Das Ziel ist, sicherzustellen, dass das, was wir in der echten Welt verboten haben, auch in der Online-Welt nicht akzeptiert wird." Ein einfacher Satz – doch wenn es um digitale Monopole geht, ist die Umsetzung nicht einfach.

Kann man Google, Facebook, Amazon nicht einfach zerschlagen?

Kann man Facebook, Google und Amazon angesichts ihrer Monopolstellungen einfach zerschlagen wie frühere Monopole, um wieder Chancen für andere Anbieter zu schaffen? Es gibt eine ganze Reihe von Stimmen, die dafür sprechen: Das Open Markets Institute in den USA fordert die Zerschlagung der Großen Drei ebenso wie Tim Wu, der in Obamas Regierung für Technologie-Märkte zuständig war, und eine Reihe von Politikern. Der Abgeordnete Lindsey Graham etwa fragte Mark Zuckerberg im US-Kongress im April 2018: „Wer ist Ihr größter Konkurrent?" und erklärte dazu: „Wenn ich einen Ford kaufe, und er funktioniert nicht gut und ich mag ihn nicht, dann kann ich einen Chevy kaufen. Wenn ich mit Facebook nicht zufrieden bin, bei welchem gleichwertigen Produkt kann ich mich dann anmelden?" Als Zuckerberg versuchte, in verschiedenen Kategorien zu antworten, fügte er hinzu: „Ich rede nicht über Kategorien. Ich rede über echten Wettbewerb. Autohersteller haben viel Konkurrenz: Wenn sie ein defektes Auto bauen, dann werden Leute aufhören, dieses Auto zu kaufen und ein anderes nehmen. Gibt es eine Alternative zu Facebook? Glauben Sie, dass Sie ein Monopol haben?" Die Antwort von Zuckerberg: „Es fühlt sich für mich jedenfalls nicht so an." Doch selbst wenn er es zugegeben hätte: Eine Firma in der Datenwirtschaft zu

zerschlagen ist nicht so einfach, wie das Monopol einer Auto-
firma zu brechen.[104]

Wie in Kapitel 2 beschrieben, funktioniert die Datenwirtschaft nach anderen Regeln als etwa die Öl- oder Finanzwirtschaft: Dank der Netzwerk- und Feedbackeffekte sammeln sich
User, Wissen und damit Macht bei einem Anbieter. Wer viele
User hat, hat viele Daten, bekommt mehr User und somit noch
mehr Daten. Wer wegen seiner guten Daten viel verwendet wird,
dessen Algorithmen können besser lernen – und erweitern so
täglich den Abstand zur Konkurrenz. „Eine Firma wie Google in
fünf Googlets zu zerschlagen, würde die Netzwerkeffekte nicht
stoppen: Eine der fünf würde wieder dominant werden", schreibt
der *Economist*.[105] Besonders stark sind die Netzwerkeffekte bei
Social Media: Je mehr User Facebook hat, umso attraktiver wird
es für Kunden, die sich bemühen, besten und exklusiven Content
auf Facebook zu stellen – was wiederum mehr User anzieht.
Zugleich wissen Google, Facebook und Amazon alles über ihre
Märkte: Sie erkennen dank ihres Röntgenblicks auf die Computer
und Smartphones der Menschheit Mitbewerber, bevor die selbst
noch wissen, dass sie groß werden, und kaufen sie auf, bevor sie
gefährlich werden können.

Will man die Monopole von Google, Facebook und Amazon
also brechen, müssen auch die Wettbewerbshüter neue Methoden
entwickeln. Erstens muss man die Schwellenwerte ändern, ab
denen Übernahmen geprüft werden: Derzeit darf die Behörde nur
aktiv werden, wenn bestimmte Umsatzschwellen überschritten
werden. Doch YouTube hatte kaum Umsätze, als Google 1,65 Milliarden Dollar dafür auf den Tisch legte. WhatsApp war eine winzige
Firma mit fünfzig Mitarbeitern, als Facebook sie um 19 Milliarden
Dollar übernahm. Die Kaufpreise rechtfertigten sich nicht aus den
Umsätzen, sondern aus den Daten – und da muss auch das Wettbewerbsrecht ansetzen: Gefährlich an den Fusionen der Datenwirtschaft ist nicht die Zahl der Kunden und nicht der generierte

Umsatz – sondern die Masse an Daten, die bei einer Firma landet. Eine Möglichkeit, das abzuschätzen, wäre, die Schwellen nicht auf den Umsatz, sondern auf das Datenvolumen oder auch die Kaufpreise zu beziehen: Wenn zwei datenstarke Unternehmen beteiligt sind, oder eine Tech-Firma bereit ist, mehrere hundert Millionen für ein Unternehmen ohne nennenswerte Umsätze zu zahlen, dann sollten bei den Wettbewerbshütern die Alarmglocken schrillen.

Zweitens kann man durchaus über eine Zerschlagung nachdenken, wenn man strenge Regeln für den Datenaustausch unter den neuen kleineren Teilen schafft: Man könnte Facebook, WhatsApp und Instagram wieder trennen und so drei rivalisierende soziale Netzwerke schaffen, wie in Frankreich derzeit überlegt wird. Man könnte Google von YouTube trennen, wie einige amerikanische Wettbewerbshüter vorschlagen.

Und auch in den Kernfunktionen der Großen Drei gäbe es trotz der Netzwerkeffekte Möglichkeiten, Wettbewerb wieder herzustellen. Ein Beispiel kennt man aus traditionellen Wirtschaftsbereichen, die natürliche Monopole schaffen, wie Eisenbahnen, Energieunternehmen oder Telekommunikation: Dort wird der Zugang zur Infrastruktur geregelt – wer sie besitzt, muss auch andere Anbieter darauf zulassen. Man müsste dazu die Erkenntnisse aus den Daten und eventuell auch die Algorithmen der großen Silicon-Valley-Firmen als „public utility", als öffentliches Gut, definieren und sie zwingen, anderen zu erlauben, sie mitzubenützen: Eine neue Suchmaschine könnte dann auf die Erfahrungswerte von Google zurückgreifen, ein neues soziales Netzwerk vom Algorithmus von Facebook lernen und User auffordern, mitsamt ihren Daten zu übersiedeln. Man könnte Google, Facebook und Amazon auch zwingen, bestimmte Medieninhalte von Konkurrenten auffindbar zu machen, damit sie ihre Monopolstellung nicht für ihre eigenen Produkte missbrauchen.

So weit möchte Wettbewerbskommissarin Margrethe Vestager – als klassische Liberale eher keine Freundin von zu starken

Eingriffen – allerdings noch nicht gehen: „Wenn man nur einen Abwasserkanal oder eine Brücke hat, dann wird man nicht einen zweiten daneben bauen, sondern den Zugang zu dieser einen Brücke für alle sicherstellen. Das machen wir mit unserer physischen Infrastruktur. Nun ist das Internet zwar für jeden offen und jeder kann sich darauf bewegen – aber ein Teil der Dienste darauf hat sich zu Gatekeepern entwickelt, und wir müssen aufpassen, dass etwa die Google-Suche ihre Macht nicht missbraucht, sondern faire Bedingungen bietet. Nun ist die Frage: Sind wir schon im Bereich einer essenziellen Infrastruktur wie einer Brücke? Oder sind wir in Europa stark genug, um eigene Angebote zu schaffen? Wenn wir feststellen, dass wir es mit essenzieller Infrastruktur zu tun haben, dann müssen wir Google, Facebook, Amazon auch so regulieren. Aber ich würde sagen: Nützen wir erst unser Wettbewerbsrecht voll aus. Ich denke nämlich, wir haben noch die Chance, Alternativen zu bauen."

Veröffentlichen heißt Verantwortung übernehmen

Die zweite große Baustelle in der Regulierung insbesondere von Facebook und Google bzw. YouTube ist das Medienrecht. In Kapitel 5 wurde ausführlich gezeigt, dass Facebook und YouTube zwar in weiten Teilen Plattformen sind, auf die User ihre Videos und Fotos laden und mit Freunden in Verbindung treten können. Doch in ihren Hauptprodukten sind sie Medienunternehmen: Der Facebook-Newsfeed und die Autoplay- und Empfehlungsfunktionen auf YouTube sind nach aller Definition Massenmedien. Wir haben beschrieben, welche negativen Auswirkungen es hat, dass sich diese Medien nicht an die Regeln halten, die in Europa für Medien entwickelt wurden. „Man hat zwar immer gesagt, das Medienrecht sei technikneutral", sagt Medienanwältin Maria Windhager. „Aber in der Praxis funktioniert das derzeit nicht. Es

besteht Handlungsbedarf: Wenn man sich zu einem Persönlichkeitsschutz bekennt – und ich denke, das tun wir –, dann muss
man die Regeln auf Facebook und YouTube anwenden und das
Machtungleichgewicht beenden." Kommissarin Vestager erklärt:
„Es geht nicht um die Beschränkung von Meinungsfreiheit. Es
geht darum die Regeln, auf die wir uns für Medien offline geeinigt
haben, auch für Online umzusetzen."

Doch dazu ist das derzeitige Medienrecht in Europa schlicht
nicht gerüstet. Die Grundsätze sind zwar in allen Ländern gleich:
Herausgeber sind für die Inhalte ihrer Medien verantwortlich. Sie
dürfen keine Hetze verbreiten, müssen Beschuldigten die Möglichkeit zur Stellungnahme geben, müssen Persönlichkeitsrechte
wahren und im Zweifel für das, was sie veröffentlichen, den Wahrheitsbeweis antreten. Doch von einem einheitlichen Medienrecht,
das man Facebook und YouTube zur Befolgung vorlegen könnte,
ist keine Rede – und das macht es schwieriger, die globalen Medien
in die Verantwortung zu nehmen.

Denn derzeit gibt es Sondergesetze für die alten Mediengattungen: Print, Fernsehen und Radio sind unterschiedlich geregelt.
Manche Regulierungen gelten in der ganzen Europäischen Union
– wie etwa die Audiovisuelle Mediendienste-Richtlinie für Fernsehstationen –, andere nur in einzelnen Ländern (wie das Privat-
radio-Gesetz). Die Regeln sind außerdem unterschiedlich streng:
Für das Fernsehen gelten strengere Regeln, etwa bei der Beschränkung von Werbung, als für gedruckte Medien. Der Grund ist die
Anerkennung, dass Fernsehen ein besonders meinungsstarkes
und wirkungsvolles Medium ist – und daher strenger reguliert
werden muss.

Für die neuen digitalen Medien wie Facebook und YouTube,
die vielleicht noch meinungsstärker und wirkungsvoller sind, gibt
es hingegen gar keine Regeln. Sie gelten als reine Technik-Dienst-
leister und bewegen sich medienrechtlich im luftleeren Raum.
Nur in einzelnen Staaten gibt es erste Versuche: Deutschland

hat etwa 2017 das kontrovers diskutierte Netzdurchsetzungsgesetz eingeführt, das sozialen Medien das Löschen von illegalen Inhalten auferlegt. In Frankreich ist eine ähnliche Regelung in Vorbereitung.

Die Probleme, die dieser rechtsfreie Raum nach sich zieht, haben wir in den vorhergehenden Kapiteln ausführlich beschrieben: freie Bahn und sogar Verstärkung für Lügen, Hass und Hetze, fehlende Kennzeichnung von Werbung, Desinformation, ja, die Unterwanderung der Demokratie selbst – und eine Situation für Betroffene, in der das Einklagen ihrer Rechte finanziell und organisatorisch schlicht unmöglich ist.

Facebook und YouTube selbst spielen dabei eine Doppelrolle: Auf der einen Seite versuchen sie, jeglicher Regulierung zuvorzukommen, indem sie ihre eigenen Community-Standards zum Gesetz erheben und so weit durchsetzen, wie es billig zu machen ist. So beschrieb etwa Facebook-CEO Mark Zuckerberg bei seinem Hearing vor dem US-Kongress am 10. April 2018, wie stark Facebook ohnehin schon vorab Inhalte filtert – solange es nicht zu viel kostet: Was man mit künstlicher Intelligenz vorab filtern kann – wie terroristische Propaganda –, wird auch vorab gefiltert. Wo man Menschen braucht – etwa beim Erkennen von Hass oder Verleumdung –, veröffentlicht Facebook die Inhalte und verlässt sich darauf, dass irgendwer sie melden wird und die ausgelagerten Löschfabriken auf den Philippinen richtig entscheiden werden (siehe Kapitel 5).

Dabei sieht Mark Zuckerberg durchaus, dass Facebook für die Inhalte, die es verbreitet, verantwortlich ist: In seinem Hearing vor dem US-Senat am 11. April 2018 antwortete er auf die Frage von Senator John Cornyn: „Der größte Fehler, den wir gemacht haben, war, dass wir unsere Verantwortung nicht breit genug gesehen haben. Wir haben unsere Verantwortung nur darin gesehen, Werkzeuge zu bauen, anstatt unsere gesamte Verantwortung darin zu sehen, dass diese Werkzeuge auch für das

Gute eingesetzt werden. Ich stimme zu, dass wir für den Inhalt verantwortlich sind, aber ich denke, dass eine der großen gesellschaftlichen Fragen, die wir beantworten müssen, diese ist: Das derzeitige Regelwerk basiert auf dem Modell der Reaktion. Es geht davon aus, dass es keine Werkzeuge künstlicher Intelligenz gab, die proaktiv anzeigen können, ob etwas terroristischer Content ist oder etwas Böses. Es verließ sich also auf Menschen, die die Inhalte meldeten, und danach musste das Unternehmen eine Aktion setzen. In Zukunft werden wir Werkzeuge haben, die mehr Typen von bösem Content identifizieren können. Und ich glaube, es gibt moralische und rechtliche Fragen, mit denen wir als Gesellschaft ringen müssen, wenn wir wollen, dass Unternehmen proaktiv handeln."

Zuckerberg gesteht also die Verantwortung für den Inhalt ein – will sie aber nur wahrnehmen, wenn das maschinell möglich ist und er keine Redaktionen dafür beschäftigen muss. Trotz dieses Eingeständnisses und der schon jetzt massiven redaktionellen Eingriffe in die Inhalte, die sie veröffentlichen, beharren Facebook und Google auch für ihre Medienprodukte wie den Newsfeed auf dem Host-Provider-Privileg: Sie behaupten nach wie vor, Plattformen zu sein und somit für den Inhalt genauso wenig verantwortlich wie ein reiner technischer Dienstleister.

Das schafft ein seltsames Ungleichgewicht innerhalb Europas: Auf der einen Seite stehen europäische Medienunternehmen, die sehr wohl für die Inhalte verantwortlich sind, die sie veröffentlichen, und die deshalb mit professionellen Redaktionen arbeiten. Bei diesen Medien kann man eine Persönlichkeitsverletzung oder Beleidigung einklagen, sollte sie trotzdem geschehen. Auf der anderen Seite – gleich daneben auf dem Smartphone – stehen die Neuen Medien mit Sitz in den USA, die ihre Inhalte nur nach eigenem Gutdünken prüfen und Gerichtsverfahren so verschleppen, dass man sich Klagen nicht leisten kann.

Dieses Ungleichgewicht wird nicht haltbar sein.

Für die Teile, in denen Facebook, YouTube und Amazon selbst Medien produzieren, kann das Host-Provider-Privileg auf jeden Fall aufgehoben werden: Es ist dort nicht zu rechtfertigen. Das betrifft alle Produkte, für die Algorithmen oder Menschen Postings oder Videos verwenden und mit anderen Stücken ein Medium daraus zusammenstellen: also den Newsfeed, die Startseite von YouTube, die YouTube-Empfehlungen und die YouTube-Autoplay-Funktion. Dort könnte man festlegen, dass Google und YouTube sich schlicht an Medienrecht halten. Das ist traditionellen Medienunternehmen zumutbar – es wird auch Facebook und YouTube zumutbar sein: Sie müssen die Inhalte, die sie veröffentlichen, vorab prüfen, und wenn sie einen Fehler begehen, die Strafe übernehmen und die Gegendarstellungen überall dort veröffentlichen, wo auch die ursprüngliche Verleumdung oder Ehrenbeleidigung stand. Einfach ist das nicht, schon weil die Newsfeeds und die Videofolgen im Autoplay-Modus ja nicht ein einzelnes Massenmedium sind, sondern an die Vorlieben jedes Users angepasst werden. Doch wir sprechen von den größten Unternehmen der Welt, die derzeit mit enormen Gewinnmargen arbeiten. Anstatt ihre Gewinne in „Moonshots" zu investieren, werden Facebook und YouTube – so wie alle anderen Medienunternehmen auch – eben Redaktionen einstellen müssen, die den Inhalt kuratieren und prüfen.

Eine Reihe von Experten und Politikern vertreten diesen Standpunkt und wollen Medienrecht für Facebook und YouTube einführen: Der ehemalige österreichische Medienminister Thomas Drozda etwa arbeitete an einer Gleichstellung, der deutsche Minister Heiko Maas vertrat diese Position, und Johannes Bruckenberger von der Initiative „Qualität im Journalismus" meinte: „Facebook verletzt mit seinen Gemeinschaftsstandards unsere Gemeinschaftsstandards. Eine medienrechtliche Gleichstellung ist deshalb das Mindeste, was die Politik dagegen tun sollte." Auch die britische Regierung und Teile des US-Kongresses wälzen Pläne, Medienrecht auf die Neuen Medien anzuwenden.

Doch so einfach die Forderung ist – die Umsetzung kann auch negative Folgen haben. Facebook und YouTube müssten sich zunächst einfach an die jeweils nationalen Medienrechte halten – doch das ist keine Dauerlösung. Weder kann man Facebook auferlegen, jedes Medienrecht der Welt global umzusetzen – dann hätten Oppositionelle aus Diktaturen wohl weltweit keine Stimme mehr –, noch genügt es, wenn ein illegaler Inhalt in Österreich verschwindet, in Deutschland aber nach wie vor lesbar ist: Dazu ist Europa zu kleinteilig. Der derzeitige Weg ist ebenso unbefriedigend: Jetzt gilt nämlich weltweit kalifornisches Recht – und damit eine Definition von Meinungsfreiheit, die europäischen Werten von Privatsphäre und Persönlichkeitsschutz zuwiderläuft.

Die europäische Politik sollte deshalb darauf reagieren, dass Medien nicht mehr an nationale Grenzen gebunden sind, und sich auf ein einheitliches europäisches Medienrecht verständigen. Wenn ganz Europa dieselbe Regelung verwendet, dann ist der Hebel jedenfalls enorm – das zeigen die Reaktionen auf die Datenschutzgrundverordnung der EU: Schon im Vorfeld der Einführung stellte sich heraus, dass sich amerikanische Unternehmen an diese europäische Version von Datenschutz nicht nur halten müssen, wenn sie nicht den gesamten europäischen Markt verlieren wollen – einige (wie Facebook) überlegen sogar, sie weltweit anzuwenden.

Regeln gegen Hass

Doch Medienrecht löst nicht alle Probleme mit Hass und Lügen auf Facebook und YouTube. Mit Medienrecht könnte zwar die massenhafte Verbreitung in Newsfeeds und in YouTubes Autoplay-Modus verhindert werden, doch auch für die Plattformteile müssen Regeln geschaffen werden: Online-Mobbing, terroristische Propaganda, Desinformation und Hass werden nicht nur in

Newsfeeds veröffentlicht, sondern auch unabhängig davon hochgeladen, in Gruppen und über Messengerdienste verbreitet. Um das einzubremsen, ist ein Bündel von Maßnahmen notwendig: Die staatlichen Behörden müssen mehr Personal und Ressourcen für die Verfolgung von Hass im Netz aufbauen. Die Rechte der Geschädigten müssen gestärkt werden, damit sie schnell und ohne finanzielle Risiken zu ihrem Recht kommen. Vor allem aber müssen die Neuen Medien selbst viel stärker in die Pflicht genommen werden: Auch dort, wo sie als Plattformen agieren, sind Vorab-Kontrollen notwendig – etwa wenn es darum geht, das erneute Posten von bereits verbotenen Beleidigungen zu verhindern, oder bei der Geschwindigkeit, mit der gemeldete Inhalte gelöscht werden. Hier werden oft Konflikte mit Meinungsfreiheit heraufbeschworen. Doch Meinungsfreiheit bedeutet nicht, seine Meinung in einem bestimmten Medium oder auf einer bestimmten Plattform äußern zu dürfen: Sollten Facebook und YouTube aus Bequemlichkeit tatsächlich „overblocken", also mehr löschen als nötig (wie sie es jetzt schon bei allem tun, was ihren eigenen Richtlinien widerspricht – etwa Nippel oder das Wort „Fuck"), dann bietet das Internet noch sehr viele andere Möglichkeiten, seine Meinung zu äußern. Insgesamt trägt das vielleicht sogar zur Diversität im Netz bei. Solange Facebook und YouTube allerdings de facto Monopole sind, könnte man sie in ihrer Funktion als Plattform (und nur da) auch stärker in die Pflicht nehmen, indem man Mechanismen einführt, wie man gegen ungerechtfertigte Löschungen vorgehen kann.

Schließlich müssen auch die Gesetze, die den sensibelsten Bereich der Demokratie schützen – die Wahlen – auf Onlinemedien ausgedehnt werden: Wenn in einem Land die Finanzierung von Wahlwerbung aus dem Ausland, geheime Wahlkampfspenden oder die intransparente Zusammenarbeit von Kampagnen verboten sind, dann muss das auch für Facebook und YouTube gelten. Derzeit hat sich dort ein Paralleluniversum von unregulierter Wahlwerbung etabliert – und die Folgen zeigen, warum die Regeln, die für Medien in Wahlzeiten gelten, sinnvoll sind.

Faire Steuern

Dass jeder europäische Bürger und jedes Unternehmen einen Teil der Einnahmen an die Allgemeinheit abgibt, ist die Grundlage für das Funktionieren unserer Gesellschaft – in Europa noch mehr als anderswo: Das europäische Modell sieht mehr Verantwortung der Gemeinschaft vor als etwa das US-amerikanische. Die Kehrseiten von freier Marktwirtschaft und individueller Freiheit für alle, die dabei nicht mitkönnen, werden durch ein ausgebautes Sozialsystem aufgefangen, und zahlreiche Dienstleistungen von öffentlichem Interesse sind zumindest großteils gemeinschaftlich organisiert – etwa Bildung, Gesundheit oder öffentlicher Verkehr. Nun machen Facebook, Google, Amazon in Europa Geschäfte und sehr hohe Gewinne – doch sie entziehen sich den Steuern. Die Dimension ist enorm: 250 bis 1000 Milliarden Euro, schätzen OECD und EU-Kommission, entgehen dem europäischen Gemeinwesen durch Steuertricks von Konzernen. Europa-Abgeordneter Othmar Karas beklagt: „Viele Internetkonzerne zahlen weniger als ein Prozent Steuern, während kleine heimische Betriebe im Schnitt 26 Prozent zahlen."

Das Grundproblem: Das Steuerrecht ist auf die alte Wirtschaft ausgelegt. Auf Unternehmen mit einem echten Sitz, Fabriken, Geschäften, Bürohäusern. Dort kann man die Verkaufszahlen beobachten, die Finanzflüsse besteuern. Die Unternehmen beschäftigen Mitarbeiter, die Lohnsteuer zahlen. Doch ein Internetkonzern braucht das alles nicht: keine Niederlassungen, keine Mitarbeiter, keine Fabrik und keine Ladentheke. Das macht es einfach, das alte Steuerrecht auszutricksen.

Der beliebteste Trick dabei nennt sich BEPS: Base Erosion and Profit Shifting. Zu Deutsch: Man rechnet die Steuergrundlage erst klein und verschiebt dann die Gewinne dorthin, wo man möglichst wenig Steuern dafür zahlt. Ein Beispiel ist das „Double Irish with a Dutch Sandwich", das Google nützt und damit laut dem Wirtschaftsmedium „Bloomberg" im Jahr 2016 ganze 3,7 Milliarden Dollar an Steuern sparte. Der Mechanismus: Ein Konzern gründet Tochterunternehmen in Irland und den Niederlanden. Nimmt er etwa in Deutschland Geld durch den Verkauf von Werbung ein, überweist er das Geld als Lizenzgebühr an das Tochterunternehmen in Irland. Der Gewinn in Deutschland schwindet, die Steuern ebenso. In Irland würden nun nur 12,5 Prozent Steuern anfallen – die hat das Land so niedrig angesetzt, um Internetkonzerne anzulocken. Doch auch das ist noch zu viel: Das irische Unternehmen zahlt wiederum das Geld in Form von Tantiemen an das zweite Tochterunternehmen – immer noch innerhalb desselben Konzerns – in den Niederlanden. Jetzt sinken auch die Gewinne und Steuern in Irland. Dann überweist die niederländische Tochterfirma das Geld an eine zweite Firma in Irland zurück, die wieder demselben Konzern gehört, und zahlt nun auch in den Niederlanden keine Steuern. Und da diese zweite irische Firma nur eine Niederlassung einer Firma in einer Steueroase ist – etwa auf den Bermudas –, zahlt sie auch in Irland keine Steuern. Das Modell klingt kompliziert, ist aber dank der Steuerrivalitäten unter den europäischen Staaten schnell aufgesetzt – und führt dazu, dass die größten Tech-Unternehmen der Welt fast steuerfrei ausgehen. Googles Mutterfirma Alphabet schleuste zum Beispiel 2016 über 19 Milliarden über dieses System aus den Ländern, in denen es Geschäfte machte, nach Irland, Holland und in Steueroasen. Den europäischen Staaten entgingen laut Bloomberg damit 3,7 Milliarden Euro. In Österreich hatte Google 2016 zum Beispiel einen Werbeumsatz von 140 Millionen Euro. Im Firmenbuch sind hingegen nur 6,3 Euro Millionen Umsatz ausgewiesen.

Bei Digitalkonzernen kommt noch etwas dazu: Wenn es keine Betriebsstätte gibt, kann ein Staat gar keine Steuern einheben – und als Betriebsstätte gilt nur eine Niederlassung in der echten Welt wie ein Büro, eine Fabrik, ein Laden. Gerade in kleineren Ländern betreiben die großen Digitalkonzerne aber keine solchen echten Betriebsstätten. Damit verschwindet das gesamte Geld, das am Onlinewerbemarkt von den lokalen Medienunternehmen zu Google, Facebook und Amazon wandert, komplett unversteuert aus dem Land.

Der erste Schritt zu faireren Steuern ist also die Einrichtung einer „digitalen Betriebsstätte": Wer in einem Land Geschäfte und Gewinn macht, soll auch dann Steuern zahlen, wenn es kein Büro aus Stein und Glas gibt, sondern sich das gesamte Geschäft im virtuellen Raum abspielt. Die EU-Finanzminister haben das 2018 in Angriff genommen. Der Plan: Wenn ein Unternehmen in einem Land mehr als 7 Millionen Euro pro Jahr verdient, mehr als 100 000 Nutzer hat und mehr als 3000 Geschäftsverträge abschließt, dann soll es eine „digitale Betriebsstätte" einrichten und Steuern zahlen. Die Schwellen sind extra so hoch gewählt, damit die Großen getroffen werden und nicht kleine Start-ups.

Doch eine digitale Betriebsstätte ist nur ein erster Schritt – und den zu gehen braucht Zeit. Sollte man sie überhaupt durchsetzen können, verhindern zunächst einmal Doppelbesteuerungsabkommen, dass tatsächlich Steuern fließen: Denn diese Abkommen wirken wir ein normales Gesetz und können nicht einfach gekündigt werden. 2017 blitzte etwa Frankreich deshalb mit einer Steuernachforderung von 1,3 Milliarden Euro an Google bei einem Gericht ab.

Und ein großer Teil des Problems besteht innerhalb der EU, wo sich Staaten gegenseitig mit den Unternehmenssteuern unterbieten, um Konzernzentralen anzulocken: Auch das versuchen die Kommission und einige Mitgliedsstaaten zu lösen, etwa indem zumindest die Bemessungsgrundlage für die Unternehmenssteuern vereinheitlicht werden.

Es wird also Zeit brauchen, die digitalen Betriebsstätten ins Laufen zu bringen und innerhalb der EU die Möglichkeiten zu stoppen, Gewinne zu verschieben. Bis dahin wollen die Staaten als Übergang eine Zwischensteuer für die wichtigsten digitalen Tätigkeiten, die derzeit in der EU überhaupt nicht besteuert werden – etwa Erträge aus dem Verkauf von Onlinewerbung oder aus der Vernetzung von Usern und Erträge aus dem Verkauf von Daten. So eine Zwischensteuer auf digitale Umsätze könnten sogar einzelne Staaten einführen.

Geld für Kreativität und Journalismus

Ein weiterer Problembereich ist das Geld: Film, Analysen, Fotoreportagen, Karikaturen, große Recherchen, aussagekräftige Grafiken – das alles kostet Geld, und zwar nicht wenig: Journalismus, Film, Kultur sind arbeitsintensive Bereiche. Die Menschen, die in diesen Berufsfeldern arbeiten, müssen davon leben können, sonst verschwindet ihre Kunst und Kreativität in andere Branchen. Das alte Modell dafür war recht simpel: Medienunternehmen stellten Journalisten und Kreative an, kauften ihre Werke und machten daraus Zeitungen, Magazine, Fernsehprogramme. In diesen Medien verkauften sie Werbung und lieferten sie dann – gegen Geld oder auch gratis – an ihre Leser und Seher.

Dieses Modell geht allerdings gerade kaputt, und Tausende Journalisten, Fotografen, Grafiker, Filmemacher können ein Lied davon singen: Ihre Arbeit ist zwar so gefragt wie nie – die Bezahlung dafür schwindet aber so stark, dass immer weniger davon leben können. Die Kreativen, die Journalisten, die Denker werden gekündigt oder müssen sich andere Auftraggeber suchen.

Und so schwindet ein wichtiger Teil des demokratischen Diskurses und der regionalen europäischen Identität.

Was sich geändert hat, ist anhand der Arbeit eines Fotografen einfach zu erklären: Vor zwanzig Jahren belichtete er ein Negativ und verkaufte es an einen einzelnen Verlag. Fotos waren kostbar, Fotografen verdienten gut. Heute verbreitet sich sein Foto in Windeseile quer durch das Netz, taucht auf Twitter und in Facebook-Newsfeeds auf, wird verfälscht und wird allgegenwärtig. Man muss das Magazin nicht mehr kaufen und die Seite nicht mehr aufrufen, um das Foto zu sehen. Mit den schwindenden Einnahmen beschließt der Verleger, keine Fotos mehr zuzukaufen – sie bescheren ihm keine zusätzlichen Leser mehr, die haben die Fotos schon überall gesehen. Die Folge: Ein weiterer Fotograf gibt auf oder wechselt in die Werbung. Das ist ein Problem: Denn es gibt zwar Millionen Fotos auf der Welt – doch eine aussagekräftige Fotoreportage kostet Geld. Man braucht Kameras und Licht, muss manchmal quer über den Globus fahren und lange warten, bis man das Foto macht, das ein Phänomen besser verständlich macht als vorher. Dasselbe gilt für Texte, Zeichnungen, Videos: Es ist zeitaufwendig und teuer, guten Journalismus und wertvolle Kultur zu produzieren. Und klassische Medien haben immer weniger Geld, um dafür zu bezahlen: Denn sie können wiederum die Werke nicht mehr in ausreichender Zahl verkaufen.

Der Grund sind vor allem die kommerziellen Medienteile von Facebook und YouTube, die sich der Postings von Usern bedienen und diesen erlauben, alles hochzuladen, was sie finden, egal ob sie das Foto, den Text oder das Video gekauft oder einfach nur irgendwo gefunden haben. YouTube und Facebook übernehmen keine Verantwortung dafür, woher die Fotos im Newsfeed und die Videos in den Empfehlungen kommen – und ob der Fotograf oder Filmer (oder der, der sie bezahlt hat) dafür Geld bekommt oder nicht. Sie haben nicht einmal die Pflicht, daran mitzuwirken, dass er Geld bekommt: Als Host-Provider gelten sie als technische Dienstleister, obwohl sie aus den geklauten Inhalten Medien zusammenstellen und damit Geld verdienen.

Nun sollen echte Host-Provider – also etwa ein Unternehmen, das wie WordPress nur den Raum und die Technik zur Verfügung stellt, oder ein Cloud-Service – natürlich weiterhin nicht die Inhalte prüfen müssen, die ihre User hochladen. Aber warum gilt dieses Privileg auch für kommerzielle Abruf-Plattformen und Medien? Und warum können sie das Geld, das sie damit verdienen, behalten – statt es an jene weiterzugeben, die die Fotos und Videos gemacht oder bezahlt haben? Warum ist es möglich, dass es Seiten gibt, die ganze Radiosender mit ihrem teuer und aufwendig erstellten Programm einfach kopieren und selbst parallel ausstrahlen – und damit Geld verdienen?

Für diese Fragen braucht es Lösungen. YouTube etwa bietet etablierten Künstlern, Medien und Produktionsfirmen zwar an, dass man seine gesamten Inhalte von ihnen scannen lassen kann und gestohlenes Material dann aussortiert wird, aber das bringt wieder ganz eigene Probleme mit sich: Erstens müssen sie alles, was man produziert, quasi in Echtzeit auf Google-Server spielen – und zweitens trifft der Filter dann auch etwa Videos von nicht-kommerziellen Videomachern, die nur Zitate aus TV-Nachrichten verwenden und deren Videos plötzlich verschwinden.

Die Lösung ist auch hier einfach: Europäische Medienunternehmen müssen sich die Rechte vorher sichern – sie müssen um Erlaubnis fragen, bevor sie ein Foto, ein Video, eine Zeichnung oder einen Text für ihre Medien verwenden, und wenn sie sich nicht daran halten, sind sie leicht auffindbar und müssen zahlen. Facebook und YouTube hingegen können sich immer hinter anonymen Usern verstecken – und müssen nicht einmal helfen, diese zu finden. Auch dieses Ungleichgewicht sollte man aufheben – zumindest dort, wo Facebook und YouTube eigene Medien zusammenstellen und damit Geld verdienen.

Datenschutz

Wie wirkungsvoll der Hebel ist, wenn Europa sich auf eine gemeinsame Regelung einigt, zeigt der Datenschutz. Der Schutz der Privatsphäre und der persönlichen Daten ist in Europa in der Grundrechtecharta verankert – und er unterscheidet sich stark vom Recht in den USA, nach dem sich Facebook, Google und Amazon richten. Die 2018 in Kraft getretene Datenschutzgrundverordnung trägt diesem Unterschied Rechnung und zwingt theoretisch alle, sich an dieselben Maßstäbe zu halten. Das ist ein Gamechanger – es ändert das Spiel: Auch die US-Konzerne sind jetzt gezwungen, sich an europäisches Recht zu halten. Sie müssen verständliche, kurze Erklärungen liefern, welche Daten sie speichern und wozu sie sie brauchen. Sie müssen jederzeit Auskunft geben, welche Daten sie haben. Und sie müssen zulassen, dass ein User die Daten nimmt und zu einem anderen Anbieter übersiedelt. Der Erfolg zeigte sich schon vor der Einführung: Facebook etwa – eines der Unternehmen, die am unverantwortlichsten von allen mit Datenschutz umgehen – überlegte, die europäischen Regeln weltweit einzuhalten.

Trotzdem bleibt das Spielfeld selbst in diesem Bereich schief. Einerseits sind die Daten europäischer Nutzer in den USA immer noch nicht geschützt: Die „Safe Harbor"-Regel wurde zwar durch die Klage von Max Schrems gekippt, doch die Nachfolgeregelung, das „Privacy Shield", funktioniert nach denselben Prinzipien. Die EU-Datenschutzregeln verbieten es nämlich, personenbezogene Daten aus der EU in ein anderes Land zu übermitteln, wenn dort die Daten nicht auf einem vergleichbaren Niveau geschützt sind. Das ist etwa in den USA der Fall – deshalb müssen sich

Unternehmen verpflichten, selbst auf die Einhaltung der Regeln zu achten. Doch wer überwacht, ob die Daten nicht etwa in die Hände von US-Behörden gelangen und bei der Grenzkontrolle eingesetzt werden (um nur ein Beispiel zu nennen)? Das tun die Unternehmen selbst: Auch „Privacy Shield" sieht nicht vor, dass die Unternehmen dabei kontrolliert werden: Es begnügt sich damit, dass die Datensammler sich selbst zertifizieren. Angesichts des Rechtsverständnisses der US-Digitalmedien ein gewagter Ansatz.

Ein zweiter Ansatz in der Datenschutzrichtlinie verschafft den US-Medien einen Vorteil gegenüber kleineren europäischen Medien: Und das betrifft das Geld – konkret die Onlinewerbung. Werbegelder werden online danach abgerechnet, wie viele Personen die Werbung gesehen oder darauf geklickt haben. Wer mit Werbung Geld verdient, muss das also messen. Dazu gibt es zwei Möglichkeiten: Entweder man befindet sich innerhalb eines Dienstes, zu dem man sich bei einem Log-in angemeldet hat – dann hat sich das Unternehmen schon beim Anmelden die Erlaubnis geholt, mitzuzählen, wie oft eine Werbung angesehen oder angeklickt wurde. Oder man bewegt sich frei, ohne Anmeldung auf Webseiten: Dann zählen die Unternehmen mithilfe von „Cookies", wie viele User eine Werbung gesehen haben. Nun sind Cookies kleine Programme, die auf dem Rechner oder Smartphone hinterlassen werden – und die Datenschutzgrundverordnung hat dafür strengere Regeln eingeführt: User müssen nun aktiv zustimmen, dass sie Cookies akzeptieren. Die Folge: Kleinere Medien, die ohne Anmeldung funktionieren, werden sehr viele zählbare User und damit ihre Erlöse verlieren, während sich für Google und Facebook, bei denen die User ohnehin schon angemeldet sind, kaum etwas ändert.

Drittens hat das Lobbying der Großen auch im Datenschutz gewirkt: Die Datenschutzgrundverordnung ist streng – aber sie hat unklare Passagen. „Ein Problem ist, dass vieles von klaren Regelungen zu schwammigen Formulierungen runter-lobbyiert wurde", kritisiert Datenschützer Max Schrems. „Da haben große Unternehmen mit ihren Rechtsabteilungen und Anwälten einen unschätzbaren Vorteil: Für sie ist mehr Rechtsunsicherheit besser. Für kleine Unternehmen ist sie ein Problem."

Kooperation: Wie Alternativen entstehen können

Würde diese Regulierung genug Raum schaffen, damit Alternativen entstehen? Noch nicht. Nehmen wir noch einmal die Spiel-Metapher auf: Stellen Sie sich ein Fußballspiel vor. Das Spielfeld ist Europa. Es wird um die Kontrolle des Medienmarktes gespielt – und das ist kein rein wirtschaftliches Spiel: Es geht um die Aufmerksamkeit der Bevölkerung, darum, wer sie informiert, aufgrund wessen Informationen sie ihre Wahlentscheidungen trifft, wem sie vertraut und wie sie ihr Leben gestaltet. Zwei ungleiche Mannschaften stehen am Spielfeld: Auf der einen Seite die europäischen Medienunternehmen. Sie sind eine unkoordinierte, große Gruppe untereinander rivalisierender Profis alter Schule. Der Gegner ist numerisch unterlegen, es sind nur fünf Spieler. Die dafür sind jung, cool und unendlich viel größer, größer als alle Europäer zusammen. Facebook, Google, Amazon. Auch Netflix und Apple spielen mit. Stark, aber zu schlagen – immerhin sind die Europäer viel mehr, und sie befinden sich in der Heimat.

Und doch bekommen die Europäer in diesem Spiel keinen Fuß auf den Boden und fallen immer weiter zurück. Und das liegt nicht nur an der Stärke und der innovativen Technik der Amerikaner, sondern an zwei anderen Faktoren, mit denen niemand gerechnet hat: Erstens halten sich die Amerikaner nicht an die Regeln, und wenn der Schiedsrichter pfeift, laufen sie einfach weiter – bis der Schiedsrichter einen Strafstoß ausspricht, haben sie schon fünf Tore geschossen. Und zweitens ist das Spielfeld schief. Es hängt auf eine Seite. Die Europäer laufen aufwärts, während die Amerikaner den Ball nur lenken und rollen lassen müssen. Sie sind auf der Gewinnerseite des schiefen Spielfelds.

Nehmen wir nun an, dass die europäische Politik es schafft, für alle dieselben Bedingungen zu schaffen, die strengen bestehenden Regeln aktualisiert, sodass sie auch für die Neuen zutreffen. Das Spielfeld also geraderückt: Dann haben wir das „Level Playing Field", das europäische Medienunternehmen immer fordern. Würden sie dann gewinnen?

Derzeit wohl nicht. Die Spieler der alten Schule wissen um ihre Bedeutung für die Gesellschaft, und im alten Spiel, in dem sie gegeneinander auftraten, waren sie alle schon einmal Meister in verschiedenen Disziplinen. Sie sehen Journalismus als ihre Kernaufgabe und schauen auf die neuen „Plattformen", bei denen User ungeprüften Content liefern, etwas arrogant herab. Doch ihre Schuhe sind löchrig und die T-Shirts aus der letzten Saison – neuerdings geht ihnen das Geld für gute Ausrüstung aus. Nun stehen sie gemeinsam am neuen digitalen Spielfeld, reden in vielen Sprachen aneinander vorbei und wissen nicht recht, wie sie das Spiel angehen sollen.

Einen Ansatz liefert Michael Hirschbrich. Der Gründer des Mediendienstes UpdateMi liebt Visionen, und er hasst Pessimismus. Hirschbrich, stilgerecht mit Vollbart und T-Shirt, lebt seit vielen Jahren im Silicon Valley und pendelt immer wieder nach Europa. Er kennt beide Welten und führt seit Jahren die Diskussionen über den passenden Umgang mit den Silicon-Valley-Medien. Seiner Meinung nach hat sich Europa bislang vor der eigenen Größe versteckt: Statt sich auf eigene Innovationen zu fokussieren, begegnen Europäer der Konkurrenz lieber mit Angst, Verhinderungstaktiken und Verschwörungen. „Hinter den mächtigen Silicon-Valley-Monopolen stehen Gründerpersönlichkeiten, die Produkte geschaffen haben, die einen Mehrwert für Menschen weltweit bereitstellen. Es geht ihnen nicht darum, die Demokratie zu zerstören oder die

Menschheit zu unterjochen – es sind Menschen mit all ihren Stärken und Schwächen, die etwas Neues probiert haben und damit Erfolg hatten." Google hatte zu Beginn große Schwierigkeiten, erste Investoren aufzustellen, weil nicht klar war, weshalb es noch eine Suchmaschine bräuchte – es gab schon Lycos und Yahoo. Facebook erging es ähnlich: Anfangs glaubte kaum ein Geldgeber, dass sich ein Studentennetzwerk monetarisieren ließe. Die Gründer haben nicht aufgegeben und weitergemacht. Und auch die Giganten sind keineswegs sicher, nicht wieder von neuen Unternehmen abgelöst zu werden. Hirschbrich: „Wir in Europa tun immer so, als wäre Facebook allgegenwärtig. Aber in Russland nutzt kein Mensch Facebook, in China ist es verboten, in der Kunstszene hat sich Ello als echte Alternative etabliert. Wir trauen uns leider nicht zu, selbst eine europäische Plattform zu schaffen, die das Potenzial hätte, auf Dauer mit den US-Größen zu konkurrieren."

Nun ist es nicht so, dass die europäischen Medien untätig wären: Einige, wie der Verlag Schibsted in Norwegen, holen sich das alte Geschäft der Kleinanzeigen zurück, indem sie sich an Online-Kleinanzeigen-Portalen wie shpock oder willhaben beteiligen. Die meisten Verlagshäuser haben Brutstätten eingerichtet und investieren in junge Unternehmen: Bertelsmann, Axel Springer, Holtzbrinck, ProSieben.Sat1 halten Beteiligungen an jungen Start-ups, andere Verlage wie Gruner & Jahr setzen auf Beteiligungen an arrivierteren Digitalunternehmen. Andere wie Burda oder DuMont beteiligen sich an Investment-Fonds, Axel Springer kaufte sich auf einer großen Silicon-Valley-Tour bei Digitalmedien wie Business Insider und NowThis ein.

Doch damit bleiben die Medien immer noch zersplittert – und im Vergleich zu Facebook und Google Zwerge. Die Zukunft liegt daher in der Kooperation. Um zum Beispiel einen Teil der Werbeerlöse zurückzuholen – und damit die Produktion von europäischen Medien zu ermöglichen –, entwickelt ProSieben.Sat1 eine europäische Medienallianz, die es wie Facebook oder Google erlaubt, über die nationalen Grenzen hinweg mit einer Buchung Werbung in ganz Europa auszustrahlen: Bei European Broadcaster Exchange (EBX) sind unter anderen der französische Sender TF1 und Mediaset – aktiv in Spanien und Italien – beteiligt. Außerdem dabei ist Channel 4 – ein britischer Kanal, der in öffentlichem Besitz ist, aber Werbung ausstrahlen darf. Das Ziel der Allianz: Ein gemeinsames Log-in für User – und ein einziger Zugang für Werbekunden – sollen dafür sorgen, dass ein nach europäischen Regeln funktionierendes, in Europa stationiertes Netzwerk entsteht, das Facebook und Google gegenüber den Werbekunden Konkurrenz macht.

In Österreich etwa könnte eine Medienallianz entstehen, die zunächst am Werbemarkt eine Alternative zu Facebook und Google bietet: Der Verband Österreichischer Zeitungen VÖZ, der Verband der Privatsender VÖP und der öffentlich-rechtliche ORF überlegen eine Allianz, die eine Kooperation auf mehreren Ebenen zum Ziel hat – von pragmatischen gemeinsamen Initiativen bis zu einer gemeinsamen Vision:

- Auf der Basis von gemeinsamen Werten wollen die Medien gemeinsam der Politik, den Werbekunden und den Agenturen gegenübertreten und klar machen, wozu europäische Medien notwendig sind.
- Um den Lesern und Sehern den Zugang zu erleichtern, soll eine gemeinsame Anmeldung geschaffen werden, bei der man mit einem Log-in und einem Bestätigungsklick (Consent) Zugang zu allen österreichischen Medien bekommt.
- Gemeinsame Investitionen in die technische Infrastruktur – wie Datenschutz, Streaming-Technik und Werbeformen – sollen für die einzelnen Verlage den Sprung in die Zukunft erleichtern.

- Um die neue Datenschutz-Grundverordnung sinnvoll umzusetzen und europäische Standards zu halten, soll der Umgang mit Daten gemeinsam geregelt werden und die Daten auf europäischen Servern gespeichert werden.
- Gemeinsame Lösungen für Onlinehandel und Bezahl-dienste sollen den Einstieg in den Handel erleichtern und eine Konkurrenz gegen Amazon aufbauen.
- Eine europäische Suchmaschine soll die Übermacht von Google brechen – und damit deren Art, Ergebnisse zu ordnen. Beispiele gibt es bereits in Tschechien, wo eine lokale Suchmaschine Marktführer ist, und in Frankreich, wo die europäische Suchmaschine Qwant – die auf Daten-schutz und neutrale Suchergebnisse setzt – Google Konkur-renz macht.
- Als Alternative zu Facebook, Instagram und Twitter soll ein europäisches soziales Netzwerk entwickelt werden.
- Um die Daten dieser Allianzen sicher zu verwalten und Vertrauen herzustellen, ohne dass ein einzelner Player zu viel Macht bekommt, soll daran geforscht werden, wie man Blockchain-Technologie für europäische Medienhäuser einsetzen kann.

Die großen Chancen warten aber mit dem nächsten technischen Schritt: Blockchain und künstliche Intelligenz werden neue Möglichkeiten schaffen, eigene Plattformen und Medien zu gründen. Dabei muss man nicht unbedingt darauf setzen, dass einzelne private, gewinnorientierte Unternehmen die Plattformen und die künstliche Intelligenz dahinter besitzen: Da die Tech-nologie der Blockchain dezentrale Vertrauensnetzwerke ermög-licht, können solche neuen Plattformen auch netzwerkartig organisiert sein. Auch offene Systeme und nicht profitorientierte Plattformen, wie sie derzeit etwa Wikipedia oder Wordpress sind, könnten dann wieder mehr Raum bekommen. Wenn YouTube und

Facebook eines gezeigt haben, dann das: Die Technologie ermöglicht, dass von Einzelpersonen über Gruppen bis hin zu professionellen Medienunternehmen alle bereit sind, ihre Erkenntnisse und Werke zu teilen. Das Ziel sollte allerdings sein, dafür Plattformen zu schaffen, die der Gesellschaft nützen, statt ihr zu schaden.

Doch um diese Welle nicht wieder vorbeiziehen zu lassen und europäischen Journalismus und europäische Kultur in die neue Medienwelt zu übertragen, muss man auf eine sehr europäische Idee zurückgreifen, die schon bei der vorletzten Medienrevolution Wirkung zeigte: das System des öffentlich-rechtlichen Rundfunks.

11. DIE ÖFFENTLICH-RECHTLICHE IDEE ALS HEBEL FÜR EINEN BEFREIUNGSSCHLAG ...

... und warum dieses europäische Konzept derzeit nicht wirkt

Genügen strengere Regulierungen und Allianzen privater Medienhäuser, um ein europäisches Mediensystem zu erhalten, das nach europäischen Werten und Regeln funktioniert? Wahrscheinlich nicht. Erstens ist der technische Fortschritt von Google, Facebook und Amazon enorm. Ihn einzuholen und europäische Alternativen zu schaffen, wird aus europäischen Medienhäusern trotz aller Kreativität und Innovationskraft kaum finanzierbar sein. Zweitens zeigen innovative Ökosysteme wie das Silicon Valley oder die „digital City" Tel Aviv, dass es immer öffentliche Rahmen und Anstöße braucht, um solche Biotope zu schaffen. Drittens braucht Demokratie eine Grundversorgung mit ausgewogener, unabhängiger Information und Debatte – und private Medienhäuser sind nicht gezwungen, diese Grundversorgung in Neuen Medien und sozialen Medien abzudecken.

Nun gibt es in Europa ein Modell, das Unabhängigkeit vom Staat garantieren soll und zugleich Monopolbildungen in privater Hand verhindert: den öffentlich-rechtlichen Rundfunk, entwickelt für Radio und Fernsehen. Dieses Modell für die neue Medienwelt zu adaptieren kann der Schlüssel sein, um europäische Medien und damit europäische Demokratie zu erhalten und auszubauen.

Öffentlich-rechtlicher Rundfunk: Ein Kind des Zweiten Weltkriegs

Die Geburtsstunde des öffentlich-rechtlichen Rundfunks im deutschsprachigen Raum schlug nach dem Ende des Zweiten

Weltkrieges. Die Alliierten waren sich einig, dass die mächtigen elektronischen meinungsbildenden Medien nicht wieder in die Hand des Staates gelegt, sondern möglichst staatsfern und unabhängig organisiert werden sollten – und zugleich nicht in die Hand eines einzelnen Unternehmers gelangen sollten. Sie wollten noch während der Besatzungszeit die Demokratisierung vorbereiten und mussten also dafür sorgen, dass in einer Bevölkerung, die zwölf Jahre lang nur Propaganda gehört hatte, Information und Debatte wieder möglich wurden. Sie förderten die Gründung neuer Zeitungen, setzten also bei gedruckten Medien auf Vielfalt, um diesen Diskurs herzustellen. Im Rundfunk war das allerdings nicht möglich: Fernsehen und Rundfunk waren zu dieser Zeit natürliche Monopole. Eine Vielfalt von Anbietern war technisch und finanziell unmöglich. Die terrestrische Vollverbreitung von Rundfunkprogrammen war extrem teuer, und auch wenn es möglicherweise private Einzelunternehmen gegeben hätte, die sich den teuren Betrieb eines Fernsehsenders antun wollten, so wären doch die Frequenzkapazitäten immer ein sehr knappes Gut gewesen. Über die Hausantenne verbreitetes Fernsehen ist, im Gegensatz zur digitalen Verbreitung, eine sehr begrenzte Ressource. Es war daher schon allein technisch nicht möglich, mehrere verschiedene Anbieter zuzulassen und Medienvielfalt herzustellen. Es gab nur ein Monopol – und was das in der Hand des Staates oder auch eines einzelnen mächtigen Unternehmers anrichten konnte, hatten die Jahre zuvor allzu deutlich gezeigt.

Die Alliierten setzten deshalb auf das öffentlich-rechtliche System. In Großbritannien war es mit der BBC bereits seit den 1920ern in Betrieb, in der Schweiz war die SRG in den frühen 1930ern entstanden: Fernsehen und Rundfunk wurden in die Hand der Allgemeinheit gelegt, Aufbau und Betrieb über Gebühren finanziert. Es war die Geburtsstunde der öffentlich-rechtlichen Rundfunkanstalten in Deutschland und

Österreich – ein Grundstein für die Entwicklung der neuen Demokratien.

Doch ab den 1970er-Jahren schwanden diese historischen Grundlagen für das öffentlich-rechtliche System. Der Betrieb von Sendern wurde durch Kabelnetze und Satelliten günstiger, die Ausstrahlung einfacher. So etablierte sich eine duale Rundfunkordnung, in der öffentlich-rechtliche und private Fernsehsender nebeneinander existieren: Seit den 1980er-Jahren gibt es in Deutschland private Radio- und Fernsehveranstalter, die sich den Zugang zu Übertragungskapazitäten erkämpft hatten und ihre rechtliche Grundlage in nationalen Rundfunkgesetzen oder Medienstaatsverträgen absichern konnten. Die öffentlich-rechtlichen Sender verloren ihr Verbreitungsmonopol – behielten aber das Gebührenmonopol.

Dieses duale Rundfunksystem war eine Erfolgsgeschichte. Es kombinierte die Vorteile des öffentlich-rechtlichen Systems mit privatwirtschaftlichen Medienunternehmen, die für die demokratisch so wichtige Medienvielfalt sorgten. Solange Medien rein nationale Produkte in lokalen Märkten waren, konnte man mit diesem Nebeneinander von öffentlich-rechtlichen und privaten Angeboten maximale Vielfalt und Qualität in den einzelnen europäischen Ländern erzeugen.

Doch ist dieses öffentlich-rechtliche Rundfunksystem im 21. Jahrhundert noch notwendig? Einiges spricht dagegen. Die historischen technischen Gründe sind verjährt. War die Herstellung von bewegten Bildern in den 1950er-Jahren noch eine extrem teure und technisch komplexe Angelegenheit, kann heute jeder mit dem Telefon in der Hand jederzeit ein Video herstellen und gestalten – gratis und alleine. Auch die Verbreitung ist einfach und billig geworden: Breitband und Internet können jederzeit von jedem einzelnen Hobby-Produzenten genützt werden. Selbst der Betrieb von Rundfunksendern und Stationen ist mittlerweile wirtschaftlich leistbar geworden. Und auch der Wunsch, der Staat möge nicht alleine die Meinungsmacht des Fernsehens nützen, hat sich von selbst erledigt: Die politisch angestrebte Staatsferne des Rundfunks ist durch die Medienvielfalt privater Unternehmen inzwischen besser gewährleistet, als es durch öffentlich-rechtliche Institutionen, die immer zumindest mittelbar personell von der Politik besetzt werden müssen, je möglich war. Auch die Meinungsmacht von Radio zunehmend auch von Fernsehen nimmt zugunsten der neuen „sozialen" Massenmedien stetig ab. Zugleich genießen die öffentlich-rechtlichen Sender mit ihrer Finanzierung aus Gebühren und Werbung einen enormen Wettbewerbsvorteil, der anderen Medienunternehmen die Finanzierung schwerer macht – und sich so negativ auf die Medienvielfalt auswirkt.

Die Forderungen, den öffentlich-rechtlichen Rundfunk einzuschränken oder abzuschaffen, gewinnen damit stetig an Boden. Liberale Parteien wie der FDP in Deutschland oder die Neos in Österreich stellen die unabhängige Finanzierung durch Gebühren in Frage. Rechtspopulisten, die aufgrund ihrer Ausrichtung traditionell in öffentlich-rechtlichen Medien einen schwereren Stand haben als andere Parteien, greifen die Öffentlich-Rechtlichen von der anderen Seite aggressiv an.

Tatsächlich muss man sich fragen, warum eine nach wie vor funktionierende Zeitungs- und Magazinlandschaft ohne öffentlich-rechtliche Anbieter auskommt und dabei in großer Quantität hervorragende Qualität erzeugen kann: Die *Frankfurter Allgemeine*, die *Süddeutsche*, die *Zeit*, der *Spiegel*, das *Handelsblatt* beweisen, dass das möglich ist. Selbst in kleineren Märkten wie Österreich und der Schweiz zeigen *Neue Zürcher Zeitung*, *Tagesanzeiger*, *Presse*, *Standard* und Regionalmedien wie *Kleine Zeitung* oder *Salzburger Nachrichten*, dass in Print und Online eine Vielfalt an Qualitätsmedien möglich ist, ohne dass ein öffentlich-rechtlicher Anbieter den Markt dominiert.

Nun, da die Herstellung und Verbreitung von Video leistbar geworden ist, wäre es daher nachvollziehbar, auch den Rundfunkbereich dem privaten Markt zu überlassen und die staatliche Intervention in Form eines öffentlich-rechtlichen Systems zu beenden. An Fernsehsendern wie Welt, ServusTV oder PULS4 ist erkennbar, dass auch private TV-Sender hohe Qualitätsstandards halten und hochwertige Informations- und Kulturprogramme anbieten. Dies würde sich vermutlich noch stark steigern, wenn die Konkurrenz durch öffentlich finanzierte Anstalten wegfallen würde – was von Privat-TV-Machern auch vehement gefordert wird. Michael Fleischhacker etwa, Leiter der Redaktion von „Addendum" und des „Talk im Hangar" in der Red-Bull-Mediengruppe von Milliardär Dietrich Mateschitz sagt: „Ich dachte (früher), dass es den ORF braucht, um ausreichend öffentlich-rechtliche Inhalte zu produzieren. Das glaube ich nicht mehr. Es braucht den ORF nicht, im Gegenteil: Dass er noch in dieser Form existiert, ist das Hauptproblem des politmedialen Komplexes. Ich glaube, wir sollten nicht der Ansicht sein, dass die österreichische Demokratie nicht ohne ORF auskommt. Ein vernichtenderes Zeugnis könnte man dieser Demokratie nämlich nicht ausstellen." Er steht damit in einer Reihe mit anderen privaten Medienmachern und mit Medienwissenschaftern.

Hat sich die öffentlich-rechtliche Säule des dualen Rundfunksystems also überlebt?

Wenn es das öffentlich-rechtliche System nicht gäbe, müsste man es jetzt neu erfinden

Doch: Halt – Stopp – Retour. Die Grundlagen der öffentlich-rechtlichen Sender mögen im Radio- und Fernsehbereich zwar erodieren – doch wir stehen mitten in einer neuen Mediendisruption, die der Erfindung von Radio und Fernsehen in ihren

Auswirkungen um nichts nachsteht. Wieder hat eine technische Revolution meinungsstarke Medien geschaffen, die beginnen, den gesellschaftlichen Diskurs zu bestimmen. Wieder ist der Aufbau dieser Medien – mit ihren Datenbanken, Algorithmen und künstlichen Intelligenzen – technisch extrem anspruchsvoll und extrem teuer. Wieder führt das, wie schon bei der Erfindung von Radio und Fernsehen, zu Monopolen, die derzeit bei wenigen Konzernen mit Sitz in den USA liegen, kontrolliert von einer Handvoll Personen. Und wieder sind die Auswirkungen dramatisch.

Es gibt eine Reihe von Denkern, die aus dieser Situation nur einen logischen Ausweg sehen: Die Verstaatlichung der neuen Medienmonopole oder zumindest ihrer technischen Infrastruktur. Der Medienprofessor Robert McChesney etwa beschäftigt sich in seinem Buch *Digital Disconnect* mit den Monopolen von Google, Facebook, Amazon[106] und ihre Auswirkung auf die Demokratie – und er kommt zum Schluss, dass Verstaatlichung der richtige Weg ist: „Wenn ein Unternehmen größer ist, als man zulassen sollte, und zugleich in einer Branche aktiv ist, in der man es nicht zerschlagen kann – und das ist in der Ökonomie der Netzwerke mit ihrer Tendenz zur Monopolbildung der Fall –, dann nimmt man es aus dem Marktsystem, so wie früher Postämter nicht als privates Monopol betrieben wurden. Es soll kommunal betrieben werden, in irgendeiner Form verstaatlicht. Dann kommt es nicht nur der Gesellschaft als Ganzes zugute, sondern auch kleineren Unternehmen, die von diesen Monopolen nicht abgezockt werden."[107] Nick Srnicek, Professor für Digitale Ökonomie am King's College in London und Autor des Buches *Plattform-Kapitalismus*,[108] sieht das ähnlich: „Was ist die Antwort? Wir haben erst begonnen, das Problem zu erfassen – aber in der Vergangenheit waren natürlich Monopole wie Eisenbahnen die ersten Kandidaten für Verstaatlichungen. Die Lösung für unsere neuen Probleme liegt in diesem alten Rezept, das für das digitale Zeitalter angepasst werden muss."[109] Der Medienwissenschafter Philip Howard forderte schon 2012: „Verstaatlichen wir Facebook."[110] Sein Buch *Pax Technica*[111] weitet die Forderung auf das datensammelnde Internet der Dinge aus, das die Gesellschaft nur befreien kann, wenn sie es auch kontrolliert.

Verstaatlichungsgedanken mögen eventuell ein denkbarer Ansatz für die Infrastruktur – also den Plattformteil – von Google, Facebook und Amazon sein, doch welchem Staat würden die verstaatlichten Plattformen dann gehören, und welchen Werten würde dieser Staat folgen? Kaum den europäischen. Der Kern des Problems der Verstaatlichungsansätze liegt aber woanders: Wie ausführlich beschrieben, haben wir es mit Medien zu tun. Und welche Gefahren in der Verstaatlichung von Medienmonopolen liegen, haben Faschismus, Nationalsozialismus und Kommunismus gezeigt.

Damit wird klar, wo die europäische Lösung für die neuen Medienmonopole liegt: Man sollte das öffentlich-rechtliche Mediensystem nicht abschaffen, sondern im Gegenteil ausweiten. Nicht die Abschaffung der Rundfunkgebühren führt Europa aus der digitalen Rückständigkeit, sondern eine Neudefinition, wofür die Rundfunkgebühren eingesetzt werden.

Vertreter von Privatsendern fordern meist eine Zerschlagung oder zumindest Verkleinerung des öffentlich-rechtlichen Systems. Doch besondere Bedrohungssituationen bedürfen außergewöhnlicher Ideen und Visionen. Angesichts der wachsenden Übermacht der neuen, in den USA ansässigen Medienkonzerne bei der Organisation von Information und Diskurs muss Europa eine eigene Strategie entwickeln, wenn die europäischen Werte als Grundlage für das Mediensystem nicht verloren gehen sollen. Dabei wäre es falsch, die öffentlich-rechtlichen Grundlagen zu zerstören: Der protektionistische Weg Chinas ist für Europa nicht möglich. Dass einzelne europäische

Medienhäuser das Kapital auftreiben und das Risiko auf sich nehmen, alternative neue Medien zu entwickeln, ist allerdings unrealistisch. Das sehr europäische Modell einer öffentlich-rechtlichen Organisation und Finanzierung hingegen eröffnet Möglichkeiten.

Die Bremsen im derzeitigen öffentlich-rechtlichen System

Die grundlegende Funktion eines öffentlich-rechtlichen Medienanbieters ist, demokratischen Diskurs zu ermöglichen und Kultur und Identität zu fördern. Er soll dazu verlässliche, unabhängige Informationen liefern, eine Plattform für alle Stimmen – auch Minderheitenstimmen – bieten, Film und Kultur ermöglichen und insgesamt einen Bildungsauftrag erfüllen.
Das derzeitige öffentlich-rechtliche System ist als Kind des Zweiten Weltkriegs allerdings nicht darauf ausgerichtet, diese Aufgaben in einer globalisierten, digitalisierten Medienwelt zu erfüllen. Es hat aus historischen Gründen eine Reihe von Bremsen eingebaut, die ihm das sogar verunmöglichen.

1. Gefesselt an Radio und Fernsehen
Öffentlich-rechtliche Sender sind an zwei Gattungen gebunden: Radio und Fernsehen (und ihre – immer wieder stark diskutierte und beschränkte – Verlängerung ins Internet). Das hat historische Gründe. Früher haben sich die Mediengattungen Print, Hörfunk, Fernsehen und Online durch unterschiedliche Distributionswege unterschieden – Papier, Hausantennen, Kabel, Satelliten und Internet. Entlang dieser Mediengattungen ist die Medienpolitik nach wie vor organisiert: Für Zeitungen gibt es Presseförderung, im elektronischen Bereich öffentlich-rechtliche Fernsehkanäle mit Gebührengeldern. Doch diese Gattungen werden mit der Digitalisierung obsolet. Zeitungen publizieren

ihre Texte genauso online wie auf Papier. Radiosender veröffentlichen ihre Programme nicht nur über Antennen, sondern genauso über Podcasts und Streams. Fernsehsender übertragen ihre Sendungen auf Apps genau wie die neuen digitalen Medien. Damit verschwinden nun auch die Charakteristika der Gattungen: Fernsehsender betreiben Onlinemedien mit geschriebenen Artikeln und Fotos, Zeitungsverlage beschäftigen Videoteams, richten Studios ein und produzieren moderierte Video-Nachrichten und -Reportagen. Es wird nicht mehr allzu lange dauern, bis die Verbreitung über Papier, über terrestrische Antennenanlagen oder über Satelliten-Transponder im All zugunsten des Internets in den Hintergrund rückt. Das Internet wird über Breitband und 5G-Technik der alles beherrschende Distributionskanal sein.

Die Mediengattungen verschwinden dadurch. Während es für uns als Konsumenten früher ein großer Unterschied war, ob man am Frühstückstisch die gedruckte Zeitung liest oder abends mit der Fernbedienung das TV-Programm auswählt, rückt das nun alles auf dem Smartphone zusammen: Auf dem Smartphone liegen jetzt schon die Apps von Facebook, ZDF und der *Süddeutschen* direkt nebeneinander, Smart-TVs holen diese Gleichzeitigkeit auch auf die großen Bildschirme – ZDF, Netflix, YouTube, Amazon und die Videos und Schlagzeilen der großen Zeitungen werden bald direkt nebeneinander über die Fernbedienung aufrufbar sein.[112] Man kann Nachrichten oder einen Film jederzeit, egal von welchem Anbieter, ansehen. Die klaren Silos und linearen TV-Kanäle sind in Auflösung begriffen und werden in den nächsten fünf bis zehn Jahren immer weiter an Bedeutung verlieren. Die Inhalte, die uns als Medienkonsumenten zur Verfügung stehen, werden entbündelt – zeitlich und nach Kanälen. Wir können jederzeit wählen, was wir wann ansehen – und ob das Video oder der Textkommentar in einer Zeitungsredaktion gemacht wurde oder im öffentlich-rechtlichen Rundfunk macht keinen Unterschied mehr.

Doch das öffentlich-rechtliche System ist historisch an Fernsehen und Radio gebunden: Verleger wehren sich zum Beispiel dagegen, dass die Öffentlich-Rechtlichen online Nachrichtenseiten betreiben, die mehr bieten als das, was ohnehin im Fernsehen läuft: Sie fürchten, dass die gebührenfinanzierte Konkurrenz die Möglichkeiten zerstört, als freie und private Zeitungsverlage Journalismus im Internet zu finanzieren. Öffentlich-rechtliche Sender sind deshalb derzeit nicht darauf ausgerichtet, auf allen diesen Kanälen Public Value anzubieten – Information, Kultur, Unterhaltung in hoher Qualität im Sinne des Gemeinwohls.

2. Die Konkurrenz der Gartenzwerge

Öffentlich-rechtliche Sender haben zweitens den Auftrag, ein Vollprogramm zu liefern. Dieser Ansatz „Vollversorgung" stammt aus den Zeiten des natürlichen Monopols: Da es nur einen Anbieter gab, sollte dieser die Bevölkerung rundum mit Information, Unterhaltung, Kultur und Bildung versorgen. Daraus entsteht heute – bei vielen Anbietern online und im TV – ein harter Konkurrenzkampf in den einzelnen Ländern, in dem die öffentlich-rechtlichen Sender versuchen, möglichst höhere Marktanteile als ihre privaten Mitbewerber zu halten. Für Zuseher verschwimmen dabei die Grenzen, denn die öffentlich-rechtlichen Anbieter haben sich immer weiter den Privaten angepasst: So findet man heute auf öffentlich-rechtlichen Kanälen Quizshows, Castingshows, Hollywood-Serien, Hollywood-Blockbuster und Reality-Soaps, viele davon am privaten Markt eingekauft. Die Argumentation war in früheren Zeiten schlüssig: Solche Programme bräuchten zwar eigentlich keine Gebühren, sie könnten auch von privaten Medien mit Werbung finanziert werden. Doch man brauche sie im öffentlich-rechtlichen Fernsehen, um die Zuseher dann auch für die hochwertigen Informationsprogramme zu begeistert. „Wir brauchen die Champions League, damit die Leute danach unsere Nachrichten gucken", formulierte es Lutz Marmor, stellvertretender Vorsitzender der ARD, auf der Tagung Trimediale der österreichischen Rundfunkbehörde RTR 2016.

Diese Argumentation wird von Jahr zu Jahr haltloser. Die Zielgruppe derer, die durchgehend vor einem Fernsehkanal sitzen, wird jährlich älter, die Zahl derer, die sich die Programme gezielt auswählen, wächst. Die Zeit des „Lagerfeuer-Fernsehens", das das ganze Land vor einer Sendung versammelt, ist sehr langsam, aber doch im Abklingen. Es muss daher immer mehr Geld verwendet werden, um die öffentlich-rechtlichen Kanäle in Konkurrenz zu den Privaten und zu den Onlineangeboten der Verlage groß zu halten. Im Kampf um die Marktanteile wird daher erstaunlich viel in Sendungen investiert, die genauso gut auf privaten Kanälen laufen könnten – und das auch tun. Während in Österreich etwa ORF 2 und ORF III viel Information und Kultur bieten, läuft auf dem öffentlich-rechtlichen Kanal ORF 1 an einem typischen Tag[113] folgendes Programm: Morgens Kinderprogramm aus Serien wie „Biene Maja", „Alice im Wunderland" und Disney's „Doc McStuffins". Vormittags US-Serien: „Die Goldbergs", „The Fosters", „Gilmore Girls". Dann eine Wiederholung eines Hollywood-Films („Der Womanizer"). Es folgen vier Stunden US-Serien: „Switched at Birth", „The Fosters", „Gilmore Girls", „Die Goldbergs", „Scrubs", zwei Folgen „How I Met Your Mother", zwei Folgen „Big Bang Theory". Um 16.30 Uhr das erste eigenproduzierte Programm: fünf Minuten Nachrichten. Dann wieder US-Serien: „Malcolm Mittendrin", „Scrubs", noch zwei Folgen „How I Met Your Mother". Nach weiteren fünf Minuten Nachrichten um 18 Uhr weitere US-Serien: „Die Simpsons", „Young Sheldon", zwei Folgen „Big Bang Theory". Dann erst, um 19.45 Uhr, programmiert ORF 1 die Information: fünf Minuten Magazin / Werbung / Wetter / Werbung / fünf Minuten Nachrichten. Im Hauptabend folgt manchmal eine Eigenproduktion (an diesem Beispieltag die Serie „Vorstadtweiber"), bevor es nach fünf Minuten Nachrichten mit eingekauften Hollywood-Filmen und Serien weitergeht. Die erste Informationssendung, die länger als fünf Minuten dauert, ist die ZIB 24 um Mitternacht. Sie bleibt die einzige.

Solche Programmierungen untergraben die Glaubwürdigkeit der öffentlich-rechtlichen Sender: Die Bereitschaft, Gebühren für ein Programm zu zahlen, das auch ohne Gebühren gratis anzusehen wäre, sinkt – noch dazu, wenn diese Programme Werbung enthalten und von Privaten kaum unterscheidbar sind. Und das Wettbieten um attraktive TV-Rechte beherrscht zwar seit den 1980ern das Verhältnis zwischen Öffentlich-Rechtlichen und Privaten, ist aber zunehmend kontraproduktiv: Die Rechte für Filme, Serien, Sportevents und Shows werden durch dieses Wettbieten teurer, öffentlich-rechtliche Kanäle müssen immer mehr Gebühren dafür aufwenden – ohne Mehrwert für die Bürger: Eine Formel 1-Übertragung hat dieselbe Qualität und denselben gesellschaftlichen Wert, egal ob sie von einem Privaten aus Werbung oder mit Rundfunkgebühren finanziert wird. Die eingesetzten Gebühren fehlen dann aber ebenfalls bei der Produktion von Qualitätsprogrammen zum Nutzen des Gemeinwohls.

Zugleich macht es diese Konkurrenz privaten Medienunternehmen schwerer, Public Value anzubieten – also hochwertige Information, Kultur, Unterhaltung im Sinne des Gemeinwohls. Die privaten Medien – insbesondere Qualitätsmedien – befinden sich dadurch in einer Doppelmühle: Einerseits stehen sie unter Druck einer direkten Konkurrenz durch die öffentlich-rechtlichen Anbieter, die dank der Gebühren einen enormen Wettbewerbsvorteil haben. Andererseits verbreiten die Öffentlich-Rechtlichen derzeit ihre Inhalte kostenlos auf den neuen Konkurrenzmedien aus dem Silicon Valley – wie Facebook oder YouTube –, was Geld aus dem lokalen Werbemarkt abzieht und in Richtung der Medienmonopolisten Facebook & Co. weiterleitet, die versuchen, das gesamte Internet zu übernehmen. Das schwächt zusätzlich die Fähigkeit lokaler Medien, Journalismus und kreative Leistungen zu finanzieren: Journalisten, Texter, Fotografen, Grafiker, Karikaturisten, Illustratoren, Video-Künstler können ein Lied davon singen, wie stark die Honorare in den vergangenen zehn Jahren gesunken sind oder überhaupt gestrichen wurden. Das mindert die Qualität und die Medienvielfalt in Europa – womit eine der wichtigsten Aufgaben von öffentlicher Finanzierung für Medien ins Gegenteil verkehrt wird.

3. Abhängigkeiten von Politik und Werbekunden

Das Wesen des öffentlich-rechtlichen Rundfunks ist zwar die Staatsferne – diese Unabhängigkeit von staatlichen Institutionen, politischen Parteien und deren Vorfeldorganisationen konnte aber nie ganz verwirklicht werden: Auch in einem staatsfernen öffentlich-rechtlichen Rundfunk bestimmen letztendlich die demokratisch gewählten Politiker über die Führungspersonen. Dieselben Politiker hängen sehr stark von der Berichterstattung in eben diesem Rundfunk ab. Das Ergebnis: Die politische Unabhängigkeit wird durch den Versuch der Politik, sich öffentlich-rechtliche Berichterstattung gefügig zu machen, permanent torpediert. In einigen europäischen Ländern wechseln die Leitungsgremien bei jedem Regierungswechsel, in manchen wie Österreich bestimmen die Regierungsparteien sogar die absolute Mehrheit in den Leitungsgremien und können so direkt ins operative Geschäft eingreifen (und etwa Personal austauschen oder Budgets verschieben). In Spanien besetzt das Parlament gar mit einfacher Mehrheit direkt das Führungspersonal im öffentlich-rechtlichen Rundfunk. Verschärft wird die Abhängigkeit dadurch, dass die Finanzierung von politischen Parteien abhängt: Die Höhe der Rundfunkgebühren wird von der Politik bestimmt, in einigen Ländern wie den Niederlanden wird der öffentlich-rechtliche Rundfunk sogar direkt aus dem staatlichen Budget finanziert.

Das führt dazu, dass die Diskreditierung der Öffentlich-Rechtlichen als reine Rapporteure von Regierungspositionen auf fruchtbaren Boden fällt, obwohl die Redaktionen sich großteils erfolgreich gegen Interventionen wehren. Wer unterstellt, dass öffentlich-rechtliche Sender einseitig Regierungspositionen vertreten, findet immer wieder echte oder vermeintliche Belege: ZDF und ARD standen etwa mit ihrer stark russlandkritischen Berichterstattung zur Ukraine oder mit der klaren, der deutschen Regierungsposition entsprechenden Positionierung in den Krisen rund um Griechenland und die Flüchtlingsbewegungen 2015 stark in der Kritik.

Einige öffentlich-rechtliche Sender dürfen zusätzlich zu den Gebührengeldern auch Werbung verkaufen. Das mag für die Finanzierung eines Konkurrenzkampfes um Marktanteile notwendig sein, führt aber zu Verwerfungen: Erstens wird die Erfüllung des öffentlich-rechtlichen Auftrags auf diese Weise abhängig von der Laune und der Finanzkraft von Werbekunden und der Konjunktur. Zweitens sollte die Unabhängigkeit des öffentlich-rechtlichen Programms zum Wesenskern gehören. Branded Content und Produktplatzierungen in redaktionellem Programm – die im ORF zu finden sind – widersprechen diesem Anspruch massiv und unterlaufen die Trennung von redaktionellem Programm und Werbung.

So schwächt trotz der großteils guten Arbeit der Redaktionen schon allein die Möglichkeit des Durchgriffs der Politik und des Einflusses von Werbekunden den wichtigsten Grundstein der öffentlich-rechtlichen Berichterstattung: die journalistische Glaubwürdigkeit.

4. Keine Mittel für technische Innovation
Ein Manko des öffentlichen-rechtlichen Systems in Europa ist das, was früher seine Stärke war: die technische Infrastruktur. Das Wesen des öffentlich-rechtlichen Radios und Fernsehens

war es, eine damals neue Technologie zu übernehmen, weiter-
zuentwickeln und für das Gemeinwohl einzusetzen. Erst die
enormen Investitionen in Radio- und Fernsehtechnik, Infrastruktur, Sendemasten, Studios, Kameras und Schnitt machten
es möglich, dass die damals neuen Medien im Sinne von demokratischen Grundwerten eingesetzt werden konnten. Auch in
den Anfängen der Digitalisierung war das öffentlich-rechtliche
System noch entscheidend: Die BBC etwa trug wesentlich zur
Verbreitung des Heimcomputers in Europa bei. 1981 strahlte sie
eine Dokumentation über Mikrochips aus und beauftragte daraufhin eine kleine englische Firma, den BBC Micro zu produzieren: einen leistbaren Heimcomputer für die Massen, konzipiert
für Bildungszwecke. Die Mikroprozessoren in jedem iPhone
oder iPad sind direkte Nachfahren dieser Investition in neue
Technologien.

Die jüngste Mediendisruption im Bereich Social Media
ist an den öffentlich-rechtlichen Medienunternehmen in
Europa hingegen vorübergegangen: Genau wie private Medien
haben auch öffentlich-rechtliche die Entwicklung verschlafen,
Menschen eine Plattform für deren eigene Meinungsäußerung
und Vernetzung zu bieten und damit ein attraktives Feld für
die neuen Angreifer eröffnet. Die Datenbanken, die selbstlernenden Algorithmen und die künstliche Intelligenz, die hinter
dem globalen Erfolg von Google, Facebook, Apple und Amazon
steckt, gehört diesen Firmen allein. Statt selbst Innovationen
zu entwickeln, sehen sich die öffentlich-rechtlichen Kanäle
nun gezwungen, auf deren Plattformen aktiv zu werden – mit
allen beschriebenen Nachteilen. Doch ohne eigene Plattform-
Entwicklungen und Medien-Innovationen auf Plattformen wird
ein öffentlich-rechtliches Mediensystem für das 21. Jahrhundert
nicht möglich sein.

5. Nationale Zersplitterung

Schließlich ist das öffentlich-rechtliche System in Europa in seiner streng national abgegrenzten Zersplitterung stecken-geblieben. Als die öffentlich-rechtlichen Anstalten gegründet wurden, waren sie im nationalen Rahmen richtig eingesetzt: Sie sollten demokratischen Diskurs ermöglichen, und Demokra-tie war national organisiert. Doch mit der Weiterentwicklung des politischen Systems sind sie nicht mehr mitgewachsen. Die Entwicklung der Europäischen Union ging an den öffentlich-rechtlichen Medien spurlos vorbei. Mangels einer europäischen öffentlich-rechtlichen Diskurs-Plattform bleibt auch die europä-ische Demokratie leblos und verhaftet in nationalen Partikular-debatten. Obwohl 60 bis 70 Prozent der Gesetze auf EU-Ebene beschlossen werden, gibt es sehr wenig EU-weiten demokrati-schen Diskurs über diese Entscheidungen und kaum Medien, die die Kontrollfunktion auf EU-Ebene wahrnehmen. Das führt in der EU-Politik zu Anfälligkeit für Lobbyismus und Korruption, bei der Bevölkerung zu Unverständnis und dem berechtigten Gefühl, nicht an den Entscheidungen auf EU-Ebene teilzuhaben. Obwohl die globalen Medien wie Facebook und YouTube zeigen, dass nationale Grenzen keine Barrieren mehr sein müssen, und obwohl die technischen Weiterentwicklungen etwa bei automati-schen Übersetzungen auch im vielsprachigen Europa neue Mög-lichkeiten für europäische Öffentlichkeit bieten würden, haben sich die öffentlich-rechtlichen Sender nicht weiterentwickelt.

Diese Barrieren verhindern derzeit, dass das bewährte öffentlich-rechtliche System seine grundlegenden Aufgaben in der digitalisierten, globalen Medienwelt des 21. Jahrhunderts wahrnehmen kann. Das ist ein Grund für den ungehinderten Durchmarsch von Facebook und YouTube mit all den negativen Folgen für die Gesellschaft und die Demokratie, die wir bisher beschrieben haben. Um dem wieder eine europäische Medien-welt gegenüberzustellen, muss das öffentlich-rechtliche System nicht neu erfunden werden – aber es muss neu organisiert werden und einen neuen Auftrag bekommen. Einen Vorschlag dafür machen wir im nächsten Kapitel.

12. CHANGE THE GAME
Ein neuer öffentlich-rechtlicher Auftrag für das 21. Jahrhundert

Wie könnte angesichts der Dominanz der Plattformmedien ein öffentlich-rechtliches System aussehen, das den demokratischen Diskurs in Europa stärkt? Das Platz für abweichende Meinungen und Minderheitenpositionen schafft, europäische Werte transportiert und Kultur und Film ermöglicht? Wie kann man der Mediendisruption aus dem Silicon Valley mit einer Gegen-Disruption antworten, die das Gemeinwohl – den Public Value – in den Vordergrund stellt?

Dazu bräuchte man ein neues Selbstverständnis der öffentlich-rechtlichen Anbieter und der Medienpolitik: Diese müssen sich von den Fesseln aus dem 20. Jahrhundert befreien und als Garant dafür auftreten, dass für die europäische Bevölkerung möglichst viel Public-Value-Programm auf allen Kanälen produziert und gesehen wird – und die notwendigen Plattformen und Medien dafür in Europa entstehen und nach europäischen Regeln arbeiten. „Disrupt the Disrupters" ist das Motto für diesen Gegenangriff zur Wiederherstellung der europäischen Medien-Souveränität.

Diese Vision entmachtet das öffentlich-rechtliche System in Europa nicht, sondern stärkt es. Sie bereitet das öffentlich-rechtliche Mediensystem auf eine Zeit vor, in der die Abschaffung der Mediengattungen vollzogen ist: Irgendwann in den nächsten fünf bis zehn Jahren werden individuell zusammengestellte Streams, Apps auf Smart TVs und Smartphones oder per Stimme gesteuerte Programme die linearen Fernsehkanäle ersetzt haben. Dann ist es wichtig, dass insgesamt genug wertvolle, die Demokratie und Kultur fördernde Programme produziert werden und jene Bereiche bedient werden, die man für gesellschaftlich wichtig hält, die aber der Markt nicht trägt: Etwa anspruchsvolle Filme und Dokumentationen, große journalistische Projekte, zeitgenössische Kunst und Kultur, Programme für kleinere Sprachgruppen, Sendungen für Minderheiten, barrierefreie Programme oder Sportevents, die man für gesellschaftlich wichtig hält, die aber keine Massen anziehen und daher aus Werbung nicht finanzierbar sind.

Wie könnte nun ein öffentlich-rechtliches System für die Zukunft aussehen? Es sollte radikal unabhängig sein und ausschließlich nach seinen Grundsätzen im Sinne der Gesellschaft arbeiten – unbeeinflusst von den Launen der Tagespolitik und den Schwankungen der wirtschaftlichen Konjunktur. Es sollte die digitalen Plattformen, sozialen Netzwerke und Medien mitentwickeln und bespielen, die sich nach europäischen Grundwerten richten und zugleich eine attraktive Alternative zu den Silicon-Valley-Medien sind. Es sollte eine „Grundversorgung" mit verlässlicher Information auf eigenen Kanälen bieten und Raum für demokratische Debatten schaffen. Es sollte darüber hinaus möglichst viel Information und Kultur im Sinne der Gesellschaft ermöglichen – und zwar nicht nur in Radio und Fernsehen, sondern auf allen Kanälen. Es sollte deshalb die Konkurrenz mit Verlagen und Privatsendern auflösen und eine Partnerschaft eingehen, die dafür sorgt, dass keine Gebühren für Programm ausgegeben werden, das ohnehin privat finanziert werden kann –dafür aber möglichst viel Geld dafür zur Verfügung stellen, hochwertigen Journalismus, große Rechercheprojekte, Dokumentation, Filme und Kulturproduktionen in einer Vielfalt von Zugängen zu produzieren.

Das alles ist nur möglich, wenn man die derzeitige Konkurrenz in den kleinen nationalen Märkten durch eine breit angelegte Kooperation ersetzt: Quer über die nationalen Grenzen in Europa und quer über die bisherigen Mediengattungen. Dieser Paradigmenwechsel wird nicht leicht sein. In den Köpfen vieler etablierter Medienmacher sowohl im öffentlich-rechtlichen als auch in den privaten Verlagen und Sendern hat sich die „freundschaftliche

Konkurrenzsituation" eingebrannt. Das Ausmaß der Disruption, in der die Medien stehen, wird gerne verdrängt.

Der Auftrag der öffentlich-rechtlichen Anbieter kann in einer digitalen Zukunft aber nicht mehr die Vollversorgung der Bevölkerung mit jeder erdenklichen Art von Programm sein. Es hilft dem öffentlich-rechtlichen Auftrag nicht, wenn Gebühren für teure Sportrechte und Hollywood-Filme verwendet werden, solange man die jederzeit woanders ohne Gebühren und in gleicher Qualität bringen kann.

Aber was wäre, wenn der öffentlich-rechtliche Auftrag nicht auf die Vollversorgung in eigenen Sendern beschränkt wäre – sondern die Aufgabe wäre, insgesamt dafür zu sorgen, dass Qualitätsprogramme hergestellt und verbreitet werden? Dazu bräuchte man ein neu definiertes Selbstverständnis der öffentlich-rechtlichen Medienanstalten: Nämlich als Garant dafür aufzutreten, dass möglichst viel wertvolle Information und Kultur produziert und gesehen wird. Rundfunkgebühren müssten dann nicht mehr an den Ort der Ausstrahlung geknüpft werden, sondern an die Qualität der Inhalte. Die Manager der Öffentlich-Rechtlichen würden ihren Erfolg nicht mehr an den Marktanteilen einzelner Sender, sondern an der gesamten Reichweite von Qualitätsprogrammen messen.

Will man bei der nächsten technischen Entwicklung dabei sein und eigene europäische soziale Netzwerke und digitale Medien ermöglichen, dann ist dazu sehr viel Geld, Forschung und kreative Kraft notwendig. Diese wird man nicht aufbringen, wenn man sich gegenseitig aufreibt – sondern nur mittels Kooperation von allen Medienhäusern, ob öffentlich-rechtlich oder privat. Einer der oben beschriebenen historischen Gründe für die Einrichtung eines öffentlich-rechtlichen Rundfunksystems waren ja die immensen Aufbau- und Betriebskosten für flächendeckende Sendernetze und aufwendige Programmproduktionen. Unter anderem deshalb wurde auf eine öffentlich-rechtliche

Finanzierung, in Form von Rundfunkgebühren, zurückgegriffen und diese Kostenlast auf die Allgemeinheit verteilt.

In einer zwar nicht direkt vergleichbaren, aber ähnlichen Situation befinden wir uns heute. Die Kosten, die nötig sind, um den gewaltigen Vorsprung, den die Silicon-Valley-Giganten beim Aufbau digitaler Medienplattformen haben, sind so groß, dass sie nur in Allianzen und mit Hilfe staatlicher Beihilfen gestemmt werden können; diese staatlichen Beihilfen können aus einer Umwidmung der Rundfunkgebühren aufgebracht werden. Die Verwendung der Rundfunkgebühren müsste dazu neu definiert werden: Man sollte sie an die Qualität der Inhalte knüpfen und nicht mehr dazu verwenden, Programme zu finanzieren, die ohnehin auch ohne Gebühren gemacht werden könnten. Sondern sie ausschließlich für Public-Value-Qualität und vor allem für teure und kostenintensive Forschungs- und Entwicklungsprojekte verwenden, um neue digitale Medien in Europa erfolgreich zu machen.

Um die Diskussion anzustoßen, schlagen wir zehn Eckpunkte für einen neuen öffentlich-rechtlichen Auftrag vor.

1. Der Allianz-Auftrag: Kooperation statt Konkurrenz

Angesichts der übermächtigen Konkurrenz aus den USA und China sollte der Wettbewerb unter den europäischen lokalen Medienbetrieben nicht weiter befeuert werden, sondern stattdessen eine Allianz zwischen öffentlich-rechtlichen Anstalten und privaten Medienunternehmen entstehen. Wir schlagen dafür vor, das alte System der „dualen Rundfunkordnung" parallel zur davon abgekoppelten Zeitungs- und Magazinlandschaft an die neue Situation der digitalen Globalisierung anzupassen und ein neues kooperatives Mediensystem zu etablieren. Der Gedanke setzt sich derzeit in den Köpfen mehrerer Medienpolitiker durch: Der österreichische Medienminister Gernot Blümel etwa hat „Kooperation statt Konkurrenz" als Motto für die Neuordnung der Medienlandschaft gewählt.

In diesem Allianzsystem sind die öffentlich-rechtlichen Anbieter nicht mehr Konkurrenten der Verlage und der Privatsender und wenden Gebührengeld für diesen Konkurrenzkampf auf, sondern wären Förderer und Unterstützer der gesamten europäischen Qualitäts-Medienlandschaft. Damit könnte man eine Situation beenden, die derzeit für weniger statt mehr Qualitätsjournalismus sorgt.

Das bedeutet keinesfalls, die eigenen Kanäle der Öffentlich-Rechtlichen aufzulösen: Sie sollen weiterhin für die Grundversorgung der Bevölkerung mit Programmen zuständig sein, die für die Gesellschaft und Demokratie notwendig sind: Hochwertige, unabhängige Information, Bildung, Raum für Minderheitenpositionen und gesellschaftlich wichtige Kulturprogramme, die von privaten Medien nicht hergestellt werden – aber von den nicht wertvollen Programmen entrümpelt werden, die aus Zeiten des TV-Monopols kommen oder die nur dazu dienen, Marktanteile zu halten oder Werbekunden zufrieden zu stellen.

Folgende Punkte wären für ein kooperatives System nützlich:

- Die Möglichkeit öffentlicher Finanzierung sollte für alle Qualitätsmedien geöffnet werden, die Public-Value-Inhalte auf ihren Kanälen anbieten wollen und das Wirrwarr aus Rundfunkgebühren, öffentlichen Förderungen und Unterstützungen in Form von Inseraten damit in einem unabhängigen, öffentlich-rechtlichen System gebündelt werden (siehe Punkt 3 „Effizienzprinzip").
- Die von der Allgemeinheit finanzierte technische Infrastruktur sollte auch allgemein zur Verfügung stehen. Mit öffentlichen Mitteln aufgebaute Sendeeinrichtungen und Distributionswege sollten für alle Medien in einem Markt zugänglich gemacht werden, die zumindest auch Public

Value herstellen. Auch die nächste technische Generation von Übertragungswegen über das Internet oder über den mobilen Standard 5G sollten sowohl für öffentlich-rechtliche als auch für private und für nicht profitorientierte Medien offenstehen.

- Die öffentlich-rechtlichen Archive sollten geöffnet werden: Anstatt die Programme in den Mediatheken nach sieben Tagen löschen zu müssen wie derzeit, sollte alles, was mit Mitteln der Allgemeinheit produziert wurde, auch der Allgemeinheit zur Verfügung stehen. Man könnte eine Art Wikimedia aller öffentlich finanzierten Public-Value-Programme zur Verfügung stellen, damit sie jeder jederzeit ansehen kann. Es wäre auch sinnvoll, wenn Journalisten, freie Produzenten, Filmemacher, Künstler, Videojournalisten und Medien, die damit auch Public Value produzieren, auf das reichhaltige historische, aber auch aktuelle Material der Öffentlich-Rechtlichen zugreifen können. Wenn alle öffentlich finanzierten Inhalte – mit den üblichen Einschränkungen etwa durch die Wünsche von Protagonisten, Rechtefragen und Verwertungsfristen – auch öffentlich zur Verfügung stünden, würde das einen wahren Kreativitätsschub ermöglichen.
- Eine partnerschaftliche Organisation von öffentlich-rechtlichen Aufgaben ergäbe auch für Filmemacher, freie Journalisten und freie Produzenten völlig neue Möglichkeiten: Wenn nicht mehr nur eine Institution beauftragt ist, Rundfunkgebühren in Film- und TV-Produktionen von lokalen Produzenten zu investieren, sondern es eine Auswahl an potenziellen Partnern gibt, verringert sich die Abhängigkeit von einzelnen Entscheidungsträgern und Nadelöhren. Filmemacher und freie Journalisten sind dann weniger von der Laune, Willkür oder den Unternehmenskulturen Einzelner abhängig – und könnten sich das Medienunternehmen aussuchen, das ihr Werk am höchsten schätzt.

- Aufwendige Großereignisse, Live-Events oder große Sport-Übertragungen könnten gemeinsam bewerkstelligt werden.

Andere Ideen für den Schulterschluss zwischen privaten, freien und öffentlich-rechtlichen Anbietern sind – ohne Anspruch auf Vollständigkeit: Vermarktungsplattformen, Streaming-Plattformen, Datenkooperationen, gemeinsame Werbemöglichkeiten, übergreifende redaktionelle Hinweise, gemeinsame Marktforschung und gemeinsames Auftreten bei europäischen Institutionen als Gegengewicht zu den immensen Lobbying-Anstrengungen der Silicon-Valley-Giganten in Brüssel.

Doch welchen Anreiz sollte das Management öffentlich-rechtlicher Anstalten haben, diese Kooperationen einzugehen? Dazu müsste man ihre Ziele umdefinieren: Anstatt auf den eigenen Kanälen möglichst hohe Quoten zu erzielen – mit allen Kompromissen, die dafür derzeit gemacht werden –, sollte es die Aufgabe der Öffentlich-Rechtlichen sein, die gesamte Reichweite von Public-Value-Inhalten in europäischen Medien im Vergleich zu den US-Medien zu steigern und so für möglichst viel Qualität am gesamten Medienmarkt zu sorgen.

Das ist ein Paradigmenwechsel: Eine hochwertige Dokumentation, eine Wahlkonfrontation oder eine journalistisch wertvolle Aufdecker-Reportage in einem Privatsender würde dann dem Management der Öffentlich-Rechtlichen Pluspunkte statt Sorgenfalten bescheren.

2. Der Public-Value-Auftrag: Hohe Qualität im Sinne des Gemeinwohls

Wie definiert man nun, welche Inhalte zum öffentlich-rechtlichen Auftrag gehören sollen und welche nicht? Public Value, der prägende Begriff der britischen BBC, wurde als Begriff im Gegensatz zu Shareholder Value entwickelt: Er bezeichnet Medieninhalte, die nicht dem Gewinn des Medienunternehmens dienen, sondern einen Gewinn für die Allgemeinheit darstellen. Journalistische Inhalte und Medienprogramme sind nicht nur Wirtschaftsgüter, sondern auch Kulturgüter – und sie haben eine besondere demokratiepolitische Funktion. Medien können deshalb nie alleine nach den Gesetzen und Verträgen des Wirtschaftslebens behandelt werden, sondern haben eine Sonderstellung als Hybrid zwischen Wirtschafts- und Kulturgut. Journalismus und die Produktion von Medieninhalten sind durch das Recht auf Meinungs- und Pressefreiheit im Artikel 10 der Europäischen Menschenrechtskonvention abgesichert und damit ein wesentlicher Bestandteil unserer westlichen liberalen Demokratie. Es ist daher nicht gleichgültig, welche Medien von den Staatsbürgern einer europäischen Demokratie genutzt werden.

Bei nicht lebenswichtigen Konsumprodukten ist es weniger bedeutend, ob diese in China, den USA oder Europa hergestellt wurden. Allenfalls könnte ein übermäßiger Konsum von außereuropäischen Produkten zu wirtschaftlichen Nachteilen für die europäische Ökonomie führen, aber das muss noch keine unmittelbaren Auswirkungen auf das demokratische Gefüge in europäischen Staaten haben. Anders ist das im Bereich der Medieninhalte, insbesondere beim Journalismus: Es braucht europäische Medien und europäische Journalisten, die nicht nur ihre Funktion ausüben, sondern auch von der Bevölkerung akzeptiert und rezipiert werden.

Medien stellen Öffentlichkeit her. Sie schaffen damit einen Raum für einen pluralistischen Meinungsaustausch und organisieren den Meinungsbildungsprozess in einer Demokratie. Guter Journalismus unterscheidet: zwischen wahr und unwahr, wichtig und unwichtig, Sinn und Unsinn, definierte das der ehemalige ORF-Generalintendant und ZDF-Berater Gerd Bacher. All das passiert bei den neuen Medienanbietern Facebook und YouTube nicht.

Nicht alle Medien werden dieser Aufgabe gerecht. Es gibt eine Reihe von journalistischen Boulevardprodukten und medialen Trash-Erzeugnissen, die man nur schwerlich als Kulturgut bezeichnen kann – sie haben nur den Charakter einer kommerziellen Ware. Aber das schmälert nicht die Grundaufgabe von Medien und Journalismus: Auch solche Produkte darf und muss es geben, das erlaubt die Meinungsfreiheit – sie sollen allerdings nicht gefördert werden.

Umso wichtiger ist es, eine Definition dafür zu finden, was Public-Value-Produkte sind. Eine Eingrenzung mit Hilfe von Begriffspaaren könnte so aussehen:

- Anspruch und (Hoch-)Wertigkeit
- Glaubwürdigkeit und Verlässlichkeit
- Ausgewogenheit und Objektivität
- Verantwortung und Sorgfalt
- Transparenz und Reflexion
- Relevanz und Meinungsbildung
- Vielfalt und Unterscheidbarkeit
- Kompetenz und professionelle Ausbildung
- Originalität und eigenständiger Journalismus
- Demokratieförderung und Minderheitenorientierung
- Werthaltigkeit und gesellschaftlicher Nutzen
- Regionalität und Identität

Was hingegen nicht zur Definition von Public-Value-Inhalten gehört, sind Begriffe wie Quote, Reichweite, Breite, Profitabilität, Kundenfokus, Mainstream, Polarisierung, Durchschnitt, Konkurrenzdenken, Nachfrage, Wettbewerb, Kommerz, Vollversorgung, Massenware, Publikumsgeschmack und „alles für jeden".

Auf welchem Kanal diese Public-Value-Programme gezeigt werden, ist angesichts des Phänomens der „Entbündelung" von Medieninhalten zweitrangig. Die On-Demand-Nutzung von

Programmen darf aber nicht den Silicon-Valley-Medien YouTube, Netflix, Amazon Prime überlassen werden. Vielmehr müssen europäische Medien, egal ob öffentlich-rechtlich oder privat, Angebote schaffen, die den Wünschen vor allem der jüngeren Zielgruppen entgegenkommen. Das Argument, Öffentlich-Rechtliche brauchen Kommerzprogramm aufgrund des Zuschauerflusses, fällt mit der Entbündelung der Programmabfolge im digitalen Zeitalter weg.

Der rechtliche Paradigmenwechsel besteht daher in folgender Neuerung: Bisher war das duale Rundfunksystem so organisiert, dass rein rechtlich gesehen alles als öffentlich-rechtlicher Inhalt galt, was von den öffentlich-rechtlichen Anbietern zur Verfügung gestellt wurde – unabhängig von der Qualität und der Beschaffenheit des Programms. Eine von den Lotterien gesponserte Sendung im ORF, in der Menschen in einem Luftkanal Geldscheine fangen, ist – rein juristisch gesehen – deshalb öffentlich-rechtliches Programm, weil es vom öffentlich-rechtlichen Anbieter produziert wurde. Hingegen ist bisher jede Art von Programm, das von Privaten angeboten wird, egal wie hoch die Qualität ist, rechtlich als „kommerzielles" Privatprogramm einzustufen: Eine hochqualitative Informationssendung zur Nationalratswahl zum Beispiel auf PULS4 ist bisher deshalb nicht öffentlich-rechtlicher Inhalt, sondern rechtlich gesehen privates Kommerzprogramm.

Diese rechtlichen Silos sollten in Zukunft aufgelöst werden. In Zukunft soll das Programm als Public-Value-Programm qualifiziert werden, das den inhaltlichen Ansprüchen der Begriffsdefinition „Qualität im Sinne des Gemeinwohls" genügt, unabhängig davon, wer diesen Inhalt herstellt. Es soll also auf den Inhalt ankommen, ob ein Programm das Qualitätssiegel „Public Value" erhält, und nicht auf den Anbieter.

Somit sollte sich der Auftrag des öffentlich-rechtlichen Systems ändern: Nicht mehr der Marktanteil und die Quoten nur auf den eigenen, öffentlich-rechtlichen Kanälen sollten die Maßzahl für den Erfolg sein – sondern die Erfüllung des Ziels, dass insgesamt, egal auf welchem Kanal, möglichst viel hochwertiger Public-Value-Inhalt erzeugt und angesehen wird.

Dabei sollen – wie auch jetzt schon in Ansätzen – auch Public-Value-Programme privater Anbieter, privater Verlage und freier Medien die Möglichkeit haben, mit Gebührengeld finanziert zu werden. Die Entscheidung darüber, welche Projekte gefördert werden, kann bei einer unabhängigen Behörde liegen – dort werden jetzt schon die Förderungen für Public-Value-Programme der Privatsender entschieden. Man könnte die Entscheidung aber auch im öffentlich-rechtlichen System selbst ansiedeln, was Interessenskonflikte innerhalb des öffentlich-rechtlichen Anbieters auslösen kann, dem Kooperationsansatz aber eher entsprechen würde. Das würde die Verantwortung der öffentlich-rechtlichen Anbieter gewaltig erhöhen: Sie müssten nicht mehr nur Qualitätsprogramm für ihre eigenen Kanäle herstellen, sondern dafür sorgen, dass dem europäischen Publikum auf allen Medienkanälen und -destinationen möglichst viel und möglichst qualitätsvoller Public-Value-Inhalt zur Verfügung gestellt wird. Das neue Ziel des neuen öffentlich-rechtlichen Funktionsauftrags wäre in diesem Modell, die Gebühren effizient und sparsam so einzusetzen, dass maximale Qualität erzeugt wird – und keine Gebühren für Programme verwendet werden, die in gleicher Qualität auch ohne Gebühren erzeugt werden können. Man könnte die Entscheidung darüber, wer das Qualitätssiegel „Public Value" und damit Förderungen bekommt, ähnlich wie im Forschungs-, Kultur- und Architekturbereich pluralistisch zusammengesetzten, unabhängigen Jurys übergeben.

3. Der Effizienzauftrag: Public-Value-Qualität nach Bestbieter-Prinzip

Der österreichische Medienanwalt und Politiker Alfred J. Noll beschreibt die Aufgaben des öffentlich-rechtlichen Rundfunks in einem Essay so: „Der Public Value eines öffentlich-rechtlichen Rundfunks würde darin bestehen, dass er Öffentlichkeit herstellt, soweit diese nicht in angemessener Weise durch den freien Markt hergestellt werden kann; dass er Kulturgüter als Teil der nationalen Identität herstellt, die sonst nicht hergestellt würden; und dass er selbst als Teil der demokratischen Öffentlichkeit (vierte Gewalt) eine Unabhängigkeit vom politischen und wirtschaftlichen System realisiert."

Die öffentlich-rechtlichen Anstalten haben einen grundlegenden Kernauftrag: Sie sollen die Bevölkerung ganz unabhängig davon, was andere Medien anbieten, mit Information, Kultur und Bildung versorgen. Das ist für das Funktionieren der Gesellschaft notwendig. Da Medienvielfalt in der Information für eine Demokratie entscheidend ist, sollen außerdem möglichst viele Privatmedien hochwertigen Journalismus finanzieren – man könnte den Betrieb einer Redaktion sogar zur Bedingung machen, um an öffentlich-rechtlich finanzierten Projekten teilzunehmen.

Doch wie entscheidet man, wer die Rechte für Programme bekommen soll, die es nur einmal gibt – wie zum Beispiel das Übertragungssignal eines Live-Events oder ein Lizenzprogramm, das in jedem Land nur einmal gezeigt werden darf? Derzeit entscheidet sich das in einer Bieterschlacht zwischen öffentlich-rechtlichen und privaten Medien – was dem öffentlich-rechtlichen Auftrag nicht zuträglich ist. Besser wäre es darauf zu achten, dass solche Rechte mit möglichst wenig Gebühren finanziert werden, um möglichst viele Mittel für Public Value freizuhalten.

Für diese Rechte, die nur einmal vergeben werden, schlagen wir ein Subsidiaritätsgebot nach Bestbieterprinzip vor. Es soll für alle Formate gelten, die in einem Land nur einmal produziert oder ausgestrahlt werden können: Etwa die Übertragung von großen Sportereignissen oder Opernaufführungen, die Rechte für anspruchsvolle Filme und Serien, oder auch für hochwertige Format-Lizenzen-Programme, bei denen man eine Lizenz für eine

Programmidee kauft und lokal umsetzt – selbst Formate wie „The Voice", die „Millionenshow" oder „Dancing Stars" („Let's Dance", „Strictly Come Dancing") könnten da hineinfallen.

Zur Erklärung: Das öffentlich-rechtliche Mediensystem ist in dieser Vision in drei Schichten aufgebaut.

Erstens: Nachrichten und Kulturberichterstattung gehören zum öffentlich-rechtlichen Kernauftrag und sollten von öffentlich-rechtlichen Kanälen JEDENFALLS angeboten werden. Hier ist Meinungs- und Angebotsvielfalt mit privaten Anbietern von Nachrichten erwünscht.

Zweitens: Public-Value-Inhalte können aber über diesen Grundauftrag weit hinausgehen – und jedes der teilnehmenden Medien soll dafür um Förderungen aus dem Gebührentopf ansuchen können. Darunter fallen etwa Rechercheprojekte, Reportagen, Fotoprojekte, Dossiers, Datenjournalismus-Projekte, Dokumentationen, Bildungsprogramme, Wissensmagazine, Musiksendungen, Filme und ähnliches.

Drittens gibt es Public-Value-Programme, für die das Signal oder die Rechte nur einmal zur Verfügung stehen: Hier soll der Zuschlag nach dem Subsidiaritätsprinzip an den Bestbieter vergeben werden – also an jenes Medienunternehmen, das das Programm in der höchsten Qualität mit dem geringsten oder ohne den Einsatz von Gebühren herstellt.

Das gegenseitige Überbieten bei Kommerzware auf Kosten von Gebührengeldern sollte beendet werden.

Der Effekt wäre erstens, dass auf öffentlich-rechtlichen Sendern nur mehr höchste Qualität läuft – und sie damit auch vertrauenswürdiger und attraktiver werden. Und zweitens, dass sich viel mehr Medien als bisher um die Produktion von Qualitätsprodukten bemühen werden, weil es eine Chance auf Co-Finanzierung gibt.

4. Der Unabhängigkeitsauftrag: Auftrag zur politischen, wirtschaftlichen und journalistischen Unabhängigkeit

Die Öffentlich-Rechtlichen sind politisch, wirtschaftlich und journalistisch unabhängig organisiert. Diese Grundsäule des öffentlich-rechtlichen Systems muss allerdings dringend neu interpretiert und gestärkt werden: Denn die Unabhängigkeit – die die Existenzberechtigung der Öffentlich-Rechtlichen bildet – wird kontinuierlich ausgehöhlt und in Frage gestellt.

Die Unabhängigkeit eines öffentlich-rechtlichen Anbieters muss sich auf drei Aspekte beziehen:

a) auf die Unabhängigkeit von Staat, Parteien und Regierung (Staatsferne),
b) auf die kommerzielle Unabhängigkeit,
c) auf die journalistische Unabhängigkeit.

Politische Unabhängigkeit: Neue Leitungsgremien
Öffentlich-rechtlich bedeutet Unabhängigkeit vom Staat und von wechselnden Regierungen. Der wichtigste Hebel, um diese Unabhängigkeit besser zu sichern, liegt in den Leitungsgremien: Solange die Leitungsorgane stark von Regierungen bestimmt werden, werden Regierungen Einfluss nehmen. Für einen wirklich staatsfernen öffentlich-rechtlichen Rundfunk sollten also zumindest 50 Prozent der Aufsichtsräte nicht von der Politik entsandt werden, sondern von Kulturinstitutionen sowie von der Film-, Medien- und Digitalbranche.

Wirtschaftliche Unabhängigkeit
Der zweite Aspekt der Unabhängigkeit betrifft die wirtschaftliche Freiheit der öffentlich-rechtlichen Institutionen. Eine politische Unabhängigkeit vom Staat kann am besten dadurch verwirklicht werden, dass die Rundfunkgebühren nicht direkt von der

Stimmung der regierenden Parteien – also von den Staatslenkern selbst – abhängig sind.

Das derzeitige österreichische System, in dem der Stiftungsrat des ORF die Höhe der Gebühren selbst bestimmt, steht in der Kritik: Denn da sind es die zumindest mittelbar von den Parteien beschickten Aufsichtsorgane selbst, die die Höhe der Gebühren bestimmen. Das ist nicht nur problematisch, weil sich so der ORF selbst die Gebühren erhöhen kann, sondern öffnet auch die Tür für Einflussnahme durch die Politik. Das deutsche System für ARD und ZDF, bei dem die unabhängige „Kommission zur Ermittlung des Finanzbedarfs" (KEF) den Gebührenbedarf feststellt, erscheint da nachvollziehbarer. Selbst eine Finanzierung aus dem staatlichen Budget – wie in den Niederlanden bereits der Fall – kann sinnvoll sein, wenn eine verfassungsrechtlich abgesicherte Valorisierung verhindert, dass das Budget der öffentlich-rechtlichen Anbieter von der tagespolitischen Laune der einfachen Mehrheit abhängig ist.

Werbung ja, Einfluss für Werbetreibende nein
Zur wirtschaftlichen Freiheit gehört darüber hinaus aber auch die Unabhängigkeit von wirtschaftlichen Einzelinteressen, wie zum Beispiel von großen Werbekunden oder Mediaagenturen. Branded Content (also ganze Sendungen, die vorrangig der Werbung für einen Kunden dienen) und Produktplatzierungen dürfen im öffentlich-rechtlichen System keinen Platz haben.

Viele fordern auch ein generelles Werbeverbot in öffentlich-rechtlichen Kanälen. Einige Länder in Europa haben den öffentlich-rechtlichen Anbietern Werbung bereits verboten oder diese stark reduziert: In Dänemark, Schweden und Norwegen strahlen öffentlich-rechtliche Sender gar keine Werbung aus. In Großbritannien sind alle öffentlich-rechtlichen Programme der BBC werbefrei. In Deutschland ist bei ARD und ZDF die tägliche Werbezeit auf zwanzig Minuten beschränkt, nach 20 Uhr und an Wochenenden dürfen sie keine Werbung bringen, Deutschland-Radio und das österreichische Radioprogramm Ö1 sind überhaupt werbefrei.

Es spricht also einiges dafür, Werbung in öffentlich-rechtlichen Medien zu verbieten und sie ganz aus dem Quotendruck zu nehmen, den Werbung mit sich bringt. In Zeiten des Angriffs der Werberiesen Google, Facebook und Amazon wäre ein Verbot allerdings nicht zielführend. Werbung ist für eine Wirtschaft ja notwendig und sinnvoll – und wenn ein so breiter Kanal wegfällt, würde die Wirtschaft wohl erst recht auf die Kanäle der US-Medien ausweichen und sie auf diese Weise weiter stärken. Volkswirtschaftlich wäre ein Werbeverbot bei öffentlich-rechtlichen Anbietern also nicht sinnvoll, und es würde europäische Medien insgesamt schwächen.

Die Lösung dieses Dilemmas kann sein, den öffentlich-rechtlichen Anbietern weiter in beschränktem Ausmaß Werbung zu erlauben, die Einnahmen aber im Sinne der Unabhängigkeit zweckzubinden: Sie sind dringend notwendig für die Forschung und Entwicklung von europäischen Digitalmedien und Plattformen. Dadurch wären die öffentlich-rechtlichen Anbieter nicht mehr gezwungen, durch kommerzielle Programmierung die Quoten zu optimieren, da sie selbst zu 100 Prozent durch Gebühreneinnahmen finanziert sind, die sie unabhängig erhalten – mit dem Nebeneffekt, dass Gebührengelder nicht mehr für kommerzielles Massenprogramm verwendet werden müssen.

Auf diese Weise verlieren die öffentlich-rechtlichen Anbieter zwar Geld – sie brauchen aber auch weniger, weil sie nicht mehr im Dienste der Werbewirtschaft ihre Quoten erhöhen müssen. Trotzdem kann eine Finanzierungslücke entstehen. Diese Lücke muss nach Ausschöpfung der Synergie- und Sparpotenziale geschlossen werden. In Österreich bietet sich an, die Gebühren komplett an den ORF fließen zu lassen (derzeit behalten Bund und Länder etwa ein Drittel ein). In ganz Europa aber braucht es eine neue Einnahmequelle: Hier schlagen wir Steuern auf die US-Digitalmedien vor, die derzeit im Vergleich zu ihren Umsätzen viel zu wenig Steuern zahlen. Die Möglichkeiten gibt es: Von der Besteuerung von nur virtuell vorhandenen Unternehmen mit der „digitalen Betriebsstätte" über die Ausweitung der Werbeabgaben auf Onlinemedien bis zur Idee, eine „Algorithmus-Steuer" einzuführen, die jene Medien besteuert, die statt Mitarbeitern Computerprogramme beschäftigen (siehe Kapitel 9).

Journalistische Unabhängigkeit
Der dritte Aspekt der Unabhängigkeit betrifft die journalistische Freiheit der Redaktionen- und Programmverantwortlichen – insbesondere die Freiheit von Interventionsversuchen aus Politik und Wirtschaft. Hier hilft die Diversifizierung des öffentlich-rechtlichen Systems. Wenn Public Value auf verschiedenen Kanälen ausgestrahlt wird, macht das Interventionen viel schwieriger: Dann gäbe es nicht mehr die eine Führungskraft, auf die man versuchen kann, einzuwirken, sondern mehrere Redaktionen. Damit wäre auch der Pluralismus erhöht: Der Versuch, Binnenpluralismus innerhalb der öffentlich-rechtlichen Anstalten herzustellen, war in einer Zeit des natürlichen Monopols wertvoll und wichtig – viel besser wird Pluralismus und Unabhängigkeit aber gewahrt, wenn das öffentlich-rechtliche System sich auf mehrere Kanäle aufteilt.

5. Der All-Media-Auftrag: Gattungsneutral und inhaltsbezogen

Die reine Ausrichtung auf lineares Radio, Fernsehen und begleitende Onlineangebote der öffentlich-rechtlichen Anbieter ist mit dem Ende der Mediengattungen – und dem Nebeneinander von Print, TV und Online auf den Smartphones – obsolet. Der öffentlich-rechtliche Auftrag muss sich also auf alle Mediengattungen beziehen: Texte, Bilder, Videos, Social Media und Suchfunktion. Wir nennen das „Gattungsneutralität".

Der Aufschrei der Verleger gegen diesen Vorschlag ist vorprogrammiert. Verlagshäuser kritisieren jetzt schon die Onlineaktivitäten der öffentlich-rechtlichen Anbieter stark, wenn es sich um sogenannte „presseähnliche" Produkte handelt. Doch diese Definition als „presseähnliches Produkt" ist im digitalen Zeitalter unlogisch – die Abgrenzung zwischen Video, Text, Audiosignal oder einem Mix von allem ist schlicht nicht mehr möglich. Die neuen Mediengiganten aus dem Silicon Valley zeigen uns täglich, dass es keinen Unterschied mehr macht, ob die Quelle eines Tweets ein Verlag, ein Fernsehsender oder ein freier Videojournalist war. Man kann die Vertreter der Printbranche insofern beruhigen, als diese Neudefinition des öffentlich-rechtlichen Auftrags die Konkurrenzsituation von öffentlich-rechtlichen Anstalten und privaten Anbietern ohnehin beendet.

Der All-Media-Auftrag ist nicht nur gattungsneutral, sondern auch inhaltsbezogen zu verstehen. Es kommt nicht darauf an, welche Anbieter welchen Inhalt erzeugen, und ob es sich um ein Video, einen Text oder ein Foto handelt, sondern welche Qualität der Inhalt hat und ob er dem Gemeinwohl dient.

6. Der Auftrag zu Wertschöpfung in der EU: Facebook- und YouTube-Verbot für die öffentlich-rechtlichen Anbieter

Dieser Funktionsauftrag ist ein wirtschaftspolitischer Standortauftrag: Öffentlich-rechtliche Medien sollen europäische Werke in Europa produzieren und zugänglich machen und damit Arbeitsplätze, Wertschöpfung und Steuern in Europa halten. Die Silicon-Valley-Mediengiganten vermeiden Wertschöpfung, die den Ländern der EU zugutekommt. Sie zahlen in Europa kaum Steuern und beschäftigen wenige Menschen: Facebook etwa hat in kleineren Ländern in Europa wie Österreich oder die Schweiz gar keine Mitarbeiter, generiert aber Umsätze von mehreren hundert Millionen Euro. Die Silicon-Valley-Medien saugen also Werbegelder aus Europa ab, ohne dass Europa dadurch profitiert, ganz im Gegenteil: lokale Medienanbieter werden dadurch existenziell gefährdet.

Dabei gab es schon in der Vergangenheit gute Beispiele, wie europäische Länder den „Overspill" ausländischer Medien produktiv und sinnvoll nutzen konnten. In kleineren Ländern mit gleichsprachigen großen Nachbarn gibt es das Prinzip der lokalen Ausgaben in Printprodukten und der Werbefenster bei TV-Sendern. Die Wochenzeitung *Die Zeit* etwa erscheint in Österreich mit einem Österreich-Teil und ermöglicht so eine österreichische Redaktion. In Belgien, in der Schweiz oder in Österreich bieten Privatsender Werbefenster für den lokalen Markt, die lokale Programmproduktionen und Arbeitsplätze ermöglichen – so konnte die ProSiebenSat.1-Gruppe mit den Einnahmen aus den österreichischen Werbefenstern etwa den Aufbau von PULS 4 und ATV finanzieren und 500 Arbeitsplätze in Wien schaffen.

Die Wertschöpfung von den US-Mediengiganten wieder zurück nach Europa zu holen, muss daher ein zentrales Ziel der neuen europäischen Medienordnung sein. Da die öffentlich-rechtlichen Sender nicht in dem Maße von Quote und Werbeeinnahmen wirtschaftlich abhängig sind wie die Privaten, sollen sie vorangehen und ihre Social-Media-Aktivitäten auf den US-Medien beenden. So, wie im Radio, im Fernsehen und vor zwanzig Jahren auch online selbstverständlich auf eigene lokale Kanäle gesetzt wurde, müsste das auch jetzt im Social-Media-Bereich passieren. Die Öffentlich-Rechtlichen sollen eigene Social-Media-Plattformen und öffentlich zugängliche Wikis oder Archive gründen und betreiben, anstatt Inhalte an die neuen Hauptkonkurrenten zu verschenken: Es ist nicht im Sinne des Gemeinwohles, dass gebührenfinanzierte Beiträge und Texte den Treibstoff für so problematische Medien wie Facebook oder YouTube liefern und in ihrer Gestaltung und in ihrem Inhalt an deren emotionsgetriebene Funktionsweisen angepasst werden. Solange es keine eigenen Kanäle gibt, soll es bei Postings- und Marketing-Aktivitäten aber zumindest einen Vorrang für europäische Medien geben.

7. Der Forschungsauftrag: Investitionen in digitale Forschungs- und Entwicklungsprojekte

Nun kann man sich zu Recht fragen: Was nützt das alles, wenn ich mich aber doch lieber auf Facebook, Instagram oder YouTube aufhalte? Die Silicon-Valley-Medien zwingen ja niemanden, sie zu verwenden – sie binden unsere Aufmerksamkeit, weil sie gratis ausgezeichnete Technik für unsere Postings bieten und alle anderen auch dort sind. Deshalb nimmt man all die Nachteile von Hetze bis Datenschutz in Kauf. Doch was wäre nötig, um in Europa digitale Medien, Plattformen und Netzwerke zu schaffen, die ebenso attraktiv sind?

Ohne den technologischen Vorsprung in künstlicher Intelligenz und Technik einzuholen, den die Silicon-Valley-Medien derzeit haben, wird es nicht gelingen, ein europäisches Mediensystem zu erhalten. Und auch hier sollte dem öffentlich-rechtlichen System eine wichtige Rolle in der Forschung und Entwicklung zukommen.

Durch die Aufhebung der Wettbewerbssituation zwischen öffentlich-rechtlichen und privaten Anbietern werden öffentliche Mittel frei. Sie können nun dafür eingesetzt werden, den Vorsprung der Silicon-Valley-Giganten aufzuholen – eine Aufholjagd, die viel Geld verschlingen und auch verbrennen wird: Der Rückstand ist groß, und es muss Raum für Trial-and-Error und ein nachhaltiges, kontinuierliches Forschen und Entwickeln geben. Sowohl im Silicon Valley als auch in China wurde diese Forschung durch öffentliches Geld angestoßen. Die Rundfunkgebühren der europäischen Länder, die durch die Beendigung des Konkurrenzkampfes mit den Privaten frei werden, werden Milliardenbeträge ausmachen. Sie sind eine gute Basis, um europäische Gründer, Start-ups und die Innovationsabteilungen der Medienhäuser zu motivieren, das Risiko einzugehen und neue digitale Medienprojekte zu starten – mit dem Ziel, eine europäische Social-Media-Plattform, Suchmaschinen und Videoanbieter zu gründen, die sich an europäische Regeln halten.

8. Der Auftrag zum Ausgleich von Marktversagen

Wenn eine Zahnbürste nicht in entsprechender Anzahl gekauft wird, um die Produktionskosten zu finanzieren, dann wird sie einfach verschwinden – hier sorgt das Gesetz des Marktes für Qualität, indem es nicht nachgefragte Produkte aussortiert. Bei Information ist die Lage komplizierter: Demokratie braucht die Stimmen von Minderheiten und von Gegenmeinungen – im Gegensatz zu einer wenig gekauften Zahnbürste dürfen diese Stimmen eben nicht aussortiert werden, sie müssen vorkommen. Sollte es eine Regierung zum Beispiel schaffen, private Medien stark unter Druck zu setzen oder auf ihre Seite zu bringen und die Stimmen der Opposition nicht mehr vorkommen – wie es etwa in Ungarn oder Polen droht –, kann das nur ein unabhängiges öffentlich-rechtliches System ausgleichen. Dasselbe gilt für Filme, lokale Sprachen, die Anliegen von Randgruppen, Hochkultur, neue Musik oder Randsportarten: Man muss ihnen in Massenmedien Platz geben, wenn man will, dass es sie weiter gibt.

Dem öffentlich-rechtlichen System kommt damit auch eine unabhängige, „behördenähnliche" Funktion zu: Es muss den Medienmarkt beobachten und dafür sorgen, dass Marktversagen ausgeglichen wird. Die Programme, die man für gesellschaftlich wertvoll und notwendig ansieht, müssen auch dann produziert und verbreitet werden, wenn es dafür keinen ausreichend großen Markt gibt oder wenn die privaten Medien ihrer Verantwortung nicht nachkommen: Diesen steht aufgrund der Medienfreiheit auch frei, Trash zu produzieren (sie bekommen dann allerdings keine Förderungen).

Ebenso muss das öffentlich-rechtliche System dafür sorgen, dass Kultur, Bildung und Unterhaltung nicht zu einem Nischen- oder Elitenprogramm werden. Wenn immer mehr Programme ins Pay-TV abwandern und dort nur mehr von gut zahlenden Abonnenten gesehen werden können, könnte das der Gesellschaft den Einblick in wichtige kulturelle Aspekte verweigern, gesellschaftlich als relevant angesehene Sportarten verschwinden lassen oder gar unterschiedliche Informationsstände zwischen gut zahlenden und ärmeren Medienkonsumenten herstellen. Das muss das öffentlich-rechtliche System ausgleichen.

Diese Entwicklung ist vor allem bei qualitativ hochwertigen oder sehr breitenwirksamen Serien, Filmen und großen Sportereignissen bedenklich, da hier durch die Abwanderung ins Pay-TV (wie Netflix) eine Zweiklassengesellschaft entstehen kann: Hier die wohlhabenden Konsumenten mit Zugang zu allen attraktiven Fernsehrechten, dort der breite Durchschnittskonsument, der im Free-TV nur noch zweitklassiges Programm zu sehen bekommt. Auch für diesen Missstand wäre der von uns vorgeschlagene neue Funktionsauftrag für die öffentlich-rechtlichen Anbieter eine gute Lösung. Dieser Auftrag könnte umfassen, dass besonders beliebte Sport- und Großereignisse im Free-TV zu sehen sein müssen. Wenn sich private Free-TV-Veranstalter in Konkurrenz zu den internationalen Pay-TV-Konzernen diese Rechte nicht mehr leisten können, sollten die öffentlich-rechtlichen Institutionen subsidiär im Sinne des Effizienzprinzips einspringen und die Privaten dabei unterstützen, die teuren Exklusivrechte im Free-TV halten zu können. Wenn die Rechte so teuer sind, dass ein Privater überhaupt nicht mehr mitspielen kann, könnte es auch Aufgabe der Öffentlich-Rechtlichen sein, diese großen Sportereignisse gebührenfinanziert auf öffentlich-rechtlichen Kanälen auszustrahlen.

9. Der europäische Auftrag: Medienallianzen in Europa

Europa braucht angesichts des Drucks aus den USA und aus China eine gemeinsame Strategie. Und europäische Demokratie braucht europäische Öffentlichkeit, deren Diskursplattformen nicht in Händen von Medien wie Facebook oder YouTube liegen dürfen, die bewiesenermaßen Polarisierung und Manipulation fördern. Die öffentlich-rechtlichen Anbieter sollten hier also vorangehen und eine europäische Allianz von Medien bilden – und zwar nicht nur als reinem Zusammenschluss der öffentlich-rechtlichen, sondern auch mit privaten Medien. Will man ernsthaft alternative Angebote entwickeln, braucht man dazu sehr viel Geld, Kreativität und Risikobereitschaft, was nur europaweit unter Beteiligung von öffentlichen Geldern und privaten Medien gemeinsam angestoßen werden kann.

Dazu braucht es auch einen Paradigmenwechsel im Medien- und Rundfunkrecht: Derzeit ist das Medienrecht Sache der einzelnen Mitgliedsstaaten, in Deutschland obliegt es in manchen Bereichen gar den einzelnen Bundesländern. Doch das ist anachronistisch. Wir haben es bereits mit einer globalen Medienlandschaft zu tun, die von dieser rechtlichen Zersplitterung profitiert, und müssen ohnehin europäisches Medienrecht weiterentwickeln. Wir sollten also – wenn wir Alternativen wollen, die sich nach europäischen Grundsätzen richten – auch das Medien- und Rundfunkrecht europäisieren und echte europäische Medien und Plattformen ermöglichen. Dann ist auch ein europäischer demokratischer Diskurs möglich.

10. Der gesellschaftliche Auftrag: Europäische Demokratie und den Standort Europa fördern

Zusammengefasst: Die öffentlich-rechtlichen Medienanbieter haben den grundsätzlichen Auftrag, demokratischen Diskurs und lokale Identität zu fördern. Journalismus und Medienproduktion sind keine Konsumgüter wie andere auch – sie sind für das Funktionieren der Demokratie unabdingbar. Dieser grundsätzliche gesellschaftliche Auftrag der Öffentlich-Rechtlichen ist also in Zeiten von globalen Medienkonzernen wie Facebook, Google und Amazon wichtiger denn je. Das Ziel einer vereinten europäischen Medienpolitik sollte die Aufrechterhaltung der europäischen Souveränität von Medien sein – was auch bedeutet, die Übermacht der neuen Mediengiganten aus dem Silicon Valley zu beschränken und ihre derzeitigen Vorteile abzuschaffen, um europäischen Medien Raum zu verschaffen. Dazu gehört zumindest, dass zentrale Teile von Facebook und YouTube als das behandelt werden, was sie sind: Medien. Das bisher bewährte duale Rundfunksystem ist auf diese Herausforderung nicht mehr die beste Antwort.

Man sollte das öffentlich-rechtliche System aber nicht abschaffen, sondern ausbauen. Die Beschränkung des öffentlich-rechtlichen Auftrags auf Radio und Fernsehen hat sich gesellschaftlich und technisch überholt. Die Beschränkung auf eigene Kanäle ist in Zeiten von On-Demand und der Entbündelung von Inhalten auf verschiedensten Plattformen ebenso obsolet. Die öffentlich-rechtlichen Anbieter sollen sich daher weiterentwickeln und in Europa zum Garanten dafür werden, dass europäische Medien in Vielfalt den Diskurs ermöglichen. Dazu braucht es möglichst viel Qualitätsjournalismus, hochwertige europäische Unterhaltung und Kultur – und zwar unabhängig von Mediengattungen (die sich auflösen) und unabhängig davon, auf welchen Kanälen das stattfindet.

Dazu sollen öffentlich-rechtliche Anstalten zu Partnern und Förderern von privaten und freien Medien aller Gattungen werden, die Wertschöpfung in Europa generieren und Programme und Public-Value-Inhalte produzieren, die dem Gemeinwohl dienen – und in die Entwicklung von europäischen neuen Medienplattformen investieren, die eine Alternative zu Facebook, Google und Amazon bieten. Diese neue öffentlich-rechtliche Vision könnte eine starke Allianz privater und öffentlich-rechtlicher Anbieter ermöglichen, die für die Demokratie schädliche Entwicklungen wie Filterblasen, Hass, Lügen und Desinformation eindämmt und dafür sorgt, dass der Raum für den gesellschaftlichen Diskurs in Europa erhalten bleibt. Es geht dabei – davon sind wir überzeugt – um nicht weniger als die demokratische Existenz Europas.

SCHLUSSBEMERKUNG: Was man tun kann

Nicht jeder ist Medienpolitiker. Aber fast jeder bewegt sich im Internet, und fast jeder nützt soziale Medien. Was kann man nun als Einzelner tun, um sich der Maschinerie zu entziehen, die wir in diesem Buch beschrieben haben? Wie geht man mit der neuen Medienwelt um, solange es keine privaten oder öffentlich-rechtlichen Alternativen gibt und sich Facebook, YouTube und Amazon nicht an die Regeln halten?

Wenn wir etwas gelernt haben aus der Beschäftigung mit den neuen Digitalmedien aus dem Silicon Valley, dann das: Unsere Aufmerksamkeit und unsere Daten sind so wertvoll wie Gold. Jede Sekunde, die unsere Augen auf ein Medium auf unseren Smartphones und Smart-TVs schauen, lässt gemeinsam mit den Daten, die wir dabei ständig liefern, ein Medium im Wert steigen und ein anderes langsam verschwinden. Jede Sekunde, die wir etwas im Netz konsumieren, macht aber auch etwas mit uns.

Es ist für die meisten selbstverständlich, sorgsam mit Geld umzugehen: Nur Spielsüchtige lassen sich in schlechten Phasen von Automaten willenlos Euro um Euro aus der Tasche ziehen. Die meisten aber planen ihre Budgets und überlegen gut, wofür sie ihr Geld ausgeben. Sie wissen, dass sie nicht unbegrenzt viel davon haben und Entscheidungen treffen müssen. Mit Aufmerksamkeit geht man viel sorgloser um. Es ist relativ neu, dass Medien ständig am Smartphone verfügbar sind und aktiv Aufmerksamkeit fordern – und so liefert man sie, oft willenlos wie ein Spieler, Hunderte Male am Tag. Beim Aufstehen, beim Schlafengehen. Beim Essen, mitten unter Gesprächen und Meetings und sogar beim Autofahren.

Dabei ist Aufmerksamkeit noch wertvoller als Geld. Es gibt keinen Kredit darauf und man kann sich, wenn sie knapp wird, nicht schnell noch zwei Stunden Aufmerksamkeit ausleihen: Sie ist streng begrenzt und unteilbar. Wer seine Aufmerksamkeit einer Kette von Videos von Skiunfällen oder jedem der 800 Kommentare unter einem Politikerposting widmet, entzieht sie zugleich jemand anderem. Und die meisten kennen das Phänomen, dass sie Facebook, Instagram, YouTube wesentlich mehr Aufmerksamkeit schenken, als sie einplanen würden, wenn sie ein monatliches Zeitbudget für Medien erstellen würden. Denn auf der anderen Seite des kleinen Bildschirms der Smartphones sitzen die besten Psychologenteams der Welt. Sie haben nur eine Aufgabe: Aufmerksamkeit zu bannen. Und sie verfeinern dank der Daten, die ihnen Milliarden Nutzer in Echtzeit sekündlich liefern, laufend die Mechanismen, die unsere Aufmerksamkeit auf sich ziehen. Die Erkenntnis, dass das, was wir ihnen liefern, unsere wertvollste Ressource ist – und dass diese Aufmerksamkeit dann woanders nicht verfügbar ist –, sickert erst langsam ins Bewusstsein.

Die meisten achten auch ganz selbstverständlich darauf, was sie in sich hineinlassen und mit wem sie sich umgeben. Es wird zwar Tage geben, an denen man willenlos Chips, Pizza und Kuchen in sich hineinstopft und sich mit schlechter Gesellschaft umgibt, aber bei den meisten ist das die Ausnahme: Jedem ist bewusst, dass es einen Unterschied für die eigene Gesundheit und das Wohlbefinden macht, welche Lebensmittel man in seinen Körper lässt und mit welchen Menschen man sich umgibt. Kaum jemand verbringt viel Zeit mit Menschen, die permanent aggressiv sind, schimpfen oder Lügen erzählen – auch hier kann man sich gut abgrenzen. Dasselbe gilt für Informationen: Es ist einfach, ein langweiliges Buch auf die Seite zu legen. Es ist sogar leichter, ein Trash-TV-Programm (bisher das beliebteste Angriffsziel von Medienkritikern) auszuschalten oder zumindest etwas anderes nebenbei zu machen, als sich Facebook oder YouTube auf dem Smartphone zu entziehen.

Bei den Informationen und Bildern, die wir über soziale Medien in unser Gehirn lassen, sind die meisten wesentlich weniger wählerisch als beim Essen. Dabei formen sie genau wie die Lebensmittel, die wir zu uns nehmen, unser Leben und unser Wohlbefinden: Unser Wissen, unsere Art zu denken, unsere Beziehungen, unsere Sichtweise auf die Welt, unsere Einkäufe – vielleicht sogar unsere politischen Entscheidungen hängen davon ab, worauf wir unsere Aufmerksamkeit richten. Die Bilder, Informationen und Gefühle, die wir über Facebook und YouTube in unser Gehirn lassen, formen unsere Psychologie mit. Sie beeinflussen, wer wir sind. Angesichts dessen gehen die meisten eher sorglos mit dem Strom von Postings und Videos um.

Die erste Handlung, die man als einzelner Konsument setzen kann, ist also ein bewussterer Umgang mit den Neuen Medien. Jeder kann sich entschließen, mit der kostbaren Ressource Aufmerksamkeit ebenso sorgsam umzugehen wie mit Geld, und die Informationen, die man in sein Gehirn lässt, ebenso sorgsam auszuwählen wie Lebensmittel. Man kann sich durchaus entscheiden, seine Aufmerksamkeit gezielt denen zu schenken, die einen schlauer machen und gut unterhalten.

Für manche ist der logische Schluss daraus, auszusteigen. Es ist eine ganze Bewegung unter dem Schlagwort „Delete Facebook" entstanden. Für viele Funktionen gibt es tatsächlich Alternativen: Man kann zwischen verschiedensten Messengerdiensten wählen, es gibt Fotoseiten und zahlreiche Anbieter für eigene Blogs, und es werden auch neue soziale Medien entstehen. Dasselbe gilt für Google: Es gibt eine Reihe alternativer Suchmaschinen – etwa die europäische Suchmaschine Qwant, die ein Team aus Frankreich gegründet hat und die mittlerweile auch auf Deutsch verfügbar ist; die niederländische Vorschalt-Suche Startpage, die zwar Google nützt, aber keine Daten weitergibt; oder die „sichere Suchmaschine" Duckduckgo. Auch statt der Videoplattform von YouTube kann man eine Reihe anderer Dienste wie beispielsweise MyVideo wählen. Noch einfacher ist es, auf Amazon zu verzichten. Wer bei einem lokalen Unternehmen einkauft – ob online oder offline –,

hilft Leuten in der eigenen Stadt, die Miete zu bezahlen, einzukaufen, ihrem Kind den Sportunterricht zu ermöglichen. Man
kann sein Geld statt Amazon besser Leuten geben, die gute Jobs
schaffen, in Europa Steuern zahlen und so helfen, das Gemeinwohl zu stärken – etwa die Straßen, die Kindergärten, die Kran-
kenhäuser und die Polizei zu finanzieren. Ganz besonders gilt das
für Buchhandlungen (die übrigens alle auch Online-Bestellungen
annehmen). Wenn Buchhandlungen verschwinden, verschwinden
nicht nur die Auslagen mit den Büchern aus der Straße, sondern
auch das Wissen der Buchhändler und die wertvollen Orte des
Wissens und der Begegnung, die sie schaffen.

Aber wollen wir auf soziale Medien verzichten, solange es
keine besseren Alternativen gibt? Wohl kaum. Facebook, Google,
YouTube sind nicht umsonst so erfolgreich. Sie haben wunderbare
Produkte entwickelt und schaffen die Möglichkeit, sich zu vernetzen und auszudrücken. Für viele kommt der Ausstieg nicht in
Frage – sei es, weil sie es beruflich oder sozial brauchen, sei es, weil
sie das Service schätzen und die Möglichkeit gerne nützen, ihre
Gedanken und Werke zu teilen. Das ist einer der großen Vorteile
sozialer Medien, und all das wäre auch noch genauso möglich,
wenn die Hauptthese dieses Buches aufgegriffen würde und
Facebook und YouTube für die Medien, die sie verbreiten, Verantwortung übernehmen müssten. Doch derzeit geben sie über die
Infrastruktur ihrer Plattformen hinaus eben auch Medien heraus,
die Hass und Lügen verbreiten. Wie kann man sich der Manipulation entziehen und verhindern, dass man daran mitstrickt?

Vor einigen Jahren haben wir noch dafür plädiert, soziale
Medien als öffentlichen Diskursraum zu begreifen und Widerspruch zu üben, wenn Hass oder Lügen verbreitet werden. Wir
sind von diesem Rat mittlerweile abgekommen: Denn die Mechanismen von Facebook und YouTube belohnen alles, was Reaktionen bekommt – auch wenn die Reaktionen hauptsächlich aus
Widerspruch bestehen. Ein verstörendes oder hasserfülltes Posting

kann von einem einzelnen anonymen Täter stammen, aber durch den Widerspruch eine globale Aufmerksamkeit erringen, die in keinem Verhältnis zur Stärke des Absenders steht. Der „Punish a Muslim Day" 2018 war so ein Phänomen: Das Foto eines Flugblattes, auf dem Gewalt gegen Muslime mit Punkten bewertet und Belohnungen in Aussicht gestellt wurden, bekam durch den Widerspruch und das millionenfach geäußerte (gerechtfertigte) Entsetzen so viel globale Öffentlichkeit, dass in Städten auf drei Kontinenten Muslime ihre Kinder aus Angst nicht in die Schule gehen ließen, Begleitdienste für Muslime organisiert wurden und die Polizei Informationsveranstaltungen abhielt. Erst der – eigentlich notwendige – Widerspruch machte die Aktion eines unbekannten Einzelnen global wirkungsvoll. Er musste dafür vielleicht mit niemandem sprechen und sein Zimmer nicht einmal verlassen. So schwer es fällt, sind wir deshalb zum Schluss gekommen: Solange Facebook und YouTube die Verbreitung von Hass als Geschäftsmodell sehen, nützt man dieser Verbreitung, wenn man widerspricht. Wer Facebook nützt, sollte dieses Spiel nicht mitspielen. Wer YouTube nützt, sollte keinen Blödsinn berühmt machen – und seine Kinder fernhalten.

Schwieriger ist es, sich der Manipulation zu entziehen: Es fordert schon ein hohes Maß an Medienkompetenz, manipulierende Nachrichten und Lügen zu erkennen, wenn sie genau gleich aussehen wie die gewohnten traditionellen Abendnachrichten im Fernsehen oder wie ein seriöser Zeitungsartikel. Und selbst wenn man die Absender prüft und richtig einordnet: Der Einfluss eines Stroms an negativen Nachrichten auf die eigene Einstellung und die eigenen Gefühle ist schwer zu durchschauen und noch schwerer zu kontrollieren. Aber dem kann man sich entziehen, indem man auf Profis setzt: Facebook und YouTube sind zwar in ihren Bereichen fast Monopole – doch zum Glück ist zugleich die Medienvielfalt so groß wie nie. Man kann wählen, wessen Informationen man konsumiert. Die Auswahl reicht von Expertenblogs und -podcasts über große Rechercheprojekte bis hin zu den professionellen Redaktionen klassischer Qualitätsmedien, die nur ein Ziel haben: umfassend zu informieren. Diese gesündere Informationsdiät kann einem auch ein bisschen Geld pro Monat wert sein. Die meisten Monatsabos kosten nicht mehr als ein einziges Mittagessen.

Doch auch wenn man sich selbst schützen und besser informieren kann und auch wenn man selbst nicht mehr unwillkürlich an der Verbreitung von Hass mitarbeitet: Das löst das Problem noch nicht. Es kann nicht Aufgabe der Konsumenten sein, durch ihr Verhalten diese Konzerne, die Hunderte Milliarden Dollar wert sind, zu steuern: Das ist die Aufgabe der Politik, und wohin sich diese bewegt, ist derzeit noch nicht klar. Die Kernthese dieses Buches, dass Facebook und YouTube wie alle anderen Herausgeber für die von ihnen herausgegebenen Medien Verantwortung übernehmen sollen, ruft bei einigen geradezu aggressiven Widerstand hervor: Erstens fürchten jene, die Facebook und YouTube beruflich nützen, um sich oder ihre Unternehmen zu promoten, Nachteile. Ihnen genügt eine Plattform nicht (da könnten sie auch eigene Websites betreiben), sondern sie setzen auf die Möglichkeit, dass sich ihre Inhalte in den Newsfeeds potenziell global und viral verbreiten – und wollen Vorab-Kontrollen durch Facebook und YouTube dabei vermeiden. Zweitens gibt es große Sorgen von Verteidigern der Meinungsfreiheit, dass soziale Medien politische Meinungsäußerungen präventiv löschen und viele Inhalte gar nicht mehr durchlassen. Dem kann man entgegenhalten, dass unser Vorschlag nur für die Medien gilt – was im Plattformteil der sozialen Medien (und erst recht im Rest des Internets) gepostet wird, bleibt davon unberührt. Außerdem bedeuten Regeln ja nicht, dass Facebook und YouTube keine Inhalte mehr an Massen verbreiten können: Für legale Inhalte wäre die Möglichkeit ebenso groß wie jetzt, nur verhetzende und illegale Postings müssten draußen bleiben. Drittens ordnen manche die Forderung den Interessen der „alten Medien" zu, die ihre Pfründe schützen wollen und doch selbst um nichts besser seien. Letzteres stimmt: Boulevardmedien buhlen ebenso skrupellos um Aufmerksamkeit – und gerade deshalb wurden die ohnehin weiten Grenzen des Medienrechts erfunden. Es greift deshalb bei Weitem zu kurz, die Forderung, dass auch Neue Medien sich an die in Jahrhunderten entwickelten Mediengesetze halten, als Einzelinteresse von Medienmachern alter Schule abzutun.

Diesen Grundsatz der Verantwortung auch auf die Neuen Medien anzuwenden, ist eine der großen Herausforderungen unserer Zeit. Wie jede neue Technologie bringt die Mediendisruption enorme Vorteile für die Gesellschaft – doch wenn die negativen Auswirkungen weiterhin freien Lauf haben, dann steht der Zusammenhalt der Gesellschaft auf dem Spiel. Der europäische Ansatz, dass Konzerne innerhalb von sozialen, demokratischen und ökologischen Grenzen agieren müssen, damit sie für die Gesellschaft nützlich sind, ist global gesehen unter Druck. Politik denkt oft lokal und in Wahlzyklen und schreckt häufig vor komplexen globalen Problemen, die keine einfache Belohnung auf nationaler Ebene versprechen, zurück. Doch Politik reagiert auf die Bedürfnisse ihrer Wähler. Nützen Sie also Ihren Einfluss. Wir leben in einer Demokratie – es ist möglich, die notwendigen Regeln zu schaffen. Man muss die Kraftmeierei globaler Silicon-Valley-Konzerne nicht hinnehmen.

ANHANG
Zwölf Thesen für eine neue europäische Medienordnung

1. Es ist für die Organisation von demokratischen Diskursen und für das Funktionieren der Gesellschaft wichtig, professionelle europäische Qualitätsmedien zu erhalten, die nach europäischen Werten und Regeln funktionieren. Anders als viele Gebrauchsgüter haben sie eine spezielle Funktion und sind nicht einfach durch US-amerikanische oder chinesische Produkte ersetzbar.

2. Facebook und YouTube sind nicht nur Plattformen, sondern auch Herausgeber eigener Neuer Medien wie des Facebook-Newsfeeds und des YouTube-Autoplay-Modus. Sie halten sich allerdings nicht an die Regeln, die für Herausgeber gelten. Das führt dazu, dass Hass-, Lügen- und Propaganda-Postings – die am meisten Reaktionen hervorrufen – belohnt und vorgereiht werden. Das gefährdet den Zusammenhalt der Gesellschaft und die Demokratie.

3. Für die Inhalte dieser Medien sollen Facebook und YouTube daher als Herausgeber Verantwortung übernehmen, statt das Host-Provider-Privileg zu genießen.

4. Facebook, Google und Amazon dringen in klassische Medienbereiche wie Nachrichten, die Produktion von Serien und Filmen und Fernsehen vor. Dass sie sich dabei nicht an geltendes Recht halten, verschafft ihnen enorme Wettbewerbsvorteile, die für europäische Medien existenzbedrohend sind.

5. Das Wettbewerbsrecht, das für Medien aus gutem Grund besonders streng ist, muss auch auf die Neuen Medien angewendet werden und dabei die Besonderheiten der Datenwirtschaft berücksichtigen – nicht mehr nur der Umsatz, sondern auch die Menge der Daten ist entscheidend für die

Marktbeherrschung. Ebenso sollten Datenschutz, Steuer- und Urheberrecht für die Herausgeber der Neuen Medien gelten.

6. Europäische Medien haben bisher erst in geringem Maß erkannt, dass sie mit ihren Inhalten auf Facebook und YouTube die Hauptkonkurrenten stärken, während sie einander in den lokalen Märkten erbitterte Konkurrenzkämpfe liefern. Sie sollten stattdessen auf europäische Allianzen setzen, um angesichts der Konkurrenz der globalen Konzerne überlebensfähig zu bleiben.

7. Die öffentlich-rechtliche Idee, die für die Medienrevolution zu TV und Radio geschaffen wurde, kann auch die richtige Antwort auf diese neue Medienrevolution sein, wenn sie für das digitale Zeitalter modernisiert wird.

8. Das (mobile) Internet wird zur einzigen Distributionsart von Medien werden. Mediengattungen verschwimmen. Die rechtlichen Unterschiede zwischen Print, Radio, Fernsehen und Onlinemedien sind damit obsolet und sollten angeglichen werden. Die öffentlich-rechtliche Idee darf nicht auf Fernsehen und Radio beschränkt bleiben.

9. Das Ziel eines neuen öffentlich-rechtlichen Systems sollte möglichst viel Public Value auf allen Kanälen sein. Die Konkurrenz zwischen öffentlich-rechtlichen und privaten Medien schadet dabei und sollte durch eine Partnerschaft ersetzt werden. Ein neuer öffentlich-rechtlicher Auftrag sollte daher nicht auf eigene TV- und Radio-Kanäle beschränkt sein, sondern alle europäischen Medien einschließen, die Public Value produzieren – zugleich aber keine Inhalte an Google oder Facebook liefern, solange diese europäisches Recht nicht einhalten.

10. Öffentlich-rechtliche Anbieter sollen ihre politische und wirtschaftliche Unabhängigkeit stärken und in einem klar definierten Kernbereich Information und Kultur liefern.

Darüber hinaus sollten sie nur Programme mit Qualität im Sinne des Gemeinwohls (Public Value) finanzieren – auf eigenen und anderen Kanälen – und dabei so wenig Gebührengeld wie möglich einsetzen. Was der Markt finanzieren kann, soll vom Markt finanziert werden, um kostbares Gebührengeld zu für den neuen öffentlich-rechtlichen Auftrag einzusetzen.

11. Das Gebührengeld, das man durch die Aufhebung dieser Konkurrenz einsparen kann, sollte in die Forschung und Entwicklung eigener europäischer sozialer Medien und Plattformen fließen. Ebenso könnte man Werbegeld, das öffentlich-rechtliche Medienunternehmen einnehmen, für die Entwicklung digitaler Plattformen nach öffentlich-rechtlichen Prinzipien zweckbinden, um öffentlich-rechtliche Anstalten nicht werbefrei stellen zu müssen und trotzdem die absolute Unabhängigkeit von Werbekunden zu wahren.

12. Die Frage, ob Europa eine eigene digitale Medienlandschaft und digitale Plattformen entwickelt, ist eine der entscheidenden Zukunftsfragen für den Fortbestand einer Gesellschaft, die nach europäischen Werten funktioniert – und damit für die Richtung, in die sich die globale Gesellschaft entwickelt, weil Europa sonst seinen Einfluss in der Weltpolitik verlieren wird. Diese Herausforderung ist nur in Allianzen über Branchengrenzen und nationale Grenzen hinweg zu lösen: Mit einem geeinten politischen Auftreten Europas und einer Allianz europäischer Medienunternehmen, die sich den Grundsätzen des Public Value verpflichtet sehen.

DANKSAGUNG

Herzlichen Dank an Nikolaus Brandstätter und Barbara Blaha für die tolle Zusammenarbeit mit einem unmöglichen Zeitplan und an das ganze Team des Brandstätter Verlags, insbesondere Horst Grabensberger, Petra Rosenblattl und Kornelia Mohl. Danke an Leonhard Dobusch für das ausgezeichnete Fachlektorat, an Teresa Profanter für das kluge und präzise Sprachlektorat, Burghard List für den Satz und Peter Manfredini für das schöne Cover.

Ein besonderer Dank gilt den vielen Menschen, mit denen wir für dieses Buch gesprochen haben, für die Expertise, Denkanstöße, Feedback und entsetzten Zwischenrufe – insbesondere: Gerhard Zeiler, Randi Zuckerberg, Thomas Lohninger und Angelika Adensamer (epicenter.works), Alexander Egit (netpeace.eu), Andreas Kunigk, Richard David Precht, Michael Hirschbrich, Sarah Spiekermann, Shermin Voshmgir, Max Schrems, Wolfie Christl (Cracked Labs), Sascha Lobo, Antonio García Martínez, Veit Dengler, Ingrid Brodnig, Rudolf Klausnitzer, Maria Windhager, Markus Boesch, Tabitha Goldstaub und viele andere mehr. Danke an Alexander Zuser für die rechtliche Expertise zu Regulierungsansätzen und an Bastian Kellhofer und Jakob Steinschaden für die Inputs.

Vielen Dank an unsere Vorstände bei ProSiebenSat1 Conrad Albert und Christof Wahl für die Anregungen und an unsere Kolleginnen und Kollegen bei ProSiebenSat1PULS4 Bernhard Albrecht, Michael Stix, Katharina Hayder, Sandra Bartl, Sophia Schober-Kaiserseder und Andreas Rossmeissl für die große Unterstützung.

Und schließlich größten Dank an Jenny Rose und Emanuel Danesch für Feedback, Anregungen und die liebevolle Unterstützung in den zeitfressenden Schreibphasen!

ANMERKUNGEN

1. Einleitung. Was auf dem Spiel steht
Die neue Medienrevolution und ihre Folgen

1   Niall Ferguson: The Square and the Tower. London 2018

2. Die neuen Herrscher der Welt
Das Billionen-Business von Facebook, Google, Amazon

2   Nach den Protesten 2013 führte die Stadt San Francisco das „Commuter Shuttle Program" ein, das die Routen der Busse festlegt und den Unternehmen eine Gebühr von rund 7 Dollar pro Stopp auferlegt. Die Busse sind seither nicht mehr gekennzeichnet. Die Proteste hörten trotzdem nie ganz auf – im Januar 2018 gab es mehrere Fälle von „Google-Bussen", deren Scheiben bei voller Besetzung mit Steinen oder Luftdruckgewehren eingeschossen wurden.

3   Marktkapitalisierung durch Mitarbeiter, Stand Februar 2018

4   Scott Galloway: The Four. Die geheime DNA Von Amazon, Apple, Facebook und Google. Plassen 2017

5   Ebda.

6   Regulating the Internet Giants. The world's most valuable resource is no longer oil, but data. In: Economist, 6. Mai 2017

7   Viktor Mayer-Schönberger, Thomas Ramge: Das Digital. Ullstein 2017

8   Viktor Mayer-Schönberger, Thomas Ramge: Das Digital. Ullstein 2017, pos. 236 kindle edition

9   Cathy O'Neil: Weapons of Math Destruction. How Big Data Increases Inequality and and Threatens Democracy. Penguin 2016

10   Laura Meschede: Im Raster. In: FAZ, 14.2.2018

11   Julia Powles, Hal Hodson: Deep Mind and Health Care in the Age of Algorithms. In: Health And Technology, December 2017, Volume 7, Ausg. 4, S. 351–367

12   Wolfie Christl, Sarah Spiekermann: Networks of Control. A Report on Corporate Surveillance, Digital Tracking, Big Data & Privacy. Facultas 2016

3. „Den Kapitalismus vor der Demokratie retten"
Die Ideologie der Silicon-Valley-Eliten

13   Richard Barbrook, Andy Cameron: The Californian Ideology. In: Science as Culture, 6.1 1996, S. 44–72

14   George Packer: No Death, No Taxes The libertarian futurism of a Silicon Valley billionaire. In: The New Yorker, 28.11.2011

15   David O. Sacks, Peter A. Thiel: The Diversity Myth. Multiculturalism and Political Intolerance on Campus. The Independent Institute 1995

16   Ben Tarnoff: Donald Trump, Peter Thiel and the Death of Democracy. In: The Guardian, 21.7.2016

17   https://www.cato-unbound.org/2009/04/13/peter-thiel/education-libertarian

18   Maciej Ceglowski: Zum Ethos der Tech-Szene in der Digitalen Ökonomie. In: Netzpolitik.org, 8.7.2016 (übersetzt von Leo Dobusch)

19   Ezra Klein: Mark Zuckerberg on Facebook's Hardest Year and what Comes Next. In: Vox-com, 2.4.2018

20   Nur die Teilnehmer am Mitte 2017 eingeführten „Early Reviewer Program", das derzeit ausschließlich in den USA läuft, bekommen pro Rezension ein bis drei Dollar in Form von Amazon-Gutscheinen, wenn sie der Einladung nachkommen, neue Produkte zu bewerten.

21   Felix Stalder: Kultur der Digitalität. Suhrkamp 2016

22   Nir Eyal: Hooked. How to build Habit-Forming Products. Penguin 2014

23   Paul Lewis: Our Minds can be Hijacked. In: The Guardian, 6.10.2017

24   Nellie Bowles: Early Facebook and Google Employees Form Organization to Combat What They Built. In: New York Times, 4.2.2018

25   The Guardian, 19.1.2018

26   Telegraph, 10.11.2017

27   Alexi C. Madrigal: Does Facebook Even Know How to Control Facebook? In: The Atlantic, 31.10.2017

4. „Sie sind nicht das Internet, sie zerstören es"
Wie die neuen Monopole das freie Netz kapern

28   John Perry Barlow: The Declaration of Independence of the Cyberspace.

29   Niall Ferguson: The Square and the Tower. Penguin Press 2018, S. 352

30   Rahul Bathia: The inside story of Facebook's biggest Setback. In: The Guardian, 12.5.2016

31   Mark Zuckerberg: Free Basics protects Net Neutrality. In: Times of India, 28.12.2015

32   Wir haben für diese Buchrecherche versucht, Barlow zu kontaktieren und zu fragen, wie er seine Declaration of Cyberspace im Lichte der neuen Monopole heute sieht. Leider hat sich das libertäre Gesellschaftmodell, für das er kämpfte, in der real existierenden Form in den USA für ihn selbst als Nachteil erwiesen: Barlow erkrankte schwer und verbrauchte innerhalb von zwei Jahren sein gesamtes Vermögen und Erspartes für Behandlungskosten. Er verstarb am 7. Februar 2018.

5. Herausgeber ohne Verantwortung
Medienunternehmen, die keine sein wollen

33   Barbara Bachmann: Sex, Lügen und YouTube. In: Reportagen #34, Mai 2017

34   Nicholas Thompson, Fred Vogelstein: Inside the Two Years That Shook Facebook – and the World. In: Wired, Februar 2018

35   Reuters Institute for the Study of Journalism: Digital News Report 2017

36   Tim O'Reilly: Media in the Age of Algorithms. In: Medium.com, 11.11.2016

37   The Facbook Files. In: The Guardian.com, Mai 2017

38   Till Krause, Hannes Grassegger: Im Netz des Bösen. In: SZ Magazin, 15.12.2016

39   Till Krause, Hannes Grassegger: Im Netz des Bösen. In: SZ Magazin, 15.12.2016

40   Moritz Riesewieck: Digitale Drecksarbeit. dtv 2017

41   Lauren Weber, Deepa Seetharaman: The Worst Job in Technology: Staring at Human Depravity to Keep It Off Facebook. In: The Wall Street Journal, 27.12.2017

42   Taina Bucher: The algorithmic imaginary: exploring the ordinary effects of Facebook algorithms. In: Information, Communication and Society, Vol 20, Iss 1, 2017

43   James Bridle: Something is wrong in the Internet. In: Medium, November 6, 2017

44   Kemi Alemoru: Logan Paul filming a dead body is a predictable outcome oft shock-for-clicks culture. In: Dazed, 16.1.2018

45   Socialblade.com, abgerufen am 12.2.2018

6. Das Geschäft mit Hass, Lügen, Propaganda
Die zerstörerische Wirkung unregulierter Mediengiganten

46   Für eine sehr ausführliche Analyse siehe Cass R. Sunstein: #Republic. Divided Democracy in the Age of Social Media. Princeton University Press 2017

47   Wael Ghonim at TED Global, Geneva: „Let's design Social Media that drives Real Change". Dezember 2015

48   Für eine eingehende Untersuchung siehe Michael Seemann, Michael Kreil: Digitaler Tribalismus. In: ctrl-verlust.net, 29.9.2017

49   Zeynep Tufekci: Youtube, The Great Radicalizer. In: New York Times, 11.3.2018

50   Paul Lewis und Erin McCormick: How an ex-YouTube insider investigated ist secret algorithm. In: The Guardian, 2.2.2018

51 Claudia Carvalho: „Okhti" Online. Spanish Muslim Women Engaging in Online Jihad – a Facebook Case Study. In: Heidelberg Journal on Religions on the Internet, 6 (2014), S. 24–41

52 Oliver Meiler: Der ganze Dreck gegen Laura Boldrini. In: Tagesanzeiger, 5.9.2017

53 J. Lester Feder, Alberto Nardelli, Davide Maria De Luca: This Woman Is Taking On Racism and Sexism in Italy – And Getting Death Threats for It. In: Buzzfeed News, 24.2.2018

54 Online Civil Courage Initiative

55 Megan Specia, Paul Mozur: A War of Words Puts Facebook at the Center of Myanmar's Rohingya Crisis. In: New York Times, 27.10.2017

56 Julia Carrie Wong, Michael Safi, Sahik Azizu Rahman: Facebook bans Rohingya groups' posts as minority faces ‚ethnic cleansing'. In: The Guardian, 20.9.2017

57 Robert Huish, Patrick Balazo: Unliked. How Facebook is playing a part in the Rohingya genocide. In: The Conversation, 2.1.2018

58 Soroush Vosoughi, Deb Roy, Sinan Aral: The spread of true and false news online. In: Science 9.3.2018, Vol. 359, Issue 6380, p. 1146-1151

59 Für eine ausführliche Reportage über die mazedonischen Fake-News-Fabriken siehe: Samanth Subramanian: Inside the Macedonian Fake-News Complex. In: Wired, 15.2.2017

60 Louise Matsakis: „YouTube will Link Directly to Wikipedia to Fight Conspiracy Theories". In: Wired, 13.3.2018

61 Heinz Bude: Das Gefühl der Welt. Über die Macht von Stimmungen. Hanser 2016

62 Birgit Stark, Melanie Magin, Pascal Jürgens: Ganz meine Meinung? Informationsintermediäre und Meinungsbildung – Eine Mehrmethodenstudie am Beispiel von Facebook. LfM-Dokumentation Band 55, 2017

63 Sofia Khomenko: Facebook: 8900 User bestimmten Wahlkampf-Diskurs. In: Mokant, 2.1.2018

64 Bence Kollanyi, Philip N. Howard, Samuel C. Woolley: Bots and Automation over Twitter during the U.S. Election. Comprop Data Memo 2016.4, 17. November 2016

65   Robert M. Faris, Hal Roberts, Bruce Etling, Nikki Bourassa, Ethan Zu-ckerman, Yochai Benkler: Partisanship, Propaganda and Disinformation: Online Media and the 2016 U.S. Presidential Election. Berkman Klein Center for Internet & Society Research Paper, Harvard University, Boston 2017

66   Anton Troianovski: A former Russian troll speaks: „It waa like being in Orwell's world". In: Washington Post, 17.2.2018

7. Desinformation, Spaltung, Manipulation von Wahlen
Wie „soziale" Medien die Demokratie unterwandern

67   Natasha Bertrand: Russia organized 2 sides of a Texas protest and encouraged both sides to battle in the streets. In: Business Insider 1.11.2017

68   Siehe zum Beispiel Nicholas Carr: The Manipulators: Facebook's Social Engineering Project. In: LA Review of Books, 14.9.2014

69   Samuel Gibbs: Facebook apologises for psychological experiment on users. In: The Guardian, 2.7.2014

70   Michael Nunez: Facebook Employees Asked Mark Zuckerberg If They Should Try To Stop A Donald Trump Presidency. In: Gizmodo, 15.4.2016

71   Michael Nunez: Former Facebook Workers: We Routinely Suppressed Conservative News. In: Gizmodo 9.5.2016

72   Für eine sehr genaue Zusammenfassung dieser Entwicklungen siehe Nicholas Thompson, Fred Vogelstein: Inside The Two Years That Shook Facebook – And The World. In: Wired, 12.2.2018

73   Craig Silverman: This Analysis Shows How Viral Fake Election News Stories Outperformed Real News On Facebook. In: Buzzfeed, 16.11.2016

74   Duncan Miriri: Facebook offers tool to combat fake news in Kenya ahead of polls. In: Reuters, 4.8.2017

75   Barbara Wimmer: Digitaler Wahlkampf: Von Microtargeting bis Dark Posts. In: Futurezone, 15.11.2017

76   Paul Lewis: Utterly horrifying: Ex-Facebook insider says covert data harvesting was Routine. In: The Guardian, 20.3.2018

77   Für die ganze Erzählung von Christopher Wylie: Carole Cadwalladr: 'I made Steve Bannon's psychological warfare tool': meet the data war whistleblower. In: The Guardian, 18.3.2018

78   Paul Lewis, Paul Hilder: Former Cambridge Analytica exec says she wants lies to stop. In: The Guardian, 23.3.2018

79   Channel 4, Reportage: Cambridge Analytica Uncovered: Secret Filming Reveals Election Tricks. In: Channel 4, ausgestrahlt am 19.3.2018

80   Nanjala Nyabola: Texts, Lies, and Videotape. Will fake news sow chaos during Kenya's election? In: Foreign Policy, 1.8.2017

      Abdi Latif Dahir: Whatsapp and Facebook are driving Kenya's fake news cycle. In: Quartz, 24.7.2017

81   Zitat in: Peter Pomeranzev: Putins Krieg gegen die Information. In: Die Zeit, 18.12.2014

82   Natasha Bertrand: Russia organized 2 sides of a Teyas protest and encouraged both sides to battle in the streets. In: Business Insider, 1.11.2017

83   Donie O'Sullivan, Drew Griffin, Scott Bronstein: The Unwitting: The Trump supporter used by Russia. In: CNN media, 20.2.2018

84   Transkribiert vom Video des Britischen Unterhauses vom Hearing.

85   François Chollet auf twitter.com/fchollet am 21.3.2018, 21.59 MEZ

8. „Wir füttern die Bestie, die uns frisst"
Wie europäische Medien zum eigenen Untergang beitragen

86   Daniel Bouhs: ARD und ZDF auf Youtube, Facebook und Co: Wer zahlt wie viel für welche Inhalte? In: TAZ, 4.1.2018

87   Pascal Schneiders: „Gegen Fake News ist niemand immun". Faktencheck mit Wissenschafter Philipp Müller. In: Ard.de, 22.12.2016

88   Für eine genaue Liste siehe NeverBlogForFree.com.

89   Mat Honan: Why Facebook And Mark Zuckerberg Go All In On Live Video. In: Buzzfeed News, 6.4.2016

90   Deepa Seetharaman: Facebook Is Willing To Spend Big In Video Push. In: The Wall Street Journal, 8.9.2017

91 Uwe Mantel: Transparenz – So viel kostet eine Sendung beim ZDF. In: dwdl.de, 28.8.2014

92 Tae Kim: Buy Facebook because it's video offering will be a blockbuster success, analyst says. In: CNBC, 20.12.2017

93 Mark Sweney: Amazon's one billion bet on Lord Of the Rings show scale of its TV smbition. In: The Guardian, 21.11.2017

94 Scott Galloway. The Four – Die geheime DNA von Amazon, Apple, Facebook und Google. Plassen Verlag 2017. Kindle-Position 2369ff.

95 Scott Galloway. The Four – Die geheime DNA von Amazon, Apple, Facebook und Google. Plassen Verlag 2017

96 Joan Calzada, Ricard Gil: What Do News Aggregators Do? Evidence from Google News in Spain and Germany. In: SSRN.com, 13.6.2017

9. „Es ist ein globaler Wirtschafts- und Medienkrieg"
Europäische Werte im Kreuzfeuer aus China und den USA

97 https://soprweb.senate.gov/index.cfm?event=processSearchCriteria

98 Olivia Solon, Sabrina Siddiqui: Forget Wall Street - Silicon Valley is the New Political Power in Washington. In: The Guardian, 3.9.2017

99 Jonathan Woetzel, Jeongmin Seong, Kevin Wei Wang, James Manyika, Michael Chui, Wendy Wong: China's Digital Economy – a Leading Global Force. A McKinsey Institute Report, August 2017

100 Siehe zum Beispiel Rachel Botsman: Big Data meets Big Brother as China moves to rate its Citizens. In: Wired, 20.10.2017. Felix Lee: Die AAA-Bürger. In: Die Zeit, 30.11.2017

101 Ezra Klein: Mark Zuckerberg on Facebook's hardest year and what comes next. In: Vox.com, 2.4.2018

102 Corporate Europe Observatory: Complaint Forces European Privacy Association to confirm Facebook, Microsoft, Yahoo and Google are Backers. In: corporateeurope.org, 18.7.2013

103 Richard Gutjahr: Unter Beschuss. In: gutjahr.biz, 11.1.2018

10. Disrupt the Disrupters: Die neuen Allianzen
Eine europäische Gegenoffensive durch Kooperation statt Konkurrenz

104 Für weitreichende und ausführliche Vorschläge zu Wettbewerbsrecht für Facebook, Google und Amazon: s. Vortrag des österreichischen Generaldirektors für Wettbewerb Theodor Thanner am 19.4.2018 an der Universität Graz

105 Regulating the Internet Giants: The world's most valuable resource is no longer oil, but data. In: Economist, 6.5. 2017

11. Die öffentliche-rechtliche Idee als Hebel für einen Befreiungsschlag …
… und warum dieses europäische Konzept derzeit nicht wirkt

106 Robert McChesney: Digital Disconnect. How Capitalism is Turning the Internet Against Democracy. The News Press 2013

107 Robert McChesney im Gespräch mit Amy Goodman. In: Democracy Now, 19.5.2016

108 Nick Srnicek: Platform Capitalism. Polity Press 2016

109 Nick Srnicek: We need to nationalize Facebook and Amazon. In: The Guardian, 30.8.2017

110 Philip Howard: Let's Nationalize Facebook. In: Slate, 16.9.2012

111 Philip Howard: Pax Technica. How the Internet of Things MaySet Us Free or Lock Us Up. Yale University Press 2015

112 Siehe ausführlich: Markus Breitenecker: Das Ende der Mediengattungen. Was wir in Österreich den Big 5 Digitalgiganten des Silicon Valley entgegensetzen können. In: Horizont 18/2016

113 Beispieltag: Montag, 12. Februar 2018

Bibliografische Information der Deutschen Nationalbibliothek
Die Deutsche Nationalbibliothek verzeichnet diese Publikation in der Deutschen Nationalbibliografie;
detaillierte bibliografische Daten sind im Internet über http://dnb.d-nb.de abrufbar.
Aus Gründen der einfacheren Lesbarkeit wird teilweise auf die geschlechtsspezifische Differenzierung
verzichtet. Entsprechende Begriffe gelten im Sinne der Gleichbehandlung für beide Geschlechter.
Originalzitate wurden teilweise in Bezug auf Orthografie, Interpunktion und Grammatik bewusst
nicht korrigiert.
1. Auflage

Cover: Peter Manfredini
Grafische Gestaltung und Satz: Burghard List
Fachlektorat: Univ. Prof. Dr. Leonhard Dobusch
Lektorat: Teresa Profanter

Gedruckt in der EU

ISBN 978-3-7106-0267-2

Christian Brandstätter Verlag
GmbH & Co KG
A-1080 Wien, Wickenburggasse 26
info@brandstaetterverlag.com

Designed in Austria, printed in the EU

www.brandstaetterverlag.com
#disruption # changethegame